踏上心灵幽径

A Path With Heart

[美] 杰克·康菲尔德 [Jack Kornfield] 著
易之新 黄壁惠 释自鼎 译

深圳报业集团出版社
SHENZHEN PRESS GROUP PUBLISHING HOUSE

导读

心理治疗有如灵性修行的道路

易之新

本书作者杰克·康菲尔德是当代美国佛教的代表人物。他跟随南传佛教大师阿姜查五年，接受扎实的内观训练，又取得临床心理学博士学位，实际从事心理救助工作。他身兼禅修指导老师和心理治疗师，结合这两个领域的经验而写成本书。

从他的观点来看，这两个领域其实是不可分的，两者的区隔是武断的人为现象。从表面来看，在当代社会中，心理学和宗教灵性确实被划分开来。精神科医师和心理学家从症状与疾病分类的角度看待“异常”［异于平常］的心理状态，常常排斥不同于主流学说的其他可能性；宗教人士、神职人员则以信仰、灵性的追求为最高指导原则，虽然也为信众提供咨商辅导，但毕竟只是为终极的信仰服务，并非以对等的角度看待二者，也不见得真正接纳人性的阴暗面。

我有位朋友是精神科医师，他很坦白地告诉我，他因为没有宗教信仰的亲身经验，有时觉得很难区分宗教妄想与宗教信仰，面对病人的宗教或灵性议题时，常不知如何回应。我还有位身为咨商师的朋友，为其宗教信仰中的教友提供心理咨商，她也坦承，她的心理咨商绝不能违背信仰的教义。这两位朋友分别诚实说出了武断区隔二者所造成的困扰，对他们而言，这是不得不然，是既成事实。

我参加过基督教和佛教的团体，在探讨深奥教义、崇高目标时，也有许多人提出自身面临的现实问题。老师虽然大多能耐心倾听、谆谆劝告，但很少能针对问题本身作出深入的处理，大多还是以信仰追求的境界掩盖真实人生的困境。我参加过南传佛教的十日内观，老师承认密集禅修常会引发强大的情绪，牵涉到成长过程的经验，甚至与累世业习有关，但我并未看到适当而具体的处理方式，多半仍以内观修行的方法因应；观察几位朋友的实例，并未见到持久的效果。上述在信仰和修行路上的现象，如果能与心理学结合起来，很可能会事半功倍，这是我和许多朋友的亲身经验，应该不至于以偏赅全。

有些人想追求超越境界，又愿意诚实面对人生；既想探索如何成为涵盖身、心、灵的完整全人，又不想受限于僵化教条与主流学说。对这些有心人而言，上述的必然事实与既有现象都成为值得挑战、有待商榷的课题。

我认为杰克·康菲尔德是一位既熟悉、尊重宗教与心理学的主流，又能跳脱教条与学说，优游于现实人生与超越境界，从全人而整体的观念与经验来教导灵性修行与心理探索，将二者好好结合为一体的大师。本书就是他的代表作。

全书共分四部分，第一部分共五章，介绍灵性修行的基本观念与态度，思考人生真正的价值在哪里，我们的时间精力是否投注于自己看重的价值，我们渴望的是爱、接纳、了解，实际的现况却是充满外在与内在的战争，活在各种上瘾和欲望之中。

从自己不满的现况到追求真正的价值，就是灵性修行。但追求真理的道路有许多，我们要如何选择？作者认为必须选择一条与心联结的道路，然后坚定地投入。在过程中，一方面让身、心、灵得到深刻的疗愈，另一方面则要耐心地持续修行，像训练小狗一样平和地重复千百次，以破除多年积习［甚至累世］的机械性反应，得到真正的自由，活出精彩的人生。

第二部分共六章，谈到走上灵性修行道路后会遇到的各种困难与进展，并提出许多面对困难时有用的处理方法与态度，以及如何看待灵性的进展，避免陷入自我膨胀、属灵骄傲的人性陷阱，并介绍修行路上可能出现异于平常经验的身心现象［如狂喜、拙火］，要学习以平衡的态度面对各种经验。

作者在第十、十三章以南传佛教的内观为例，说明灵性修行的过程与目标。书中谈到许多不同层次的境界，虽然有强烈的佛教背景，但作者对各种不同宗教和灵性传承的认识与含融，使读者可以体会作者不自限于某种宗教信仰或教条学说的精神，发现“修行”的路虽然有许多，但“内在历程”与“终极目标”都是一致的。

前两部分着墨的重点为修行的基本精神与实修历程，可说是较强调“灵性修行”的部分，但也可看见“心理探索”的层面贯穿其中。第三部分则是从“心理探索”的层面探讨全人的整体观，虽然讨论的内容仍是“灵性修行”，却是从非常“心理学”的角度来看待灵性修行。

第三部分共有九章，第十二到十五章及第二十章谈到如何扩大灵性修行的范围，包括扩展到人生的各个不同阶段［从婴儿期到成人期的各阶段都具有灵性的意义，甚地方官开始至人生的每一件事都不是出于偶然］，扩展到自我追寻的各个层面［认识并接纳阴影、自我的成长、无我的体悟、真我的实现］，扩展到人与人的关系［学习有智慧地慷慨布施、健康的慈悲之道，跳脱病态的相互依赖，进入相互交融的一体感］，乃至扩展到生活的所有部分［家庭、工作、社区、全体人类、所有众生］。

第十六、十八章谈到真正愿意走上这条心理与灵性的修行道路的人，不能自行其是，需要有同伴和向导，特别是需要在这条路上有经验的老师。作者除了分享如何寻找老师，并慎重说明老师可能产生的问题，这些内容也都脱离不了心理层面的议题。第十九章则从心理动机、意图的角度介绍佛教“业”、“报”、“因果”的观念，由此建立为自己负责、从自己影响整个世界的态度。

第十七章直接谈到“心理治疗与禅修”的关系，可说是本书最重要、最特别的一章。事实上，这两者本来就是追求终极意义的探索过程中，不可分割的部分，只是在方法上以不同的形态呈现出来。对作者而言，心理治疗就是一种灵性修行的道路，也是其他修行道路不可忽视的部分。虽然作者强调这种观点是针对西方社会的人，但笔者认为，即使是东方，在现代化的影响下，灵性修行显然也牵涉到许多心理议题，而心理治疗也常需要面对灵性议题。实在有必要结合两者，对有心追求灵性的人，才能得到完满的成果；对有心探索自我的人，也才能得到深入的收获。

第四部分是总结，共有三章，介绍灵性成熟的特质与境界。作者以充满诗意与人生体验的笔触，描写了难以用语言文字说明，却可以追寻、体悟的丰盛与完满人生。

心理学界从20世纪60年代末开始提出“超个人心理学”，试图将心理学的境界提升到超越自我的高度、全人而整体的深度，从那以来，就有各式各样尝试整合心理与灵性的学派与治疗方法，其中很重要的一个部分就是将东方的智慧与禅修方法，与西方现代心理学的理论与实务相结合。有些人撷取禅修的方法，运用到心理治疗之中，得以改善许多“症状”与“疾病”；也有些人撷取心理治疗的方法，使禅修的内容更为丰富。但能够将心理学、心理治疗提升到与灵性修行对等的地位，切实以整合的观点来看待人性与人生追寻之路的人，实在不多，本书作者杰克·康菲尔德堪称其中的翘楚，而这本代表作也可说是结合心理与灵性的典范之作。但最重要的还是为自己找到一条与心联结的道路，诚实地面对自己，踏实地走在其中，那么，这本书必然能成为你的好友。

目 录

PART ONE

踏上心灵幽径：基本法则

在灵性道路上，需要发现内心深处的创伤，才能达到真正的成熟：包括来自过去的悲伤、未实现的渴望、一生累积的哀痛。正如阿姜查所说：「如果没有痛哭过许多次，禅修就还没有真正开始。」

序曲　灵性修行与心理治疗的结合——我的亲身经历

在本书一开始，我强调的是我个人的旅程，因为我学到的最大课题，就是普遍性必须和个人性结合，才能完满地实现灵性生活。

传统灵性与现代生活的调和

1972年夏天，在首次到亚洲学习五年之后，我顶着光头，穿着僧袍，回到父母在华盛顿首府的家。当时美国还未有任何南传佛教寺院，但我想知道在美国当和尚会如何，即使是很短的一段日子也好。和父母住了几周后，我决定去长岛拜访我的双胞胎弟弟和他太太，于是穿着僧袍、带着钵，拿着母亲买的车票（身为出家的修行者，我不花费，也不管理钱财），登上从华盛顿到纽约中央车站的火车。

我在当天下午抵达，随后就沿着第五大道走去找我的弟媳。经过这么多年的修行，我一直非常平静。我行走着，就好像正在禅修一样，擦身而过的路人和帝梵尼之类的精品店，对我来说就像森林寺院里的风和树。我要在伊丽莎白·雅顿的店门口和弟媳碰面，有人送她这里的生日礼券，提供一整天的全套保养，包括护肤、做头发、按摩、修指甲，等等。我按约定在四点钟抵达，但她没有出现。我等了一段时间之后，走了进去。店员惊讶地问："我能为你效劳吗？""是，我要找朵丽·康菲尔德。""哦！"她回答，"她还没好，请你到四楼的候客室等待。”于是我搭电梯到四楼，一出来就碰到候客室的接待员，她也用略带怀疑的语气询问我 :“我能为你效劳吗？”我告诉她，我要找弟媳，有人请我到这里等候。

我坐在一张舒适的沙发上，等了几分钟之后，决定盘起腿、闭上眼睛，开始打坐。我毕竟是出家人，在那里还能做什么呢？十分钟之后，我开始听到笑声和喧哗的声音。我继续打坐，之后我听到走廊那边传来一阵嘈杂声 :“他是真人吗？”于是我睁开双眼，看见八到十个穿着伊丽莎白·雅顿“睡袍”的妇女盯着我，许多人的头发还上着发卷或长得像钓线卷轴的古怪玩意儿，有些人的脸上涂了像是绿色酪梨酱的东西，其他人则敷着泥巴。我回望她们，怀疑自己到了陌生的国度，然后听到自己说 :“她们是真人吗？”

从那一刻起，我意识到自己必须在佛教寺院美好而古老的教法，以及现代社会的生活方式之间，找到调和的方法。在过去这些年，对我和许多寻求真诚灵性生活的人而言，这种调和已成为最为有趣且迫切的课题。大部分美国人并不想过传统的传教士、和尚或尼姑的生活，然而我们当中有许多人都希望将真诚的灵性修行带入生活。本书将会谈到这种可能性。

我的灵性旅程

我的灵性生活是在我十四岁时，别人送我的一本书引发的，那是洛桑·然巴（T.Lobsang Rampa）写的《第三只眼》（*The Third Eye*）。它以半虚构的方式描述了西藏的神秘之旅，是一本有趣且深具启发的书，为我提供一个可以遁逃的世界，那似乎远远好过我所居住的世界。我成长于美国东岸一个科学与知性的家庭，父亲是生物物理学家，研发出人工心脏及肺脏，在美国太空总署的太空医学部门工作，也在医学院教书。我接受了“良好的教育”，也进入“常春藤联盟”大学，身边有许多聪明和有创意的人，他们虽然拥有成功的事业和知性的成就，但许多人并不快乐，使我清楚看到：才智和在世间的地位，与快乐和健康的人际关系并没有太大关联。这点在我家就明显得令人心痛。即使在我寂寞和困惑的时候，我也知道必须往别处去寻求快乐，于是我转向东方。

1963年，我在达特茅斯学院（Dartmouth College）就读时，有幸遇到一位有智慧的老教授陈荣捷（Wing Tsit Chan）博士，他教授佛学和中国古典文学时，是盘腿坐在桌子上的。因为他的启发，我主修了亚洲研究，且一毕业就在美国和平工作团的协助下，去了亚洲，想到佛寺寻求教法和出家。我开始修行，后来在泰国的森林寺院巴蓬寺（Wat Ba Pong）出家和隐修，那是由年轻但后来颇负盛名的大师阿姜查（Ajahn Chah）主持的，但我对所接受的教法感到意外。我虽不期待僧侣像然巴的故事所写的，可以飘浮在空中，却仍希望从禅修得到特殊的效果：快乐、狂喜状态与超凡的经验。但老师教的完全不是那么回事，他提供的是一种生活方式，一种终生觉醒、专注、臣服和承诺的道路。他提供的快乐完全不依靠世间变化无常的状况，而是出于自身艰辛而自觉的内在转化。进入寺院时，我原本期待可以将家庭的痛苦和世间的种种困难抛在脑后，但它们却如影随形。我费了许多年才了解这些困难是修行的一部分。

我很幸运能够找到智慧的教导，接受传统而古老的训练，这些训练在最好的寺院中仍然保持着。这种修行方式要求极为简朴的生活，只拥有一副衣钵，每天还要走五里路以取得一顿午餐。我花了很长的时间以传统的方法禅修，例如在森林中整夜静坐，观看墓地焚烧的尸体；在一个房间里禁语闭关一年，每天静坐和经行二十个小时。我分别在马哈希尊者（Mahasi Sayadaw）、阿沙巴哈尊者（Asabha Sayadaw）及佛使比丘（Achaan Buddhadasa）住持的伟大寺院接受卓越的教法。在这段修行期间，我学到许多美好的事，并终生对这些师长心怀感激。然而，在这些特殊环境接受的密集禅修只是修行的起步，之后我在非常普通的地方也进行了同样严格的禅修，只因为我承诺要进行有系统的训练。接受初期的训练时，我并不知道未来会如何，而我离开亚洲时仍然非常理想化，期待特殊的禅修经验会解决我所有的问题。

往后几年，我又回到泰国、印度和斯里兰卡的寺院，接受进一步的训练，然后向一些知名的西藏喇嘛、禅师和印度上师学习。在十九年的教学当中，我十分荣幸和多位西方的佛学老师合作，在美国创立内观禅修社（Insight Meditation），内观是佛教的正念修行方法。我曾经带领过为期一天至三个月的密集禅修，合作对象包括基督徒、佛教徒、超个人心理学家及其他团体。我在1976年完成了临床心理学的博士学位，自此就以心理治疗师和佛学老师为业。经过这些年，我主要想尝试回答这个问题：我如何活出灵性的修行，我如何让它在生活中的每一天开花结果？

开始教学以来，我看到许多学生误解灵性修行的真意，许多人希望用它来逃离自己的生活；许多人就像我一样，曾经用它的理想和语言来逃避人类存在的痛苦和困难；许多人进入寺院、教堂和道场，只为了寻求特殊的效果。

由上向下的修行经历

我个人的修行是一条由上向下的旅程，不同于一般人以为的灵性经验。这些年来，我发现自己是从上到下经历了不同的脉轮（身体的灵性能量中心），而非由下往上。我第一个十年的系统化灵性修行，主要是通过心智的带领。我钻研、阅读，然后像僧侣一样禅修和生活，总是使用大脑的力量来获得理解。我发展出专注和三摩地（深层的定力），以及各种洞见；我看见异象、启示和各种深度的觉醒。随着我的修行的继续深入，我对活在世间的自己有了完全不同的认识，并以崭新而更有智慧的方式来看事情。我以为这种洞识就是修行的重点，并对自己新的理解感到满意。

但我以僧侣的身份回到美国后，这一切都结束了。在伊丽莎白·雅顿事件后几周，我脱下僧袍，进入研究所就读，找了份开计程车的工作，晚上还在波士顿的精神病院工作，并展开一段亲密关系。我从寺院回来时虽然清明、开阔又兴奋，但从居家生活和研究所的关系中，我很快就发现禅修对我的人际关系并没有多少帮助。我的情绪仍不够成熟，仍然表现出接受佛法训练前就有的指责和恐惧、接受和拒绝的痛苦模式；更可怕的是，我开始更清楚地看到这些模式。我可以对别处上千众生做慈心观（loving-kindness meditation），却很难与此时此刻就在眼前的某个人建立亲密关系。我曾经在禅修中用强大的心力压抑痛苦的感受，却常常在很久之后才了解自己其实在生气、悲伤、哀痛和受挫。我在关系中不快乐的来源并未受到检视，也缺少处理感受、投注感情及以智慧与朋友和所爱的人共处的技巧。

我被迫将整个修行方式从头部的脉轮向下转到心的脉轮，开始了一段漫长而艰苦的历程，以重新唤回我的情感，将觉察和理解运用到自己的关系模式上，学习体会自己的感受，以及处理人与人联结的强大力量。我借由团体和个别咨商，以心为中心的禅修，超个人心理学，和一连串既成功又惨痛的人际关系来学习。我检视原生家庭和早年经历，把这种理解带入现在的关系。最后，这个历程将我带进一个以困难开始而现在是幸福婚姻的关系，其中有我的妻子李雅娜及美丽的女儿卡洛琳。我逐渐了解这种心的工作与灵性修行其实是完全相容的。

在专注于情感工作及心的发展长达十年后，我才了解自己忽略了身体。在我早期的灵性修行中，我的身体就像情感一样，只得到表面的注意。我学会敏锐觉察自己的呼吸，并能处理身体的疼痛和感觉，但我大多是以运动员的方式使用自己的身体。我有幸拥有足够的健康和力量去爬山，或像瑜伽行者一样在恒河岸边静坐，忍受剧痛，保持十或二十小时不动；身为出家人，我可以日进一餐，而且赤足长途跋涉。但我发现过去只是在使用身体，而不是居住在其中。我一直把它当成喂食、移动以及实现心智、情感及灵性生活的工具。

当我更全然地关注自己的情绪，就发现身体也需要关爱和注意。只用爱和慈悲去观看、理解甚至感受，仍然是不够的，我必须将修行进一步移向更下方的脉轮。我了解要活出灵性的生活，就必须具体表现在每一个行动当中——站立、走路、呼吸、饮食，它必然涵盖我所有的活动。在地球上居住在这个珍贵的身体中，就像其他事情一样，都是灵性生活极重要的一部分。当我开始重新住进我的身体，便在新的地方发现了使我远离真我的恐惧和痛苦，就像我打开头脑和心的时候也曾发现的一样。

我的修行顺着脉轮向下移动时，就变得更私密、更个人化，修行路上的每一步都需要更诚实、更用心，修行也变得更为整合。我对待身体的方式，和对待家人或投身地球和平工作的方式，并不是没有关联。因此，在一路向下处理的过程中，我的修行视野不仅扩展到身体和心，也涵盖所有的生活、关系及生养我们的环境。

勇士的心

在灵性生活愈来愈深化、扩展的过程中，我看到自己的努力和动机起了很大的变化。起初，我从一个很挣扎、努力的起点开始。在禅修时，我很努力地用大脑让身体静止、专注，训练心智力量，以克服疼痛、感受及分心。我用灵性修行努力追求清明和光明的状态、理解和异象。而我开始教学时，也是教授这种禅修方法。可是，我逐渐看清，对大多数人而言，这种努力本身就增加了我们的问题。如果我们有评断的倾向，在灵修中就会对自己更为批判；如果我们将自己隔离起来，否认自己的情感、身体及人性，努力想要迈向开悟或达到某些灵性目标，便只会强化这种隔离；每当无价值感或自恨有了立足点（比如害怕自己的感受或批判自己的思想），就会被灵性的努力所强化。然而我也知道，如果没有很大的奉献、能量和投入，就不可能有灵性修行；若非出于努力和理想主义，动力又从何而来呢?

这样的发现对我来说是个好消息。真正的灵性生活需要深度地开放自己，我们需要非常大的勇气和力量，这是勇士的精神，但这种力量来自我们的心。我们需要的能量、承诺及勇气，并不是要我们逃离生活，或用任何物质或灵性的哲学来掩盖它。我们需要勇士的心来直接面对自己的生活，包括各种苦痛和限制、快乐和可能性。这种勇气会将各种生活层面纳入灵性修行之中：我们的身体、家庭、社会、政治、地球生态、艺术、教育，等等。只有到那个时候，才能真正将灵性整合进生活里。

心理卫生专业需要整合灵性

我一面攻读博士学位，一面在州立精神病院工作时，天真地以为我能教某些病人禅修，但我很快就发现这显然不是他们需要的。这些人在生活中很少有平衡的专注力，且绝大多数都已丧失心智能力。若有任何禅修方式对他们是有益的，必然是需要接触土地和落实扎根的方法，如瑜伽、园艺、太极，或者各种能促使他们与身体联结的活动。

但我接着发现医院中有一大群人非常需要禅修：精神科医生、心理师、社会工作者、精神科护士、助理，等等。这群人负责照顾精神病人，常常用抗精神病药物控制病人，他们这样做是出于害怕，害怕病人身体的能量，也害怕自己身体的能量。这些照顾者当中，很少有人能亲身体验病人所面对的强大力量，而这却是禅修中非常基本的课程：面对自己的贪婪、无价值感、愤怒、妄想和浮夸，并开启智慧与无畏来超越这些力量。这群人可以从禅修获得极大的益处，以此面对自己的心灵力量，这种力量在病人身上是不受控制的，借此让他们对自己的工作和病人生出新的理解和慈悲。

心理卫生界已经开始体认到，治疗和处置必须涵盖灵性生活；其他领域如政治学、经济学和生态学，也已体认到整合灵性观点的必要性。

但灵性若要有所助益，就必须基于个人的经验。对于想要直接学习的人，本书有许多章节提供了一系列传统的修行方法和现代的禅修方式。这些练习是直接应用本书教导的方法，以求更深入自己的身体和心，使之成为灵性修行的工具。本书的禅修核心沿袭的是东南亚的南传佛教传统，有各种属于“内观”（vipassana，又称毗婆舍那）的觉察练习。内观又被称为佛教禅修的核心，为身体、心灵和心智（这副身心与周遭世界是一体的）提供了一套有系统的训练及觉醒方法。它是我多年来追随并教导别人的传承，而这个核心教法也是世界各地绝大多数佛教修行的基础。

虽然本书依据的是我在佛教传统里的经验，但我相信它所教导的灵性修行原则是具有普遍性的。前半部介绍的是一种完整的灵修生活基础：修行的方式、常见的危险、处理创伤和困难的技巧、佛教对人类意识的灵性状态所描绘的地图，以及如何将这些超凡的经验落实于日常生活。本书后半部更直接谈到如何把这种修行整合到当代的生活，涉及的议题包括相互依赖（codependence）与慈悲、区隔的问题、心理治疗和禅修，以及与灵性老师相处的益处和问题。最后会检视灵性的成熟：丰盛的智慧和慈悲，以及它为生活带来的自在和喜悦。

在本书一开始，我强调的是我个人的旅程，因为我学到的最大课题就是普遍性必须和个人性结合，才能圆满地实现灵性生活。身为人类，通往神圣的人性之门就是自己的身体、心灵及心智，我们的历史，以及生活中最亲近的关系与环境。若非从这里进入，我们还能从哪里实现慈悲、公义及解脱呢？

灵性的完整意义就是认识到，如果我们要将光明、智慧和慈悲带进世界，就必须先从自身开始。只有在每个独特、个别的情境中，才能实现灵性生活的普遍性。这种修行的个人取向同时重视生命的独特性及共同性，尊敬生死间伟大舞动的永恒本质，也看重个别的身体、家庭和社区，以及个人的历史、喜悦与哀愁。由此看来，我们的觉醒既是一种非常个人化的事，也会影响地球上的所有生命。

第1章　我是否好好爱过

我们若不能以最朴实平常的方式感到快乐，不能以心彼此接触，用心碰触自己被赋予的生命，即使是最超绝的状态和最特别的灵性成就，也都微不足道。

真诚的灵性之旅：与心联结的道路

投入灵性生活时，最重要的事其实很简单：我们必须确定自己的道路与心联结。现代的灵性市场提供了许多不同的版本，各种伟大的灵性传承都有许多故事谈到开悟、极乐、神圣的狂喜，以及人类灵性的最高可能性。在提供给西方人的众多教法中，我们常常最先被这些迷人和超凡的面向所吸引。虽然这些状态有可能实现，而这些状态也确实代表某些教法，但从另一个角度来看，它们也是灵性商场的广告伎俩，并不是灵性生活的目的。归根究底，灵性生活并不是寻求某种超凡状态或特殊能力的历程。事实上，这种追求会让我们迷失自我；若不够小心，我们很快就会发现，现代社会的重大失败都会在灵性生活中重现，如野心、物质主义和个体的孤立。

要展开一段真诚的灵性之旅，我们必须紧靠自己的家，直接聚焦在面前的当下，确定这条道路联结到最深层的爱。唐望（Don Juan Matus）在教导卡罗斯·卡斯塔尼达（Carlos Castaneda）时说：

仔细审视每一条道路。只要你认为需要，就尽可能多试几次，然后问自己一个问题，而且只问你自己。这是只有非常老的人才会问的问题。我的恩师曾经对我提过，但我当时太年轻、太血气方刚，无法了解它的道理。但现在我可以理解了。我现在要告诉你这个问题："这条道路是否有一颗心？"如果有，就是好的道路；如果没有，就是无用的道路。

本书的教导就是关于如何找出这样一条与心相伴的道路，走上一条转化并触动生命核心的道路。也就是要找到一种修行方式，让我们能全然发自内心地活在世上。

当我们问："我是否依循了一条心的道路？"会发现没有任何人能明确地为我们界定什么是应该走的路。相反，我们必须让这个问题的神秘和美丽在我们的生命中回荡。然后，内在某处会有答案出现，了解也油然而生。如果我们静下来，深刻地倾听，即使只是片刻，也将知道自己是否依循了一条心的道路。

直接与心对话是可能的，大部分的古老文明都知道这点。我们可以像对待好友般，和自己的心对话。在现代生活中，我们太忙于日常琐事和想法，因而忘了花时间与心对话。我们向心询问目前的道路时，必须检视自己选择的生存的价值是什么。我们把自己的时间、力量、创造力与爱放在哪里？我们必须不带感伤、夸大和理想主义，来检视自己的生活。我们的选择反映出自己最重视的价值了吗？

生命的珍贵

佛教传统教导追随者，所有生命都是珍贵的；离开地球的宇航员也重新发现了这个真理。有一组俄罗斯宇航员如此描述："我们将小鱼带到太空站做某些研究，我们要在那里待三个月。三个星期之后，鱼开始死亡。我们很难过，我们难道不能做点什么来救它们吗！在地球上，我们从垂钓获得很大的快乐，但当你孤独地远离地球，任何生命的出现都会格外受到欢迎。你会看到生命是多么珍贵。”在同样的精神下，有位宇航员在回忆太空舱着陆后，打开舱门闻到地球上潮湿的空气时说：“我趴下来用我的脸颊贴近地球，我趴下并亲吻它。”

要看到所有事物的珍贵性，就必须对生活全神贯注。灵性修行能使我们拥有这种觉察，而不必借助太空之旅。“当下”及“单纯”的特质开始逐渐渗透我们的生活时，内在就会显露对地球及众生的爱，并使修行的道路充满活力。

为了更深入了解是什么唤醒了这种珍贵感，以及珍贵感如何为心的道路赋予意义，我们可以从以下的禅修来体会。在佛教的修行中，人借由深思自己的死亡而被迫思考如何才能好好活着。针对这个目的，传统的禅修方法是安静坐着，感受生命的短暂无常。读完这段文字后，请闭上眼睛，感受你被赋予的这个人身是会死亡的。对我们而言，死亡是必然的，只是还不知道死亡的时间。想象自己正走到生命的尽头，也许是下星期、明年、十年后，或未来的某个时候。现在回忆你的一生，然后回想两件你做过的善行。不需要是伟大的事，让回忆自然浮现。回想这些善行时，也同时觉察这些记忆如何影响你的意识，当你看着它们，它们是如何转化你的感受，以及心灵与心智的状态。

完成这种回顾之后，请你仔细检视这些处境的性质，这些从一生言行中挑选出来的善行是由什么组成的？在这种冥想中，几乎每一个回忆起这种善行的人，都发现它们是出奇的单纯。对某些人来说，良善的片刻只是很单纯地在父亲死前诉说自己对他的爱，或是在百忙中抽空帮车祸受伤的姐姐照顾小孩。有位小学老师忆起的单纯景象，就是在许多早晨抱着因哭泣而一整天难受的孩子们。有人对这种冥想的回应是举起手，微笑地说：“当我和别人在拥挤的街道上同时找到停车位时，我总是把车位让给别人。”那就是她生命中的善行。

另一位儿孙满堂、生活充实的六十多岁的女护士带来这段回忆：

当时她六岁，一辆车子在她家门口抛锚，引擎盖下冒出白烟。两位上了年纪的人从车里走出来看了看，其中一位走到转角的公用电话亭，打给修车厂。他们回到车内，花了几乎整个早上等着拖车。这个好奇的六岁小孩走过去和他们说话，看他们在燠热的车内等了那么久，便走进屋里，没问过他们就准备了冰红茶和三明治，用托盘端着送去给他们。

生命中最重要的，并不是什么惊人或伟大的事，而是人与人彼此触动的片刻，是我们以最用心和关怀的方式待人的时刻。这种简单而深刻的亲密关系是我们都渴望的爱。这些触动和被触动的片刻可以成为心的道路的基础，它们以最立即和直接的方式发生。特蕾莎修女（Mother Teresa）这样形容："在一生当中，我们无法做出伟大的事，只能以伟大的爱去做微小的事。"

有些人觉得这种练习非常困难，心中浮现不出任何善行，有些人虽然浮现，却又马上否决，因为它们被断定为肤浅、微不足道、不纯洁和不完美的。这是否意味在一生几十万个行为当中，连一个善的片刻都没有呢？并非如此！我们都有很多善行。它具有其他更深刻的意义，反映出我们对自己是多么严苛。许多人对自己少有宽容之心，我们很难承认真正的爱和善可以从心中自由地散发出来。但它确实可以。

活出心的道路，就是活出这个冥想展示的方向：让善的滋味渗透我们的生活。当我们全神贯注于行动，当我们能表达我们的爱，并看到生命的珍贵时，内在善的特质就会增长。一种简单的关怀开始出现并渗透到生活中的更多时刻。我们应该继续问自己的心：我们像这样活着时，代表什么意义？这条道路——也就是我们选择的生活方式，是否引导我们到此处？

爱与放下

在生活的压力和复杂之下，我们也许会忘记内心最深的意图。

但当人走到生命的尽头回顾时，最常问的通常不是："我银行账户里有多少钱？""我写了多少书？""我建造了什么？"或其他类似的问题。如果你有机会陪伴一个知道自己死期的人，你会发现他的问题非常简单："我是否好好爱过？""我过得充实吗？""我学会放下了吗？"

这些简单的问题直指灵性生活的核心。当我们想要好好地爱，并充实地生活时，就会看到自我的依恋和恐惧限制我们的方式，也会看到许多打开心扉的机会。我们是否爱过周遭的人、我们的家人、社区，以及居住其上的地球？我们是否学会了放下？是否学会以恩典、智慧和慈悲度过生命中的变化？我们是否学会宽恕，并以心而非批判的精神来生活？

当我们看见生命的珍贵与短暂，放下就成为灵性修行的核心议题。我们需要放下时，如果还没学会这一点，就会受到很大的痛苦，而我们走到生命尽头时，可能需要经历所谓的速成课程。我们迟早必须学会放下，允许不断变化的生命奥秘穿透我们，不感到害怕，也不会想留住或抓紧它。

我认识一位年轻女性，陪伴着癌症扩散的母亲。在这段期间，她母亲躺在医院，身上接着许多管子和机器。母女两人都同意妈妈并不想以这种方式离世，便在病情恶化时拿掉所有的医疗器械，出院回家。癌症还是继续扩散，那位母亲费了好些心力才接受自己的病情。她试着在床上做家事、付清账单，并监督生活中所有的例行事务。她和身体的痛楚奋战，但更常和她的无法放下抗争。在这场奋战中的某一天，病重而有点迷糊的母亲打电话叫女儿来，说："亲爱的，现在请把插头拔掉。"女儿温柔地说："妈妈，你身上并没有插插头。"关于放下，我们都有许多要学习的！

放下，并在一次又一次的变迁中走过人生，会为我们带来成熟的灵性生命。到最后，我们就会发现爱与放下其实是同一件事。两者都不求拥有，都让我们碰触到变动生命中的每个片刻，无论接下来会发生什么事，都让我们全然活在当下。

有个古老的故事是关于一位住在欧洲的著名犹太教拉比的。有一天，有个人从纽约搭船来拜访他。那人来到这位伟大拉比的住所，那是一间坐落在欧洲城市街道上的大房子，他被带到拉比位于阁楼的房间。他走了进去，发现大师的房间只有一张床、一把椅子和几本书，他原本期待会看到更多东西。打过招呼之后，他问："拉比，你的东西在哪里？"大师反问他："那你的东西呢？"访客回答："但是大师，我只是路过而已。"大师回答："我也是。"

全然去爱和好好生活，需要我们最终能体认自己并未占有或拥有任何东西，包括我们的家、车子、所爱的人，甚至我们的身体。灵性的喜悦和智慧并不是来自拥有，而是来自开放的能力、全然地去爱、在生活中自由前进。

迫切的课题

这个课题是不能拖延的。有位伟大的老师如此解释："问题就在于你以为自己还有时间。"但我们并不知道自己还有多少时间。当我们知道这可能是自己的最后一年、最后一周、最后一天的时候，我们会怎么生活呢？

有时需要极大的冲击，才能唤醒我们与自己道路的联结。几年前，有个男子住在旧金山的医院，他的妹妹请我去看他。他将近四十，非常有钱，拥有建筑公司、帆船、牧场、房子与许多工作。有天他开着宝马汽车，突然晕倒，检查显示他罹患脑瘤，是黑色素瘤，一种快速增生的癌症。医生告诉他："我们要为你动手术，但我必须警告你，那个肿瘤位于大脑的语言和理解中枢，如果切除，你可能会失去阅读、写字、说话及理解任何语言的能力。如果不开刀，你大概还能活六星期。请考虑一下，手术定在明天早上，请在那之前让我们知道你的决定。”

那天傍晚，我去拜访那位先生。他变得非常安静而深思，你可以想象到，他处在一种极度不寻常的意识状态。这种觉醒有时来自灵性修行，但对他而言，却出于这种特殊情况。我们对谈时，这个人并没有谈到他的牧场、帆船和金钱。他要走的路，不会接受银行存折的金额和宝马汽车。在巨大变动的时刻，有价值的是心的存折：我们内在不断滋长的心的能力与了解。

这个人在20世纪60年代末期做过一点禅修，读过一些艾伦·沃茨（Alan Watts）的书；当他面对此一时刻，他所关切与想谈的是：他的灵性生活和他对生死的了解。在一场真诚的对话之后，他停顿静默了一段时间，并陷入沉思，然后转头对我说：“我已经说得够多了，或许我说得太多了。今天下午，我就算只是喝一口自来水，或看着医学中心窗外飞过的鸽子，都觉得弥足珍贵。它们对我来说是如此美丽，看着一只鸟飞过空中是那么不可思议。我这一生还没有结束，或许我将只是更安静地活着。”于是他要求进行手术。经过一位医术精湛的外科医生十四小时的手术后，他妹妹到恢复室探视。他抬头看着她说：“早安！”医生成功切除了肿瘤，他也未丧失语言能力。

当他离开医院，从癌症中康复后，整个生活都改变了。他仍然尽责地完成工作，但不再是个工作狂。他花更多时间和家人相处，并成为咨询顾问，服务其他被诊断出癌症或重症的病人。他花更多时间待在大自然里，以及用爱和周围的人相处。

如果我在那个傍晚之前遇见他，很可能会认为他是灵性的失败者，因为他灵修过一段时间，然后完全变成一个商人，似乎彻底忘记了灵性的一切价值。但是，当时候到了，当他在生死攸关时停下来沉思，即使过去的少许灵修，对他也变得非常重要。我们从来不知道别人学到些什么，也不能轻断他人的灵性修行。我们能做的，只是观看自己的心，并问自己：在我的生活中，什么才是最重要的？什么会使我更开放、更诚实、拥有更深的爱的能力？

爱的力量

心的道路也包含我们独特的天赋及创造力，心的外在表现可能是写书、造建筑物或为他人服务，也有可能是教学、园艺、烹饪或演奏音乐。不管选择什么，我们对生命的选择必须根据自己的心，我们的爱是所有创造和联结的能量来源。如果我们的行动没有与心联结，即使是生命中最伟大的事也会变得枯燥、无意义和乏味。

读者可能还记得几年前，报纸上有一系列文章讨论是否要设立诺贝尔奖得主的精子银行。当时有位女性主义者很关心这件事，写信给《波士顿全球报》说："如果要设立精子银行，也应该设立卵子银行。"《波士顿全球报》刊登了乔治·沃尔德（George Wald）回复给她的信，他本人是诺贝尔生物奖得主、哈佛大学的生物学家，也是一位充满智慧的绅士，他写道：

> 你绝对是正确的。我们需要卵子和精子，才能孕育出诺贝尔奖得主。每个人都有母亲和父亲，你可以提出所有想从父亲那里得到的东西，但父亲对受孕的贡献其实比较少。
>
> 我希望你不是真的想要成立卵子银行，撇开诺贝尔奖不谈，创设卵子银行在技术上并不困难，但有一些问题……
>
> 只要想想一个男人，徒劳无功地坚持从卵子银行得到一个较优秀的卵子的情形，他必须使它受精，受精后，他要把它带到哪里？给他太太吗？你可以想象他说："亲爱的，你看，我刚从卵子银行得到这个优秀的卵子，而且靠自己让它受精了，你会照顾它吗？"她会回答："我有自己的卵子要照顾呢！你知道你能做什么吗？去租个子宫！你最好也去外面租个房间！"
>
> 你看，这是行不通的。其实人需要的并不是诺贝尔奖得主，

而是爱。你认为人是如何成为诺贝尔奖得主的呢？想要爱，那就是方法。非常渴望爱时，就会花所有时间工作，成果就是诺贝尔奖。它只是种安慰奖。

真正重要的是爱，别再提精子银行或卵子银行了，银行和爱是不相容的。如果你还不知道，表示你最近大概没去过银行。

因此，就练习去爱吧！去爱俄国人，你会发现那是多么容易，会让你的清晨变得明亮。去爱伊朗人、越南人，不只是此处的人，而是各处的人。当你已经很擅长于此时，试试更难的，例如去爱首都的政客！

我们所有的活动之下，深藏着对爱和爱的行动的渴求。我们在生活中发现的快乐，与占有或拥有无关，甚至与理解也无关，而是发现这种爱的能力，和所有生命建立一种充满爱、自由及智慧的关系的能力。这种爱不是占有，而是发自我们自身的幸福感，以及与万物的联结感。因此，它是慷慨与觉醒的，是一种爱所有事物的自由。出于爱，我们的道路可以引导我们学习如何使用天赋去疗愈和服务，去创造四周的和平，礼赞生活中的神圣，祝福我们遇到的一切，并希望一切众生安好。

灵性生活也许看来复杂，但本质上并非如此。当我们了解生命中最重要的是心的性质时，即使在复杂的世界中也能发现澄明和单纯。深受爱戴的禅宗诗人良宽（Ryokan）对此下了结论：

雨停了，云散了，
天又晴了。
你的心若纯净，世界的一切也都
纯净……
然后月亮和花朵将指引你

前行。

若我们不能去爱，所有灵性教导终将徒劳无功；若我们不能以最朴实平常的方式感到快乐，不能以心彼此接触，不能用心碰触自己被赋予的生命，即使是最超绝的状态和最特别的灵性成就，也都微不足道。真正重要的是我们如何生活。虽然困难，但我们仍要问自己这个重要的问题：“我是否全然活在这条道路上？我是否活得无憾？”好让我们的生命不论结束在哪一天，都可以说：“是的，我已活在心的道路上！”

慈心观：关于慈爱的冥想

慈爱是肥沃的土壤，由此才能孕育出完整的灵性生活。有爱心做背景，我们的意图、经历都更容易开放、流动。虽然慈爱可以在许多情形下自然生起，但也可以被培养。

以下的禅修练习有两千五百年的历史，它用重复的句子、意象和感受，引发对自己和他人的慈爱及善意。你可以试试是否有用。最好找个安静的地方，每天复诵一或两次，每次十五或二十分钟，持续几个月。一开始，这种禅修可能令人觉得机械化和笨拙，甚至引发相反的特质，感觉暴躁或愤怒。发生这种情形时，特别需要对自己更有耐心和宽容，以友善和宽容的精神接纳生起的一切。当时候到了，即使面对内在的困难，也会培养出慈爱。

以舒服的姿势坐下，让身体放松、静止，尽可能让心灵安静下来，把计划和占据内心的事放下，开始在内心直接对自己复诵下列句子。你必须从自己开始，因为不爱自己，就不可能去爱别人。

愿我充满慈爱

愿我安好

愿我安详自在

愿我快乐

念这些句子时，也可以运用佛教的意象：把自己观想成年轻可爱的小孩，或观想现在的自己正被一颗慈爱的心拥抱。让感受从字句中生起，可以自行调整文句和意象，找到完全适合自己的字句，能够打开自己的慈爱之心。然后一再重复这些句子，让这些感受渗透身体和心灵。

重复练习这种冥想数周，直到对自己产生慈爱的感觉。

当你觉得已经准备好了，在同一个禅修时期，可以逐渐扩展慈心观的对象，将其他人带进来。在自己之外选一个恩人，某个真正关心你的人。在脑中想象他或她的样子，仔细复诵相同的句子，“愿他（她）充满慈爱”，以此类推。当你培养了对恩人的慈爱，再开始把你爱的其他人带进来，观想他们并复诵相同的句子，唤起对他们的慈爱感。

接下来，你可以逐渐把其他人带进来：朋友、社区成员、邻居、任何地方的人、动物、整个地球和一切众生。接着，你甚至可以尝试把生活中最难相处的人带进来，希望他们也充满慈爱和安详。练习一段时间后，会发展出一种稳定的慈爱感，你便能把许多人带进这十五或二十分钟的禅修中，从自身开始，扩及你的恩人、你所爱的人与一切众生。

然后，你可以学习在任何地方都能练习，在塞车时，在公车和飞机上，在候诊室及其他地方。当你在人群中静静练习慈心观时，将会立刻感受到与他们奇妙的联结，这就是慈爱的力量。它能使你的生活平静下来，并和自己的心联结。

第2章　停止战争

当我们步出战场，才能重新观看，就如《道德经》所说："双眼不被欲望遮蔽，就能仔细观看（故常无欲，以观其妙）。"

战争的本质

尚未觉醒的心灵很容易制造战争来对抗事物的本来面貌。要依循一条心的道路，我们必须了解内心及外在制造战争的过程与始末。战争的根源是无知，若缺乏了解，我们很容易就被生命中瞬间的改变、无可避免的失落、失望、老化和死亡带来的不安全感所惊吓。误解会让我们对抗生活、逃离痛苦，或紧紧抓住永不能真正令人满足的快乐和安全感。

我们与生活的战争会表现在经验的每一个面向，包括内在和外在的经验。孩子在高中毕业前，每人平均从电视上看到过一万八千次谋杀和暴力行为；美国妇女受伤的主因是被同住的男人殴打。我们在内心、家庭和社区中交战，在不同种族及世界各国之间交战。人与人之间的战争反映出自身内在的冲突与恐惧。

我的老师阿姜查如此描述这种持续的战争：

人类一直在战争，用战争来逃避自己如此有限的事实，我们被许多无法掌控的情况所限制。除了逃避，我们也持续制造痛苦，为善而战，为恶而战，为太小而战，为太大而战，为太短或太长、对或错而战，勇气十足地战斗下去。

现代社会促使我们产生一种心理倾向，否定或压抑我们对事实的觉察。我们的社会用否定的方式来制约我们，避免任何直接的困难和不适。我们竭力否定自身的不安全感，对抗痛苦、死亡与失落，不愿看见自然和人类本性的基本真理。

为了与自然隔离，我们有了冷气机、有暖气的车和保护我们的时令衣服。为了隔离可怕的老化和疾病，我们在广告中刊登微笑的年轻人，却把老人丢在疗养院和老人之家；我们把精神病患者藏在精神病院，把穷人弃置在贫民窟。我们的高速公路绕过这些贫民窟，好让有幸不住在那里的人看不见他们的苦难。

我们以一种难以想象的程度来否认死亡，即使是九十六岁的老女人，也会在刚住院时就向医生抱怨："为什么是我？"我们几乎假装死人并非死人，为尸体穿上时尚的衣服并化妆，让它们像赴宴般参加自己的葬礼。我们对自己的伪装也一样，假装战争不是真正的战争，将战争部改为国防部，又将整列核子飞弹称做"和平守护者"。

上瘾的社会

我们是如何让自己持续远离存在的真理的呢？我们用否认来远离生活的痛苦和困难，用上瘾的行为来支持我们的否认。美国社会被称为上瘾的社会，有两千多万人酗酒，一千万人药物上瘾，数百万人沉迷于赌博、食物、性欲、不健康的关系和快速忙碌的工作。上瘾是一种强迫性的重复依赖行为，是我们用来逃避感受、否定生命的难题。广告怂恿我们跟上时代的脚步，继续消费、抽烟、喝酒，渴求食物、金钱和性。上瘾让我们麻木，看不见真实，助长我们逃避自身的经验，而社会还大力鼓吹这些上瘾行为。

安·威尔森·雪夫（Anne Wilson Schaef）是《当社会变成上瘾者》（*When Society Becomes an Addict*）的作者，她如此描述：

> 社会上适应得最好的人，是不死也不活的人，是麻木的僵尸。你死了，就不能做社会的工作了；你全然活着时，会一直对社会的许多现象说“不”，如种族主义、环境污染、核弹威胁、军备竞赛、不安全的饮水和致癌的食物。为了社会的利益而鼓吹这些令我们迟钝的事，让我们忙于自己的困境，使我们有点麻木，有如行尸走肉。因此，现代消费社会本身就是上瘾者。

最普遍的上瘾行为就是追求速度。科技社会迫使我们加快生产和生活的步调。国际品牌曾推出一款新录音机，广告说它可以用双倍的速度播放，而声调仍然能维持在正常范围之内。广告说：“因此，你可以只花一半的时间听到丘吉尔或肯尼迪的演讲，或经典文学作品！”我怀疑他们是否也推荐以双倍速度来听莫扎特或贝多芬。伍迪·艾伦对这种强迫行为提出评论，说他去上速读课，能在二十分钟内读完《战争与和平》，结论是：“那是有关俄国的书。”

在一个要求几乎以双倍速度来生活的时代，速度和上瘾会使我们对自己的经验感到麻痹。在这种社会里，几乎无法让身体安顿或与心保持联结，遑论与他人及我们生活的地球互相联结。相反，我们发现自己愈来愈孤立、寂寞，不仅与人隔离，也脱离了生命的自然网络。一个人在车内、在大房子里，用手机、随身听紧紧夹着耳朵，以及深深的寂寞和内在的贫乏感，是现代社会最普遍的悲哀。

不只是个体失去了彼此的联结，这种孤立也是国与国之间的悲哀。分裂和否认的力量引起国际间的误会、生态浩劫，以及国家间无止境的冲突。

我写作的同时，这个地球上有超过四十场战争和暴力革命，正在残杀成千上万的男女和小孩。第二次世界大战后，已经发生了一百一十五场战争，而全世界只有一百六十五个国家。对人类而言，这并不是什么美好的记录，然而我们该怎么办呢？

从自己开始停止战争

真诚的灵性修行需要我们学会如何停止战争，这是第一步，但它需要一再练习，直到变成我们存在的方式。一个真正“和平”的人内在的宁静，会将和平带进与他相连的整个生命网络，包括内在及外在。要停止战争，就要从自己开始。印度圣雄甘地了解这一点，他说：

> 我只有三个敌人。我最喜欢的敌人是最容易受影响而改善的大英帝国。第二个敌人是印度的人民，他们甚难改变。但我最难对付的对手是名叫甘地的人，对于他，我似乎只有非常微小的影响力。

正如甘地，我们很难经由意志的行动来改善自己，就像要心灵摆脱自己或用鞋带把自己举起来一样，是不可能的。还记得大多数的新年愿望是多么短命吗？当我们努力改变自己，其实只是延续自我批判和自我攻击的模式而已，我们让自我战争持续存在。这种意志行动的效果通常适得其反，反而常强化原先想改变的上瘾或否认。

有一位年轻人来禅修，但他很不信任权威。他有个很喜欢虐待人的母亲，想当然，他会反叛家庭。他在学校很叛逆，且辍学加入反主流文化。他跟某任女友打过架，据说是因为她想控制他。后来他去印度和泰国寻找自由，在禅修中得到初步的美好体验后，便报名参加佛寺中长期的修行活动。他决定要很严格地修行，让自己变得清明、纯净和安详。然而过不了多久，他发现自己又陷入冲突。每天的例行工作让他没有时间持续禅修，访客声和偶尔经过的车辆声会打扰他禅修；

他还觉得老师没给他足够的指导，因此他的禅修收获不佳、心停不下来。他努力要让自己平静，想用自己的方法解决，却以自我对抗收场。

最后，老师在一次集体禅修结束之后，把他叫来开导："你和每一件事对抗。食物会干扰你，声音会干扰你，工作会干扰你，甚至你的心也干扰你，怎么会这样呢？这不是很奇怪吗？我想知道，当你听到车子经过，是它真的开过来干扰你，还是你走出去干扰它？是谁在干扰谁？"听到这样的话，即使是这个年轻人也不由得不大笑，那一刻就是他开始学习停止战争的时候。

放下战争，活在当下

灵性训练的目的，是给我们一种通过了解和逐步训练的方式来停止战争，而非勉强用意志力去制止。持续的灵性修行能帮助我们与生活建立新的关系，能在其中放下战争。

当我们踏出战场，就能重新观看，如《道德经》所说："双眼不被欲望遮蔽，就能仔细观看（故常无欲，以观其妙）。"我们看到每个人如何制造冲突，看见自己固定不变的喜好与厌恶，努力抗拒所有令自己害怕的事物。我们看到自己的偏见、贪婪和局限。这些都是我们很难看到的，但它确实在那里。我们看见这些持续的战争背后，充斥着不完整感和恐惧；我们看到自身为了生存的挣扎，关闭了自己的心。

当我们放下战争，敞开心面对事情的本貌，就能安住在当下。这是灵性修行的起点，也是终点。只有在此刻，我们才能发现什么是永恒；只有在这里，我们才能发现所追求的爱。过去的爱只是记忆，未来的爱是幻想，只有在当下的真实里，我们才能爱，才能觉醒，才能在自己和世界间找到和平、了解和联结。

拉斯维加斯赌城中，有块招牌说得好："你必须在现场才能赢！"停止战争和活在当下是一体的两面。回到当下就是停止战争，体验此时此刻的一切。多数人都把生活耗费在未来的计划和期望上，以及对过去的懊悔、内疚和羞愧中。当我们回到当下，就能开始再次感受周围的生活，但也要面对自己逃避的事物。我们必须有勇气面对当下的一切，包括我们的痛苦、欲望、悲伤、失落、秘密的期望、爱——让我们深深感动的每一件事情。停止战争后，我们也会发现自己一直在逃避的东西，包括寂寞、无价值感、无聊、羞愧、未满足的欲望。我们也必须面对这些部分。

你也许听过灵魂出窍的“体外经验”，四周充满光和异象。然而真正的灵性道路追求更大的挑战，可以称之为“体内经验”。如果想觉醒，就必须和我们的身体、感受与现在的生活联结。

活在当下需要持续而不动摇的承诺。我们踏上一条灵性道路时，不只需要停止一次战争，而是很多次。我们一再感觉到思想和反应的熟悉拉力，要将我们带离当下。当我们停下来倾听，可以感觉到自己害怕或渴望的每件事（这是同一种不满足的两面），会如何驱使我们远离心，进入生活应该如何的错误观念。若我们更仔细倾听，就会发现认同自己的恐惧和欲望，让我们变得多么局限。由于这种自我的渺小感，我们常常以为快乐只来自拥有某些东西或有人为我们付出。

发现心的伟大

停止战争，回到当下，就是发现自己心的伟大，能容纳众生的快乐，将它当成自己的快乐。我们让自己去感受恐惧、不满足、一直在逃避的困难时，心就会柔软下来。面对自己一直逃避的困难，不只是勇敢的行动，也是慈悲的行动。根据佛教经典，慈悲就是“纯净之心的颤动”，允许自己被生命的痛苦触碰。了解我们可以这样存活，可以帮助我们唤醒心的伟大。拥有伟大的心，就能在生命的苦难与无常中，活在当下。我们可以向世界开放，向其中成千上万的喜悦与悲伤开放。

当我们被世界深深地碰触，就会体认到，自己的生活和其他人一样，都会有痛苦，这就是智慧理解的诞生。智慧的理解使我们看到痛苦是不可避免的，所有诞生的事物终将死亡。智慧的理解让我们看见并接纳生命是一个整体，它让我们包容所有黑暗或光明的事物，因而感到安详。这不同于借助否认或逃避所得到的平静，而是在心中发现的祥和，它不排斥任何事物，以慈悲接触一切。

经由停止战争，我们可以拥抱自身的悲伤和哀痛、喜悦和胜利。拥有伟大的心，就能向身边的人开放，向家人、社区、世界的社会问题、我们的集体历史开放。运用智慧的理解，便能与自己的生命，与被称为“道”或“法”的宇宙法则和谐共存，那是生命的真理。

有位身为越战退伍军人的佛教徒说了一个故事，谈到他在密集禅修时首度体验到当兵时目睹的恐怖暴行。多年来，他内心一直有越战的阴影，因为他找不到任何方法来面对他过去的记忆。最后，他终于能停止内在的战争。

> 越战初期，我担任野战医护兵，在南北越边界山区和海军陆战队的地面部队一起作战。我们的伤亡率很高，情况许可时，我们也会治疗受伤的村民。
>
> 我第一次参加密集禅修时，已经从越战回国八年。那些年来，我和其他越战退伍军人一样，忍受每星期至少两次不断重复的噩梦：梦见我又回到那里，面对相同的危险，目睹相同的惨状，然后突然惊醒，冷汗与惊惧遍布全身。密集禅修时，我睡觉时没做噩梦，恐怖的影像反而在白天打坐、经行、吃饭时出现在心眼中。恐怖的战争景象和禅修中心安静的红杉林重叠在一起，宿舍中昏沉的学生变成散落在非军事区临时陈尸处的尸体。我逐渐了解，身为三十岁的灵性追求者，我不只是重新体验这些记忆，同时也首度承受那些经验对我造成的强烈情绪冲击，那是当时二十岁、身为医护兵的我完全无法承受的。
>
> 我开始了解，我的心灵逐渐放下如此恐惧、如此否定生命、

如此侵蚀灵性的记忆，我曾经停止觉察，却一直带着它们。简言之，我开始经历深入的宣泄，开放地面对我最惧怕也最强烈压抑的东西。

密集禅修时，我被新的恐惧所折磨，担心释放出自己无法控制的内在战争的魔鬼，这些魔鬼将日夜主宰我，但我经验到的却完全相反。被杀害的朋友和被肢解的小孩影像，逐渐让位给其他依稀记得的场景：丛林令人着迷而强烈的美，千百种不同的绿意，带着香气的微风吹过洁白闪亮的沙滩，像是铺满钻石的地毯。

密集禅修时，我对过去和现在的自己生起前所未有的深刻慈悲感：对那个怀抱理想、年轻、即将成为医生却被迫目睹难以形容的人类秽行的我，对那个连自己都不知道长久带着伤痛记忆、无法放下的越战退伍军人，满怀慈悲。

第一次密集禅修之后，慈悲就一直伴随我。经由修行和持续的内在放松，慈悲有时会在无意间扩大到我身边的人。虽然记忆一直跟着我，但梦魇已经消失。我最后一次冒冷汗尖叫，然后在寂静中完全清醒的经验，已是十年前发生在北加州的事了。

伯顿（Lloyd Burton）现在是一位父亲，也是一位老师，他以不屈不挠的勇气活在当下，停止内在的战争。在这个过程中，他对自己及身边的人生起具有疗愈力量的慈悲。

这是我们每个人的任务。无论是个人还是社会，我们都必须脱离速度、上瘾及否认的痛苦，才能停止战争。最大的转化来自如此简单的行动，即使是拿破仑也知道这个道理，他临终前说：“你知道世上最让我震惊的是什么？就是武力无法创造任何东西。终究，利剑总是被精神打败！”

每当我们停止战争，就会产生心的慈悲和伟大。人类心灵最深的渴望就是知道如何做到这一点。我们都有共同的渴望，想超越自身的恐惧、愤怒和上瘾造成的限制，联结到某种比“我”、“我的”更强大的东西，一种比我们的小故事和渺小自我更强大的东西。我们有可能停止战争，回到永恒的当下，碰触一种含融万物的广大生命基础。这就是灵性修行和选择一条心的道路的目的：从内在发现和平与联结，停止自己和周遭的战争。

冥想：停止内在战争

舒服地坐几分钟，让身体放松，轻松而自然地呼吸，把注意力带到当下，安静地坐着，注意任何身体的感觉，特别是你一直奋战的感觉，紧张或疼痛。不要试图改变它们，只要用充满兴趣且温和的专注力注意它们。当你发现任何用力的部位，就让身体放松。让心柔软下来，向你经验到的一切敞开，不要挣扎。放下对抗，静静地呼吸，让一切如实呈现。

经过一段时间之后，把注意力放到你的心和心智上，注意出现了什么感觉和想法，特别是正在挣扎、奋战、否认和逃避的感觉或想法，用充满兴趣且温和的专注力注意它们，让心柔软下来，向你经验到的一切敞开，不要挣扎。放下对抗，静静地呼吸，让一切如实呈现。

继续静静地坐着。然后把注意力放到所有仍然存在于生活中的战争，感觉它们在你里面。如果你的身体出现持续的挣扎，就觉察它的存在。如果你一直在和你的感受对抗，和自己的寂寞、害怕、困惑、哀伤、愤怒和上瘾起冲突，就去感觉你一直进行的挣扎。也请注意思想上的挣扎。注意内在的敌人，内在的独裁者，内在的防卫方式。觉察内在所有的挣扎，看看你让这种冲突持续了多久。

以开放的心情，温柔地允许每个经验在当下如实呈现。只要用充满兴趣和温和的专注力，轮流注意每一个经验。在每一个挣扎的地方，都让你的身体、心和心智柔软下来，向你经验到的一切敞开，不要挣扎，让它如实呈现。静静地呼吸，让自己放松。在心中的和平桌，邀请自己的所有部分与你结合。

第3章　坐定

当我们在禅垫上坐定，我们就成为自己的寺院，创造出慈悲的空间，让所有事物都得以在其中出现，包括悲伤、寂寞、羞愧、欲望、懊悔、挫败与快乐。

坐定的双重意义

灵性的转化是一种深刻的历程，并不是偶然发生的。我们需要重复的纪律和真诚的训练，才能放下心智的旧习，找到新的观看方式，并加以维持。要在灵性道路上成熟，必须用有系统的方式对自己作出承诺。我的老师阿姜查把这种承诺称为“坐定”，他说：“就是走进房间，把一把椅子放在正中间，在房间中央坐下来，打开门窗，看看谁会来拜访。你将见证各种景象及演员，所有的诱惑和故事，你能想象的一切。你唯一的工作就是留在座位上，你将看到一切生起又逝去，智慧和理解将会从中出现。”

阿姜查的描述既写实又隐喻，“坐定”的意象描述了灵性工作的两个相关面向。表面上，坐定的意思是从所有可能性中选定一种修行方式和老师；就内在而言，则是指立定决心，无论有什么困难和怀疑，都要紧守那种修行方式，直到达到真正的清明和理解。

没有唯一正确的修行道路

每个时代的伟大灵性传承都提供了许多觉醒的工具，包括身体的训练、祈祷、禅修、无私的服务、仪式和奉献的做法，甚至某些形式的现代治疗。这些都是使我们成熟的方法，使我们面对自己的生活，借由发展心智的平静和心的力量，帮助我们以新的方式观看。任何一种修行方式都需要以深切的承诺来停止战争，不再逃离生活。每一种修行方式都使我们以更清明、更接纳、更诚实的意识状态进入当下；但我们必须有所选择。

在诸多修行方式中作选择时，经常会遇到其他人试图说服我们采用他们的方法，有转世的佛教徒、基督徒和苏菲（Sufi）信徒，等等。每一种信仰都有传教士，坚持只有他们发现了通往上帝、觉醒与爱的唯一正确道路。然而，我们必须了解登山的路有很多条，绝对不会只有一条正确的道路。

有位大师的两个徒弟在争论修行的正确方法。他们无法解决彼此的歧见，于是去找老师。他坐在一群学生当中，两个徒弟各自陈述自己的看法。第一个谈到努力之道。他说："师父，我们必须尽一切努力，放弃旧有的习惯和潜意识的习性，难道不是吗？我们必须尽量诚实、觉察与活在当下。灵性生活并不是偶然发生的，而是要全心全意努力才能达成。"大师回答："你说得对。"

第二个学生沮丧地说："但是，师父，灵性之道难道不是要放下、臣服，让道或神自行显现吗？"他继续说："进步并不是出于我们的努力，我们的努力只是出于一己的执取和我见。真正灵性道路的本质是'并非出于我的意志，而是神的意志'，不是这样吗？"大师又回答："你说得也对。"

第三个学生听了说："但是，师父，他们不可能都对。"大师微笑着说："你说得也对。"

上山的路有很多，每个人都必须选择一种内心觉得正确的修行方式。不需要评价别人的选择。请记住，修行方式本身只是你迈向自由的路上，用来发展觉察力和慈悲心的工具，如此而已。

就如同佛陀所说："过了河之后，就不需要继续带着竹筏。"但只要它对我们还有用，我们就得学习尊重并使用某种修行方法。对大多数人而言，这段时间会很长，但只要把它当成一个工具，一个帮我们渡过怀疑、困惑、欲望和恐惧之水的竹筏。我们可以对旅程中乘坐的竹筏心存感激，但仍然要了解我们虽然从中获益，却不是每个人都搭乘相同的竹筏。

鲁米（Rumi）的诗描述了通往觉醒之路的许多工具：

有些人工作致富，
有些人做相同的事却贫穷如故。
婚姻使某些人充满能量，
却让某些人耗竭。
不要信任方法，它们会改变。
方法就像驴尾巴一样摇摆不定。
总要在任何句子上
加上感谢语，如果符合神意，
然后开始行动……

择一而行

我们可以发现伟大的传统修行方法的力量，但仍保持自己的观点：它只是竹筏，一种觉醒的方法。虽然保有这种看法，我们还是需要作出确定的选择，选择一种禅修、献身的方式，祈祷或持咒，然后用心作出承诺，全然进入，以之为修行方法。

许多有经验的学生来参加我指导的内观密集禅修，却未对任何修行方式作出承诺。相反，他们到处尝试现今西方世界各式各样的修行传统，接受喇嘛的灌顶，在山上跳苏菲舞，参加禅宗的闭关禅修，参与巫师仪式，却仍在问："为什么我仍然不快乐？为什么我还陷在同样的挣扎之中？为什么我耗费多年修行，却没有什么改变？为什么我的灵修没有进步？"我反问他们："你的灵性修行是什么？你有没有和老师及特定的修行方法建立坚定的信任关系？"他们常常回答自己练习许多方法，或是尚未作出选择。除非选择一种训练并作出承诺，否则怎么可能对自身及眼前的世界有深刻的认识呢？灵性工作需要持续练习，需要非常深入地了解自己和周围的世界，才能知道是什么造成了人类的痛苦，怎样可以解决各种冲突。我们必须一次又一次地观看自己，以学习如何去爱，发现心封闭的原因，了解如何敞开心。

如果我们这个练习一下，那个练习一下，在换下一种法门时，我们在前一个法门所做的功课通常不会继续累积。这就好像凿了许多浅井，而不是一个深井。不断尝试不同的修行方式，我们就不会被迫面对自身的无聊、不耐烦和恐惧。我们一直不愿面对自己，所以需要选定一种深刻、古老、与心联结的修行方法，承诺追随它，直到它让我们转化。这是"坐定"的外在意义。

一旦我们在众多可能的道路中作出外在选择，并开始进行有系统的修行时，常常会发现来自内在的攻击，如怀疑和恐惧，以及过去一直不敢体验的感受。最后，一生中被压抑的所有痛苦都会浮现。一旦我们选定了一种方法，就必须以勇气和决心坚守它，并用它面对所有困难。这是"坐定"的内在意义。

狮子吼的勇气

有许多故事谈到佛陀面对怀疑和诱惑时如何修行。他坚持承诺，面对挑战，这种教法称为"狮子吼"。佛陀在开悟的那一夜立誓，除非得到觉醒，在世间万物之中找到自由和喜悦，否则绝不起身离座。在这个过程中，他受到魔王摩罗（Mara，心中各种侵略、妄想、诱惑力量的象征）的攻击，他对佛陀施展各种诱惑和阻挠，却都无效；他接着质疑佛陀坐在那个位子的权利。佛陀以狮子吼回应，并召来大地女神见证他的权利，这是基于他数千世以来培养的耐心、真诚、慈悲、德行及修行。这时，摩罗的大军便溃散而去。

后来，佛陀开始教学时，因为放弃苦行而受到其他瑜伽行者和苦行者的诘难："你每天早上享用追随者放在碗里的美食，穿着长袍御寒，而我们却只吃一点饭食，赤身露体躺在钉床上。你是哪一种老师和瑜伽行者啊！你舒适、脆弱而放纵！"佛陀也用狮子吼回答这些质疑："我也曾睡在钉床上；也曾站在恒河的热沙上，睁眼看着太阳；也曾每天只吃不到一个指甲缝的食物。太阳下人类有过的任何苦行，我都经历过！经历这一切之后，我发现用这些修行方式和自己搏斗，并不是正确的方法。"

取代这些苦行的，是佛陀所发现的被称为"中道"的方法，这是一种不厌弃也不执著于世间的方法，是一条建立于包容与慈悲之上的道路。中道就在所有事物的核心，在世界中心的伟大位置。在这个位置上，佛陀睁开眼，清楚地看见一切，敞开心拥抱一切，借此完成证悟的历程。他宣称："我已经看见一切，认识一切，而从所有的妄想和痛苦中解脱。"这也是他的狮子吼。

我们每个人都需要发出自己的狮子吼，在面对各种怀疑、悲伤和恐惧时，以百折不挠的勇气坚持到底，宣告自己觉醒的权利。一如佛陀所做过的，我们也需要坐定，彻底面对生命的真相。不要低估了这件事，这并不简单，尤其当我们陷于痛苦或恐惧的深渊时，更需要狮子的勇气。

我在某次密集禅修中遇见一位男子，他四岁大的女儿刚在几个月前死于一场意外。因为她死在他驾驶的车中，他因此充满愧疚和悲伤。他辞去工作，将全部时间花在灵修上，以获得精神安慰。他参加这次密集禅修前，已参加过多次密集禅修，接受过其他印度教老师的祝福，也曾在南印度一名圣比丘尼处立誓皈依。在这次禅修中，他的坐垫像鸟巢一样，四周围绕着水晶、羽毛、念珠及许多伟大上师的照片。每次禅坐时，他都会向每一位上师祈祷，并唱颂和持咒。他说，做这些是为了疗愈自己，但或许这一切只是为了逃避悲伤。几天后，我问他是否愿意单纯地静坐，不携带任何神圣物品，没有祈祷文、唱诵或其他仪式。他下次来时，就只是坐下。五分钟后，他开始流泪；十分钟后，他从啜泣到号啕大哭。他终于让自己在悲伤中坐定，终于真正开始悲伤。当我们坐定时，就是在练习这种勇气。

在佛教修行中，坐定的外在和内在层面会在坐垫上交会。当我们以禅坐的姿势坐在坐垫上，便在此身此地与当下联结起来，坐在天地之间的这个肉身之中，笔直而挺立。在这个动作中，我们拥有王者的力量和尊严，同时也会有放松的感觉、开放的心胸，对生命抱持温和的接纳态度。身体处在当下，心柔软而开放，而心智专注。以这种姿势坐着，就好像自己是佛陀一样，可以感觉到全体人类都具有开放、觉醒的能力。

慈悲的空间

当我们在自己的坐垫上坐定，我们就成为自己的寺院，创造出慈悲的空间，让所有事物都得以在其中出现，包括悲伤、寂寞、羞愧、欲望、懊悔、挫败与快乐。在寺院中，比丘和比丘尼会穿上僧袍、剃除头发，这是放下历程的一部分。每个人在自己禅坐的寺院中学习放下时，都会经历一次又一次生起的各种状况，于是说：“啊！这也是！”我曾向一位伟大的女瑜伽大师学习，她的禅修指导主要就是这个简单的句子：“这也是！这也是！”这几个简单的字鼓励我们柔软而开放地看见自己所遭遇的一切，用智慧和理解的心接受事实。

同样的道理，有位年轻热诚的学生追随一位身为基督教沙漠教父的修道院院长。几天后他问道："大师，请告诉我们，当我们看到弟兄在圣礼中打瞌睡，应该提醒他吗？"年老的大师非常和蔼地回答："当我看到一位弟兄睡着，我会把他的头放在我的腿上，让他休息。"心得到休息后，自然会以新的能量来修行。

坐定需要信任，当我们学会信任自己内在需要打开什么，就会以适当的方式自然打开。其实我们的身、心、灵就像花瓣一样，知道如何自然发生、敞开。我们无须用力扳开花瓣或强迫它开花，只需要持续栽种、留在现场。

无论我们选择何种修行方式，都必须以这种态度运用它。坐定后，就会发现自己一生都具有无畏和觉醒的能力。我们也许会害怕自己的心不能承受埋藏已久的愤怒、悲伤和恐惧的风暴，也许会害怕接纳整个生命——希腊人左巴（Zorba the Greek）称之为"一场大灾难"。但坐定之后，你就会发现自己是不可动摇的，可以全然面对人生，以及其中的一切苦难和喜悦，发现我们的心广大到足以包含整个世界。

马丁·路德·金博士了解这种精神，并在争取人权最艰难的时期发扬它。他的教堂被炸，许多人被杀。他召唤心的力量来面对苦难，由此得到自由。他说：

> 你们有多少施加痛苦的能力，我们就有多少承受痛苦的能力。我们用灵魂的力量面对你们的肉体力量。我们不会恨你们，但我们的美好良知不会服从你们不公不义的法律；我们很快就会以受苦的能力削弱你们的力量。在赢得自由的过程中，我们将全力唤醒你们的心与良知，而我们终将胜利。

无法阻挡的生命力

金博士了解所有挣扎和哀伤之下，有一种无法阻挡的生命力。坐定时，每个人都唤醒了这种力量。正是经由这种因自身存在及整合而有的力量，与发现心的伟大，将自由带进我们的生活，带给周遭的人。在帮助学生进行禅修的工作中，我一再看到这种力量。有些巨大的困难或过去难以克服的失落将会出现，看起来似乎无法面对，也不可能得到解决。然而，只要有足够的时间和勇气，它会自动解决，从无可逃避的黑暗中出现崭新的生命力，那是生命本身的全新精神。

当我们在这个地球上坐定，生命的伟大力量就开始经由我们而转动。几年前，我去援助某个柬埔寨难民营时，在那干旱荒芜的土地上就看见了这种生命力。经过一场大屠杀之后，许多柬埔寨家庭破碎，只有部分成员幸存，母亲和三个小孩，老伯父带着两个侄儿。每家只分到一间约四尺宽、六尺长、五尺高的竹棚，每间竹棚前面是块不到一平方公尺的空地。只经过几个月，那块小小的空地已经被开垦成菜园，有结了两三只南瓜的瓜藤、豆科植物和其他蔬菜。植物都受到仔细的照料，用小小的竹棍支撑着，豆科植物的卷须绕着棍子爬上屋顶。

每天，每个难民家庭都会步行一里到难民营尽头的水井，排上半小时队，带回一桶水来浇灌植物。你很难相信在这燠热荒芜的土地上会长出任何东西，在旱季的难民营看到这些菜园，实在是很美很美的事。

这些因战争而破碎的家庭在栽种、浇灌他们的小菜园时，就唤醒了无法阻挡的生命力。我们也可以！不论我们会遇到什么内在困难或痛苦，只要坐定，并以慈悲的觉察关心所有生起的事物，就能发现这种无法阻挡的生命力。

全心投入一种灵性修行，就是要唤醒这种力量，并学习完全信赖这种力量。我们会发现自己不仅能够面对个人的困难，甚至可以面对佛陀所说的“天堂和地狱”而存活下来。我们发现心可以开放并含融一切力量，发现身为人类与生俱来的权利。

坐定后，内在会产生极大的整体感和丰足感，这是因为我们对一切开放，不拒绝任何事情。托马斯·默顿（Thomas Merton）在他的《亚洲日志》（*Asian Journals*）中描述了这种开放的力量。他造访文莱一座古老的寺庙，那里的大理石峭壁上刻着几尊巨大的佛像。他说它们栩栩如生，是他见过最美妙的艺术品。他看着安详、空寂的佛像，看到“超凡脸孔上的寂静，伟大的笑容，巨大而又微妙，充满各种可能性，什么都不质疑，什么都不拒绝。安详的伟大笑容不是出于压抑，而是一种真正的安详，已看穿每一个疑问，又不试图贬抑任何人或事，没有任何反驳。”对佛陀而言，整个世界是从空性生起，其中的一切都在慈悲中联结。在这种觉醒、慈悲的意识中，整个世界都成为我们的座位。

坐定的禅修

让身体舒服地坐在椅子或坐垫上。以稳定、挺直、与大地联结的姿势坐着。就像佛陀在开悟之夜那样坐着，带着极大的尊严和集中的精神，感觉自己具有能够面对任何事物的能力。闭上眼睛并让注意力转向呼吸，让呼吸自由地传遍身体，让每一个呼吸都带来平静和安适。当你呼吸时，感觉你把身体、心灵和心智敞开来的能力。

开放你的感官、你的感受、你的思想。分别觉察身体、心、头脑中有什么是关闭的。继续呼吸并创造出一个空间，打开它，让任何事物都能出现。把感官之窗打开，觉察出现的一切感受、影像、声音和故事。以充满兴趣而轻松的态度，注意所有向你展现的东西。

继续感觉你的稳定性，及自身与大地的联结，好像已在生命的核心坐定，并开放自己去觉察生命之舞。当你坐着的时候，深思生活中平衡和安详的益处，感觉生命季节变换时，不可动摇的安住力量。生起的一切都将逝去。深思喜悦和悲伤、快乐和不快乐的事件、个人、国家甚至文明，都会生起又消逝。像佛陀一样坐定，在一切的中心，安住于平等和慈悲之心。

以这种方式坐着，庄严地留在当下，想坐多久就坐多久。一段时间之后，在仍旧感觉集中和稳定的状态下睁开眼睛，然后起身走几步，以同样的集中和庄严行走。以这种方式练习打坐和行走，感觉你能敞开，有活力，并具有和地球上生起的一切共存于当下的能力。

第4章　必要的疗愈

在灵性道路上，需要发现内心深处的创伤，才能达到真正的成熟：包括来自过去的悲伤、未实现的渴望、一生累积的哀痛。正如阿姜查所说："如果没有痛哭过许多次，禅修就还没有真正开始。"

几乎每一位走上真正灵性道路的人，都会发现深刻的个人疗愈是灵性历程中必要的部分。承认这种需求，就能把灵性修行导向身体、心和心智的疗愈。这不是什么新观念，自古以来，灵性修行就已被视为疗愈的过程。佛陀和耶稣都是著名的身体疗愈者，也是伟大的心灵医生。

越战期间，我在越南看见一个结合这两位导师的强大意象。虽然当地战火猛烈，我还是被一间寺庙吸引前去拜访，它是由著名的大师"椰子和尚"（Coconut Monk）在湄公河三角洲的一座岛屿上兴建的。船抵达时，有许多僧侣迎接我们，带我们四处参观，说明他们对和平与非暴力的教导；随后他们带我们到岛屿尽头的小丘上，那里有座六十尺高的巨大佛陀立像，旁边站立着一样高的耶稣雕像。他们的手臂环绕彼此的肩膀，面带微笑。当武装直升机飞过，四周进行着激烈的战斗时，佛陀和耶稣像兄弟般站在那里，向所有愿意追随他们道路的人展现慈悲和疗愈。

智慧的灵性修行需要我们主动处理生活中的痛苦和冲突，以达到内在的整合与和谐。通过有经验的老师的指导，禅修有助于产生这种疗愈。如果缺少必要的疗愈步骤，学生会发现自己无法进入更深阶段的禅修，或是无法整合禅修与生活。

许多人刚接触灵性修行时，会希望跳过悲伤和创伤，略过生活中的困难。他们希望超越自我，进入充满神圣恩典的灵性领域，脱离一切冲突。有些灵性修行确实鼓励这种方式，并教导达成此一状态的方法：通过强烈的专注和狂热，带来狂喜和安详的状态。有些强力的瑜伽练习可以转换心智。虽然这些方法有其价值，可是一旦结束练习后，必然会感到失望，因为只要修行者的训练稍有松懈，就会再度面对所有想抛在脑后、未解决的身心问题。

我认识一位在印度修习瑜伽十年的人，他在离婚后去了印度。他离开家乡（英国）时非常沮丧，工作也很不快乐。身为瑜伽修行者，他有多年深入而严格的呼吸练习经验，为他带来长期的心灵平静和光明。这些经验都可算是某种疗愈。但不久后，寂寞又回来了，他想回家，却发现过去未解决的问题再度出现，和离家前一样强烈。这也是当初使他婚姻结束、工作不快乐的原因。更糟的是，这也是他罹患忧郁症的原因。一段时间之后，他发现自己的心需要深刻的疗愈，他了解不能再逃避自己，于是开始在生活中寻求疗愈。他找到一位老师，很有智慧地引导他在禅修中接纳忧郁和寂寞。他与前妻寻求和解（但不是再结婚），加入能够帮助他了解童年的支持性团体，还找到一份社区工作，和他喜欢的人共事。这些都是疗愈心的漫长过程的一部分，印度那一段只是一个开始。

灵性道路上，需要发现内心深处的创伤，才能达到真正的成熟：包括来自过去的悲伤、未实现的渴望、一生累积的哀痛。正如阿姜查所说：“如果没有痛哭过许多次，禅修就还没有真正开始。”

若要以爱和智慧具体实现灵性生活，这种疗愈就是必要的。尚未得到疗愈的痛苦和愤怒，童年受虐或被抛弃的创伤，都会成为生命中强大的潜意识力量。除非我们能觉察和理解旧有的创伤，否则就会发现自己一再重复创伤的模式，包括未满足的需求、愤怒及困惑。虽然灵性生活有许多种疗愈，如恩典、灵恩的复兴、祈祷和仪式。但在系统化的灵性修行中，会自然发展出两种最重要的疗愈。

第一类疗愈出于我们与老师之间发展出的信赖关系。越战中耶稣和佛陀雕像的意象，提醒我们即使在最艰难的时期，疗愈还是可能的。它也提醒我们，疗愈不能只靠自己。内在疗愈的过程必然需要与老师或指导者发展出一种承诺的关系，因为我们最大的痛苦大多来自过去的关系，要通过智慧而自觉的关系才能疗愈这些痛苦。这种关系会变成开启慈悲和自由精神的基础。过去的痛苦和失望让我们陷入孤立和封闭，有智慧的老师能让我们重新学会信任。当我们允许自己最深的恐惧和最糟糕的面向被别人看见和慈悲接纳，就学会了自我接纳。

我们从与老师的信赖的模式，学会信赖他人、自己、自己的身体、自己的直觉、自己的亲身体验。这种关系让我们信赖生命本身。教导和老师成为支持我们觉醒的神圣容器（较后面的章节会谈到我们与老师的关系）。

当我们以有系统的觉察练习，开始把觉察和爱的专注力量延伸到各个生活领域时，就会产生另一种疗愈。佛陀谈到在生活的四个基本面向培养觉察力,他称之为四种觉察的基础（四念住）。这四个面向是：身体和感官的觉察，心和感受的觉察，心智和思想的觉察，管理生命的原则的觉察［梵文称这些原则为法（dharma）或宇宙的定律］。

在这四个领域培养觉察力，是佛教关于洞识和觉醒的所有修行的基础。持续觉察的力量总是能产生疗愈和开放，本书就是教导如何把觉察力延伸到生活中的每一个领域。以下是把禅修的专注引进生活的四个面向，以产生疗愈的方法。

身体的疗愈

禅修常以带领我们觉察身体的技术作为开始，这种技术对我们特别重要，因为美国文化一直忽略身体和直觉的生活。詹姆斯·乔伊斯

(James Joyce）描写过一个角色 ："达非先生住在离自己身体有一段距离的地方。"我们当中有许多人也是如此。在禅修中，我们可以慢下来，安静地坐着，和任何生起的事物同在。带着觉察，我们可以培养一种意愿，向身体经验开放，不与之对抗，真的活在身体中。这样做时，就能更清楚地感觉到它的快乐和痛苦。我们对此所知不多，因为社会文化教导我们要回避或逃离痛苦。要疗愈身体，就必须探究痛苦。当我们仔细注意身体的疼痛，会发现有几类痛苦。疼痛有时出于适应自己不习惯的坐姿，有时是生病的信号或身体真的有问题，这些疼痛向我们要求直接的回应和疗愈的行动。

禅修中遇到的疼痛大多不是身体的问题，而是情绪、心理及灵性的执著与紧缩，以身体的疼痛表现出来，威尔姆·赖克（Wilhelm Reich）称之为肌肉的盔甲，是我们在痛苦的情境下，为了避免受到生活中不可免的困难的影响，一再绷紧身体各部位的结果。即使是健康的人舒服地坐着禅修时，也可能会察觉到身体的疼痛。我们坐着不动时，肩膀、背部、下颌和颈部都可能会痛，以前未发现的肌肉纤维累积的结块，会在我们敞开时浮现。自觉到结块的疼痛时，可能也会注意到每个紧张部位所联结的特定感受、记忆和景象。

当我们逐渐能觉察过去被关闭或忽略的所有部分，身体就会得到疗愈。学会处理这种开放是禅修艺术的一部分。我们可以用开放而尊重的专注力，觉察构成身体经验的感觉。在这个过程中，我们必须发展对感觉的觉察，以了解身体真正的状况。我们可以注意呼吸、姿势，支撑背部、胸部、腹部、骨盆的方式，在这些部位敏锐地感觉到能量的自由流动，或阻止能量流动的紧绷和收缩。

禅修时，试着让任何生起的事物自由地穿透你。让注意力变得非常温和，一层层的紧张会逐渐放松，能量开始流动，因旧疾和创伤而停滞的身体部位将会打开。结块放松、消融时，身体会得到更深层的净化，能量的通道也会打开。随着这种开放，我们有时会经验到强烈的呼吸，有时是自发性的颤动和其他身体感觉。

让你的注意力从表层的“快乐”、“紧张”和“疼痛”进入更深层，检视常被你压抑的痛苦和不愉快的感觉，以仔细的觉察让各个层次的“疼痛”自然展现。首先，我们可以学会觉察疼痛而不感到紧张，体验和观察身体的各类疼痛——压力、紧绷、刺痛、像针在扎、抽痛和烧灼感，然后就能注意到“疼痛”的所有层面：核心是烧灼、震动和压力的强烈成分，外层通常是身体的紧绷和收缩，更外层可能是厌恶、愤怒和害怕的情绪，以及思想与态度，如“我希望这件事可以赶快结束”，“如果我觉得痛，一定是我做错了什么”，或“生命总是痛苦的”。我们必须觉察所有层次，才能得到疗愈。

每个人在灵性修行中的某个阶段，都需要处理身体的疼痛。对某些人来说，这是长期的课题。就我自己而言，我有过多次深刻的身体解放，那是有机而安详的，但有时也经验到痛苦而强烈的净化，那时会全身颤抖，呼吸变得急促吃力，灼热和火烧的感觉会流遍全身，强烈的情感和影像也会出现,觉得自己好像绞成了一团。留在这个过程中，身体必定会被大为开启，通常会伴随极大的狂喜和幸福感。无论是温和还是强烈的身体开启，都是长期禅修的常见现象。当你深化身体的修行，重视生起的一切现象，以开放和关爱的觉察留在当下，身体就会以自己的方式展现。

禅修也有其他对待身体的态度：禁欲的修行，勇士的训练，征服身体的内在瑜伽。疗愈者有时也会建议用有意识来治疗某些疾病，例如让癌症病患观想自己的白血球是小小的白色武士，将癌细胞刺穿并摧毁。这对某些人有帮助，但对我和像史蒂芬·拉维（Stephen Levine）等致力于疗愈禅修的人而言，我们发现对伤口和疾病倾注慈悲，而非厌恶和攻击，会产生更深的疗愈。无论是单纯的背痛还是严重的疾病，我们都太常以憎恨的态度对待。以觉察来疗愈的方法，是以慈悲和关爱的专注力，碰触最深层的创伤而产生疗愈。就如奥斯卡·王尔德（Oscar

Wilde）所说："需要我们来爱的，并不是完美的人，而是不完美的人。"

有位女学生首次参加密集禅修时，癌症已经蔓延全身。虽然她被告知会在几周内死亡，但仍决定以禅修为治疗工具。她服用极好的中药，针灸，每天进行疗愈禅修。虽然腹部一直因癌症而发热、鼓胀，但她细心照顾免疫系统，又健康地多活了十年。她认为关键在于具有疗愈力量的专注，使癌症停止发展。

对身体进行系统性的专注，可以改变我们与它的整体关系。我们能够更清楚地了解身体的节奏和需求。若未以觉察注意自己的身体，生活就会过于忙碌，而无法感受适当饮食、运作带给身体的愉悦。禅修能帮我们发现自己如何忽略生活中的身体层面，并发现身体的需求。

关于忽视身体，可用苏菲教派的智者，也是神圣的愚者纳斯鲁丁（Mulla Nasrudin）的一个故事为例。纳斯鲁丁买了一头驴子，但喂饱它要花许多钱，于是他想出一个计划：在几个星期之内，逐渐减少驴子的食物；最后，他一天只喂驴子一小杯谷物。这计划看起来似乎成功了，纳斯鲁丁省下一大笔钱。然而不幸的是，那头驴子却死了。纳斯鲁丁在茶馆向朋友谈到这个实验："真可惜啊！如果那头驴子再活久一点，或许我就能让它习惯不吃东西了！"

忽视或虐待身体是错误的灵性修行。当我们关注身体，就开始重新恢复感受、直觉和生活。发展这种注意力，就能体验感官的疗愈，眼睛、舌头、耳朵和触觉都会恢复活力。许多人禅修一段时间后都有这种经验。颜色是纯净的，味道是新鲜的，可以感觉双脚踏在土地上，好像又变回小孩一样。感官的净化使我们体验充满活力的喜悦，以及与当下生活愈来愈亲密的感觉。

心的疗愈

经由感觉身体的韵律，并以深刻而温和的专注力接触它，就能开启和疗愈身体。同样地，我们也可以开启和疗愈生命的其他面向。心和感受的疗愈也有相似的过程，也是注意它们的韵律、本质和需求。心的开启常始于打开累积一生、未曾被承认的悲伤，包括个人的悲伤，以及战争、饥饿、年老、生病和死亡的普世伤痛。我们有时会在身体上经验这种伤痛，感到心脏周围的紧缩或阻碍，更常感受到深处的创伤、遗弃、痛楚，以及不曾落下的眼泪——佛教形容人类泪水的汪洋比四大海洋还要大。

当我们坐定，并培养出禅定的专注力时，心就会自然展现疗愈。我们背负已久的悲伤会出现，它来自各种痛苦和破碎的期望。我们的悲伤源自过去的创伤和现在的恐惧，以及所有不敢在意识中体验的感受。内在所有的羞愧和无价值感都会出现，因为许多童年和家庭的痛苦、父母造成的创伤、孤立、过去受到的肢体或性的虐待，都储藏在心中。杰克·恩格勒（Jack Engler）是哈佛大学的佛学老师和心理学家，他形容禅修基本上是悲伤和放下的练习。我参加过的多数密集禅修中，几乎有一半的学生都在处理某种程度的悲伤：否定、愤怒、失落和哀伤。这种悲伤的处理会产生深刻的更新。

许多人都曾被教导不应该受悲伤和失落的影响，但没有人能幸免于此。美国有位经验丰富的安宁病房的主任来参加密集禅修，他很惊讶自己仍为去年过世的母亲感到哀痛，他说："这种哀痛与我处理别人的哀痛不同，那是我的母亲。"

王尔德写道："心是注定要打碎的。"当我们经由禅修得到疗愈，被打碎的心才会敞开，彻底去感受。强烈的感受、内心深处未说出的部分，都会出现，而禅修的首要任务就是让它们穿透我们，然后认识它们，允许它们自由歌唱。温德尔·贝里（Wendell Berry）以一首优美的诗形容这种情形：

我去林间静静坐着。

所有烦扰都静下来
在我周围有如涟漪。
我的工作躺在原处
我留它们在那里，如牛群沉睡……

接着我恐惧的事来了。
在它的目光下，我生活片刻。
我所惧怕的，离开了它
我对它的恐惧也离开了我
它在歌唱，我听见它的歌。

当我们倾听愤怒或恐惧、寂寞或渴望的歌声，就会发现它们不会永远停留，暴怒会转为哀伤，哀伤会化为眼泪，眼泪可能会流很久，但接着阳光就会出现。旧日失落的记忆向我们歌唱，身体颤抖并重现失落的时刻，然后失落感周围的盔甲就会逐渐软化，在巨大哀伤的歌声中，失落的痛苦最终得到释放。

真正去聆听我们最痛苦的歌声，就能学到宽恕的神圣艺术，虽然也能通过系统化的练习方法来培养宽恕（见第19章），但心打开时，宽恕和慈悲也会自动生起。感觉到自己的痛苦、悲伤与泪水时，就会了解我们的痛苦是共有的，而生命的神秘、美丽和痛苦是无法分开的。这种普世的痛苦也是我们互相联结的一部分，面对它，我们就再也不能保留自己的爱。

我们可以学会宽恕别人、自己，以及有肉体痛苦的生命；可以学会向一切敞开心，向我们原本害怕的痛苦与欢乐敞开。我们由此发现一个伟大的真理：灵性生活大部分是自我接纳，也可能全部都是。事实上，接纳自己的生命之歌，就开始为自己创造更深、更大的认同感，我们的心因而能在无限宽广的慈悲中拥抱一切。

大部分情形下，这种疗愈工作非常困难，需要别人陪伴。我们走过这段路时，需要向导牵着我们、鼓舞我们，然后就会出现奇迹。

娜奥米·雷蒙（Naomi Remen）是一位医生，她治疗癌症病患时会使用艺术、禅修和其他灵性修行方法。她告诉我一个感人的故事：一位病人在治疗身体时，心也得到疗愈。一位二十四岁的年轻男子找她看诊时，已经因为骨癌而截去一条腿，以挽救生命。她开始治疗他时，他有强烈的不公平感受，对所有“健康”的人怀有敌意。他觉得这么年轻就得承受这种可怕的失落，是极度不公平的事。因为他的悲伤和愤怒如此巨大，所以持续接受了几年的治疗才走出伤痛，得到疗愈。他不只需要治疗身体，也需要治疗破碎和受伤的心灵。

他努力投入治疗，讲述并画出自己的故事，禅修，觉察生活中的一切。当他逐渐恢复，也对相似处境的人产生了深刻的慈悲，他开始探视和他一样严重伤残的病人。有一次他告诉医生，他去探视一位年轻的歌手，她因为失去两侧乳房非常沮丧，连看他一眼都不愿意。护士打开收音机，尽可能让她开心一点。那天很热，那位年轻人穿着运动短裤走进来，想尽办法得到她的注意，最后他取下义肢，随着音乐弹指，并开始用一只脚在病房内跳舞。她惊讶地看着他，大笑着说：“先生，如果你能跳舞，我就可以唱歌。”

这位年轻人刚开始接受绘画治疗时，用蜡笔把自己的身体画成一个花瓶，中间有道黑色裂缝。他愤怒地咬着牙，一次次重画那道裂缝。几年后，雷蒙医生为了鼓励他完成疗程，又拿出早期的图画，他看着花瓶说：“哦！这幅画还没有完成。”她建议他画完，之后他指着那道裂缝说：“你看，这是光线穿过的地方。”他用黄色蜡笔画出光束穿过裂缝，进入花瓶，然后说：“我们的心在破裂的地方变得更坚强。”

这个故事深刻地描绘出悲伤或创伤可以成为疗愈的工具，让我们有最完整、最慈悲的认同，也就是伟大的心。当我们真的与悲伤和解，心中就会生出巨大而不可动摇的喜悦。

心智的疗愈

就像我们经由觉察而疗愈身体和心，也可以用这种方式疗愈心智。如同我们学到感官和感受的本质和韵律，也可以如此了解思想的本质。在禅修中注意自己的念头，就会发现它们不受控制，我们是在不请自来的记忆、计划、期望、判断和懊悔的连续水流中沉浮。心智开始显示它的一切可能性，这些可能性常常是彼此冲突的，包括圣人的优美特质和独裁者及谋杀者的黑暗力量。心智由此计划和想象，创造无尽的挣扎和想要改变世界的剧情。

然而这些心智活动的根源是不满足。我们似乎想同时拥有无穷的刺激和完美的平静。思想并未服务我们，而是在潜意识和不自觉的情况下驱策我们。虽然思想可以很有用、很有创造力，却多半会以喜好与厌恶、崇高与低俗、自我与他人等相对概念支配我们的经验。它述说我们成功和失败的故事，安排我们的安全感，习惯性地提醒我们自己是谁、是怎么样的人。

思想的二元对立是我们受苦的根源。每当我们把自己想成独立的个体，就会产生恐惧和依附，就会变得紧缩、防卫、野心勃勃和界线分明。为了保护孤立的自我，我们会推开某些东西；为了支撑自我，就会紧抓及认同其他事物。

一位斯坦福大学医学院的精神科医师在首次参加十天密集禅修时，发现了这些真理。虽然他学过精神分析，接受过治疗，但在每天打坐和经行十五小时的连续禅修中，却发现自己不曾真正遇见心智。他后来写了篇文章谈论这次经验，描述一位精神医学教授坐着观看自己发疯是什么滋味。连续不断的思绪洪流和其中各种狂野的故事，令他非常震惊，特别是重复出现的自夸思绪，想成为伟大的老师或知名的作家，甚至世界的拯救者。他已看出这些思绪都源自恐惧：在密集禅修中，他对自己和他的所知感到不安。这些夸大的思绪是心智的补偿作用，使他不必感到无知的恐惧。多年后，这位教授成为非常有经验的禅修者，自此也学会不那么认真看待自己的思绪。

心智的疗愈有两种方式：第一种，把注意力带进思绪的内容，通过智慧的反省，学习把它们引导到更有益的方向。通过觉察，我们可以认识和减少无益的担心和强迫模式，以澄清我们的困惑，解除破坏性的观念和意见。我们可以用自觉的思想，更深刻地反省我们重视的价值。问自己："我有好好爱过吗？"这是第 1 章的例子，也可将思绪引导到有益的方向，如慈悲、尊重和宽容之道。许多佛教修行运用重复的句子，以破除老旧、破坏性的重复思考模式，而促成改变。

然而，即使我们努力地对心智进行再教育，也不可能完全成功。不论我们多么想引导心智，它似乎有自己的意志。为了进一步疗愈心智的冲突，就需要放下对这些冲突的认同。要达到疗愈，我们必须学习退出心智的所有故事，因为思绪的冲突和意见永远不会停止。正如佛陀所说："有许多意见的人只是到处招惹别人。"当我们看见心智的本质就是思考、区分、计划时，就可以让自己脱离它铁钳般的分离主义，安住在身体和心之中。我们以这种方式跨出自我认同，从我们的期待、意见、判断和冲突中走出来。心智认为自我是分离的，但心知道的比较多。伟大的印度大师尼萨伽达塔(Sri Nisargadatta)说："心智创造深渊，而心跨过了它。"

世上许多巨大的悲伤出于心智与心失去联结。我们可以在禅修中重新与心联结，并发现思绪的所有冲突背后，有宽广、合一、慈悲的内在感受。心容许心智的故事、观念、幻想和恐惧的存在，但并不相信它们，不需要追随它们或实现它们。当我们碰触到所有纷乱思想的底层，就会发现甜美而具疗愈力的沉默，这是每个人本来就有的和平，是心的良善，是力量，是与生俱来的完整。这种基本的良善有时也被称做本性或佛性。当我们返回自己的本性，当我们看见心智的所有方式，而仍安住于这种平静和良善，就得到了心智的疗愈。

通过空性得到疗愈

以觉察力来疗愈的最后一个层面，就是觉察掌管人生的普遍法则，其核心就是对空性的认识。这很难用文字描述。事实上，我虽可在此试着描述，但必须通过你自己的灵修经验，才能直接认识开放和空性。

在佛教的教导中，“空性”是指看穿或消解渺小、固着的自我概念时，所经验到的一种根本的开放性和一体感。当我们看见自己的存在是短暂的，我们的身体、心和心智是由不断变化的生命网络产生的（而网络中没有任何事是分离和独立的），我们就会经验到空性。禅修中最深刻的经验会引导我们深入觉察生命根本的开放和空性，不断变化和无法拥有的本质，觉察到它是一种永无休止的过程。

佛陀描述人生是由一系列不断变化的过程组成的，有身体的过程、感受的过程、记忆和认识的过程、思想和反应的过程，以及意识的过程。这些过程是动态而持续的,没有任何单一元素能被称为不变的自我。我们自己就是一个过程，和生命交织成一体。我们像生命之洋的波浪，我们暂时的形式与海洋是一体的。有些传统称这个海洋为道、神圣、丰饶的空无、不生不灭。我们的生命从中产生，是神圣的回应，是意识的活动和舞蹈。当我们领会了这个赋予生命的空性过程，就得到了最深刻的疗愈。

禅修更为深入时，就能看见经验的活动。我们注意感受，发现它们只持续几秒钟；我们注意思绪，发现它们是短暂的，来了又去，未受邀请，像云一样；我们觉察身体，发现它的界线是可渗透的。在这种练习中，我们对孤立的身体和心智的固着感便会开始消融，在意想不到的情形下，突然发现自己是多么轻松自在。进一步深入时，会经验到与万物和伟大的生命奥秘相连的开阔、欢愉和自由。

有位安宁病房主任在一位垂死的六十五岁老人的病房外，陪伴老人的子女时，体验到这种联结。他们刚接到叔叔在车祸中丧生的消息，正在犹豫要不要告诉父亲。老人已濒临死亡，为了不让他难过，于是决定不告诉他。但他们走进房间，他抬头看着他们说：“你们不是有事要告诉我吗？”他们正在怀疑他是什么意思时，他接着说：“你们为什么没有告诉我，我的弟弟已经死了？”惊讶之余，他们问他是怎么知道的，老人说：“过去这半个小时，我一直在和他谈话。”然后他把他们都叫到床边，对每个孩子说了几句遗言，十分钟后就仰头过世了。

西藏上师卡鲁仁波切（Kalu Rinpoche）说：

> 你活在错觉和事物的表象中。有一种你不知道的实相，当你了解它时，就发现自己什么也不是，而当你什么也不是的时候，你就是一切。如此而已。

碰触到这个合一的领域，就会得到疗愈。我们发现自己的恐惧和欲望，提升和保护自己的企图，都是建立在彻底错误的孤立感妄想之上。

发现空性的疗愈力后，就会了解每件事都交织在连续的活动中，在某种我们称为身体、思绪和感受的形式中生起，然后又消融或变化成新的形式。有了这种智慧，我们就能在一个又一个片刻中开放自己，并活在变动不居的道中。我们发现自己可以放下与信任，让呼吸自由进行，让生命的自然律动轻松地带领我们。

存有的各个面向——身体、心、心智，都是通过同样的关怀而得到疗愈。我们的专注力使我们更重视身体，发现身体是上天的恩赐。专注力能带领我们用心感受人类的情感，也可以疗愈心智，重视思想而不陷入其中，还可以使我们向生命的伟大奥秘敞开，发现我们的空性和完整性，以及与万物一体的真理。

冥想：培养疗愈的专注力

舒服而安静地坐着，让身体轻松地休息，轻柔地呼吸。放下过去和未来的思绪、记忆和计划，只专注在当下。让你珍贵的身体展现最需要疗愈的部位，让身体的疼痛、紧张、疾病和创伤显露出来，用仔细、温和的专注对待它们。缓慢而小心地感觉它们的能量，注意它们内在的组成成分——脉动、抽搐、紧张、刺痛、热、紧缩、酸痛，这些性质组成我们所谓的疼痛。以接纳和温和的专注力，充分感觉与容纳它们。觉察身体的其他部位，如果有收缩和紧绷，温柔地注意它，轻柔地呼吸，让它打开。然后，以相同的方式觉察心中的任何厌恶或抗拒，用温柔的专注注意它，不带排斥，允许它就是这个样子，允许它在自己的时间打开。现在注意你探索的疼痛所伴随的思想和恐惧："它永远不会消失"，"我无法忍受它"，"我不该遇到这种情形"，"它太难了、太麻烦了、太深了"，等等。

让这些思绪留在你温和的专注当中一段时间，然后温柔地回到你的身体。现在让你的觉察更深，也更能接纳，再次感觉痛处的层次，允许每一层开放并移动，让它自行增强或消失。像轻声安慰孩子般对待你的疼痛，以关爱和抚慰的专注完全拥抱它，在其中轻柔地呼吸，用疗愈的亲切态度接纳生起的一切。继续这种禅修，直到你觉得与身体所有呼唤你的部位都重新联结，直到你感到平静。

当你发展出疗愈的专注，就能定期将它导向身体有疾病或疼痛的部位；接着扫描身体，看看是否还有需要关注的其他部位。你也可以将疗愈的专注用于深处的情绪创伤。悲伤、渴望、暴怒、寂寞和悲痛，都能在身体中首度被感觉到。有了仔细而温和的专注，你便可以深入感觉它们的内在，和它们在一起。一段时间之后，你可以轻柔地呼吸，打开注意力，进入伴随它们的紧缩、情绪和思绪的各个层次。最后，你也可以让它们平静，好像你在温柔地安慰孩子，接纳出现的一切，直到你觉得平静。你可以用这种方式处理心，想做几次都可以。请记住，身体和心的疗愈永远都在这里，只是在等待我们慈悲的关注。

冥想：拜访疗愈圣殿

舒服地坐着，闭上眼睛，把注意力放在呼吸上。坐着时，感觉你的呼吸和身体，不要尝试去改变它。注意什么是舒服的，什么是不舒服的。注意你是否昏沉或过度清醒，注意你的心思是散乱还是平静。只要注意它是什么就好了。注意你的心的状况，觉得紧缩还是柔软而开放？或者是这两者之间？它疲倦了吗？它快乐吗？注意并接纳呈现出来的一切。

想象你神奇地来到一座美丽的疗愈圣殿，或是充满伟大智慧与爱的能量所。去感觉它，感受它，想象它，多久都可以，用你喜欢的方式进行。感觉自己坐在那里，在那儿悠闲、专注地禅修。你坐在这个圣殿、这个有大智慧的地方，开始更深刻地反省自己的灵性旅程，逐渐觉察自己的创伤需要在旅途中疗愈。轻柔地呼吸，温柔地感受生起的一切。

当你坐着的时候，美好而智慧的生命将从这座疗愈圣殿走出，温柔地接近你。非常接近的时候，你可以描绘、想象和感觉他们是什么或是谁？他们微微向你鞠躬，走过来把最温柔的手放在你深受创伤的部位，以慈爱碰触你身体留有哀伤的地方。让他们教你如何疗伤。若你感觉不到他们的碰触，就想象用你的手碰触自己最深的伤口、有悲伤和困难的地方，用你的手碰触它，好像你就是那个美好的生命。不论你埋藏或抗拒过悲伤多少次，不论你用怨恨对待它多少次，你现在终于能向它敞开。

让你的专注力成为这只美好而智慧的手，柔软亲切地碰触悲伤的部位。碰触时，探索里面是什么。是温暖还是冰冷的？是硬的、紧的还是柔软的？是震动、移动还是不动的？让你的觉察像佛陀、观世音菩萨、圣母玛丽亚和耶稣的触碰般慈爱。这悲伤的温度和质地是什么？它感觉起来是什么颜色？是怎样的感觉？以非常慈爱、接纳的心，觉察所有的感受。让它们成为它们要变成的样子，然后非常轻柔地以最纯净的甜美碰触它，好像你就是观世音菩萨。向痛苦敞开，这个内心埋藏已久的部位的核心是什么？当你看着它，让自己看见原本是多么封闭、压抑和拒绝它，希望它离开，希望可以不必去感觉它，而以恐惧与厌恶对待它。让自己平静坐着，最后向这个痛苦打开你的心。

在这座圣殿中休息，让疗愈和慈悲的专注遍布其中，想待多久就待多久。当你准备离开时，想象自己怀着感谢向它敬礼；当你离开时，记住这个圣殿就在你心中，你可以随时前往。

第5章　训练小狗：观呼吸

专注绝不是出于力量或强迫。你只是把小狗再捡起来，重新回到此时此地。

有个故事谈到佛陀开悟后不久在印度流浪，遇见几个人，他们在这个昔日是英俊的王子而现在是穿着僧袍的出家人身上，发现了一些超凡的特质。他们停下来问道："你是神吗？"他回答："不是。""那你是善灵（deva）或天使吗？"他回答："不是。""那你是巫师或术士吗？""不是。""你是男人吗？""不是。"他们很困惑，最后问道："那你是什么？"他简单地回答："我是觉醒的人。"佛陀的意思就是觉醒，他的所有教导都在谈如何觉醒。

我们可以把禅修视为觉醒的艺术。精通这门艺术，就能学会以新的方式面对困难，使生活充满智慧和欢乐。培养禅修的工具和练习，就能唤醒最佳的灵性能力。这门艺术的关键就是稳定的专注力。培养完满的专注力，再加上感恩与柔软的心，灵性生命就会自然成长。

如前所述，许多人在专注静坐之前，必须先经历身心的疗愈。但要开始疗愈、开始了解自己，也必须先有基本的专注力。为了使修行更为深入，必须选择一种方法，有系统地培养注意力，全然投入其中，否则会像没有桨的船随波逐流。要学习专注，就必须选择一种祈祷方式或禅修方法，全心而稳定地追随这条道路，无论发生什么事，都愿意日复一日地练习。这对大多数人而言，并不容易做到，因为大家都希望灵性生活展现立即而广大的效果。但有什么伟大的艺术是可以速成的呢？任何深刻训练的效果都与我们的付出成正比。

看看其他艺术，例如音乐，要花多少时间才能弹好钢琴呢？假设我们花数月或数年，每周上一堂课，每天认真练习。一开始，几乎每个人都为了记指法和学看谱而大伤脑筋；几个星期或几个月之后，才能弹简单的曲调，也许一两年后可以弹某种类型的音乐。但如果要精通这门艺术，弹出美妙的音乐，想独奏或合奏，加入乐队或交响乐团，就必须不断投入训练。如果想学电脑程式设计、油画、网球、建筑……千百种艺术中的任何一种，都必须全心全力投入很长的时间：训练、当学徒、培养。

灵性艺术的要求也是如此，甚至更高。但通过这种精熟的练习，可以掌握自己和生活，学到最人性的艺术，学会如何与最真实的自己联结。

创巴仁波切（Trungpa Rinpoche）将灵性修行称为手工艺，它是一种爱的工艺，我们在其中一次又一次地全心注意自己的状况。不论在任何处境中，我们都稳定深入地祈祷、禅修和训练，学习如何诚实而慈悲地观看，如何放下，如何更深刻地去爱。

但我们不是这样开始的。假如我们以每日生活中的一段独处时间开始，而真正尝试禅修时，是什么状况呢？不论是祈祷、唱诵、禅修还是观想，最常见的第一种经验就是遇到破碎而散乱的心。佛教心理学把未经训练的心比喻成狂乱的猴子，会从思考跳到记忆，从影像跳到声音，从计划跳到懊悔，从不停止。如果我们能静静坐上一小时，彻底观察心去过的地方，不知会展现出何等复杂的情节！

第一次进行禅修这门艺术时，其实会令人非常受挫。无可避免地，当我们的心智四处游荡，而身体感觉到累积已久的紧张和沉溺已久的习惯时，常常会看见自己其实没有什么内在纪律、耐心和慈悲。灵修时，即使努力引导、集中注意力，也不用花很多时间，就能看到自己的注意力有多么散乱、不稳定。虽然我们常把它想成“我们的心智”，但若诚实地观看，就会发现心智其实遵循着自己的本质和法则。看见这一点时，也会看见我们必须逐渐与心智建立一种明智的关系，使之联结到身体和心，才能使我们的内在生活稳定而平静。

这种联结的精髓就是不断把注意力带回我们选择的修行方法。祈祷、禅修、观想或复诵神圣的语句，都是有系统的方法，使我们的注意力能集中而稳定。全世界的神秘主义和灵性文献所描述的传统境界和意识状态，都需要通过专注的艺术才能达到。这些回到眼前任务的专注艺术，也能带来我们所追求的清明、心智的力量、安详与深刻的联结。这种稳定和联结又能进一步产生更深层的了解和洞见。

不论是观想、询问、祈祷、复诵神圣语句，或专注于感觉或呼吸的修行方法，都会牵涉到一次又一次稳定而自觉地返回某个焦点。当我们学会以更深、更完全的专注这样做时，就像学会在波涛汹涌中稳住独木舟一样。重复我们的禅修，放松而沉浸于此刻，深入地与当下存在的事物联结。把自己安顿在一个灵性基础中，训练自己回到眼前这一刻，这是需要耐心的过程。塞尔斯的圣弗兰西斯（St.Frances de Sales）说：“我们需要的是一杯理解、一桶爱和一整个海洋的耐心。”

对某些人来说，在禅修中返回一千次或一万次的工作，似乎太无聊，因此怀疑其重要性。但我们已有多少次远离了生活的真实呢？也许是一百万或一千万次！如果想觉醒，就必须以整个生命、全然的专注，找出回到此处的方法。

圣弗兰西斯接着说：

> 非常温柔地把自己带回此处。即使一整个小时都没做其他事，只是把你的心带回来一千遍——虽然每当你带回它，它又会跑掉——但你已善用了这一小时。

由此看来，禅修很像训练小狗，你把小狗放下，说："坐好！"小狗会听话吗？不，它会起身跑掉。你再把小狗拉回来坐下，要它"坐好"！小狗会再度跑开。有时小狗会跳起来，到处跑，在墙角撒尿或制造其他混乱。我们的心智很像小狗，不同之处是会制造更大的混乱。训练心智和训练小狗一样，都必须一次又一次地重复。

进行灵性修行时，挫折会随之而来。我们的文化或学校教育都没有教我们如何使注意力稳定而平静，有位心理学家说我们的社会是"注意力麻痹"的社会。许多人发现专注是如此困难时，便会出现紧张的怒气和自我批评，甚至更糟的反应，迫使注意力回到呼吸、持咒（mantra）或祈祷上。你会用这种方法训练小狗吗？打它有用吗？专注绝不是出于力量或强迫。你只要把小狗再捡起来，重新回到此时此地。

在灵性修行中培养深入的兴趣，是整个专注艺术的关键。兴趣的程度会滋养稳定的程度，使我们专注于禅修。然而，对初学者而言，许多禅修主题都显得单调乏味。有个老故事谈到一位学禅的学生，向老师抱怨跟随呼吸是很无聊的事，禅师把学生的头压进水里很长一段时间，直到学生挣扎着起来。当禅师终于让他起来后，问他在水中那段时间是否仍觉得呼吸是无聊的事。

专注是全然的兴趣加上细腻的注意。不要把这种注意与隔离或疏离混为一谈，觉察并不是把自己和经验分开，而是接纳与全然感觉经验。觉察就像变焦镜头一样会改变，有时我们在经验之中，有时好像坐在自己肩膀上注意当时的情形，有时又以很远的距离来觉察。这些都是有用的觉察，都有助于我们在每一刻更清楚地感觉、碰触、看见自己的生活。当我们具备了稳定注意力的品质，愈来愈深的平静感，平稳、细致和微妙，便会随之而来。

有位禅修学生和她先生住在英属哥伦比亚山区的偏远社区时，学会了微妙的专注艺术。她曾在印度学习瑜伽，几年后，她在先生的协助下产下一个男婴，没有医生或助产士的帮助。很不幸，那是漫长复杂的生产过程，婴儿的脚先出来，脐带又缠住脖子。婴儿出生时全身泛蓝，无法呼吸。父母尽最大的努力为他做人工呼吸。在吹气入肺的间隔，他们会停下来看看他是否开始呼吸。在这段难熬的时刻，他们注意他是否有微弱的呼吸，以判断他能否活下来。最后，他开始呼吸了。他母亲微笑地告诉我这个故事时说："就在那一刻，我了解什么是真正地觉察呼吸，而那甚至不是我自己的呼吸！"

把注意力集中在呼吸上，可能是世界各地数百种禅修主题中最普遍的一种。稳定地注意生命气息的流动，是瑜伽、佛教、印度教、苏菲教派、基督教和犹太教传统的核心。虽然其他禅修主题也很好，各有其特质，但本书会继续说明观呼吸的练习，作为各种练习的范例。观呼吸的禅修能让心平静，使身体开放，并开发巨大的专注力。对我们而言，呼吸是任何环境、任何时间都可以运用的。我们学会运用它之后，呼吸就会成为一生觉察力的支柱。

对呼吸的觉察并非一蹴而就。起初我们必须静静坐着，让身体放松并保持警觉，单纯地练习找到身体内的呼吸。我们在什么部位真正感觉到它？鼻子里凉凉的感觉，喉咙刺刺的感觉，胸部的动作和腹部的起伏？感觉最强的部位就是开始建立注意力的地方。如果呼吸在好几个部位都很明显，可以去感觉呼吸在全身的运作。如果呼吸太轻柔而难以觉察，可以把手放在腹部，感觉扩张和收缩的过程。不要尝试控制呼吸，只要注意它的自然过程就好，好像守门人注意有什么经过。它的节奏如何？是浅的，还是长而深的？它变快了还是变慢了？有温度吗？呼吸可以成为伟大的老师，因为它总是在流动、变化。在简单的呼吸中，我们可以了解收缩和抗拒、开放和放下。我们能从中体会优雅生活的意义，了解能量之流的真理，并改变自己。

然而，即使有兴趣和强烈的渴望想让注意力稳定，还是会分心。分心是心智的自然活动。我们的心智和心原本就不是清澈、纯净的，所以会分心。心比较像泥泞或乱流，每当迷人的影像或有趣的记忆飘过，我们的习惯就是起反应，陷入其中或迷失；痛苦的影像或感觉生起时，我们总是逃避，并在不知不觉中分心。我们能感觉到渴望、分心、因恐惧而反应等习性所产生的力量。这些力量在许多人身上如此巨大，因此经历陌生的平静片刻后，心智就会开始反抗，一次次的不安、忙碌、计划，以及连自己也不知道的感受，都会打断我们的专注。处理这些分心的情形，使独木舟稳定下来，让波浪从旁边过去，以平静、镇定的方式一次次地回来，这就是禅修的核心。

初次尝试后，你会开始体认某些外在状况特别有助于发展专注。找到或创造一个安静而不受干扰的修行地点，是非常必要的。选择规律而适当的时间，要尽量符合你的性情和作息；试试早晨或傍晚的禅修，看哪个时段最能支持你内在生命的寂静层面。打坐前，你可能想先来一段启发性的阅读，做做伸展操或一些瑜伽动作。有些人觉得在固定的团体打坐、定期参加密集禅修，有很大的帮助。针对这些外在因素来试验，直到找到最有助于你内在平静的方式，然后在生活中养成练习的习惯。创造适合你的条件，就是有智慧的生活；提供最好的土壤，让属灵的心得到滋养与成长。

当我们投入专注的艺术几星期或几个月之后，就会发现专注力自然逐渐稳定。起初我们可能需要努力集中注意力，试图抓紧禅修的主题。然后心智和心会逐渐减少分心的情形，隔一段时间就会发现心变得更纯净、更容易运用、更有弹性。我们更常感觉到呼吸，它变得更为清晰，或是更全然地复诵祷文或真言。就好像读一本书，一开始我们常会被周围许多琐事打断；但如果它是一本好书，也许是本神秘小说，在读完之前，我们会沉浸在情节中，即使有人从旁经过也不会注意。刚开始禅修时，思绪会把我们带走，我们会想很久；专注力增长之后，我们会在思绪之间就想到呼吸。到后来会在思绪一生起时就发现，或是让思绪留在背景中，非常专注于呼吸，不受思绪活动干扰。

当我们继续下去，专注力的增长会使我们更贴近生活，就像镜头聚焦一样。当我们注视杯里的池水，它显得清澈而静止。但放在最普通的显微镜下，就会发现其中充满生命和活动。同样地，我们的专注力愈深入，身体和呼吸就愈柔软，身体内每个感觉到呼吸的地方，都会有微细的震动、移动、触感、流动，非常活跃。专注力的稳定显示出生命的每个部分都在变化，就像河流一样，虽然我们觉得它是一条河，但其实它一直在变动。

当我们学会放下、进入当下，呼吸会自动发生，让身体的感官之流流动、开放，开阔和自在就会出现，就像技术纯熟的舞者，让呼吸和身体自由流动、运作，同时也在当下享受开放的感觉。

我们更为熟练时，也会发现专注有自己的时间表。有时我们很容易坐定而进入状况，有时身心状况却混乱或紧张。我们可以学习在各种水域航行：心紧绷时，要学会柔软和放松，打开注意力；心昏沉或软弱无力时，要练习坐正，更集中注意力。佛陀将这种情形比喻为调整琴弦，走音时要有所察觉，然后轻柔地调整松紧，以达到平衡。

学习专注时，会觉得自己好像总是从头开始，总是失去焦点。但我们真的到哪去了呢？只不过是一个情绪、思绪或怀疑扫过心头。只要体认到这一点，就可以放下，在下一刻再度安顿下来。我们永远可以重新开始。当我们逐渐产生兴趣，感觉能力慢慢加深之后，就会开启新的禅修层次。我们会发现不同的状态会交替出现，有时拥有深入的平静，好像不受干扰的小孩，而力量则像航行中的大船；但有时还是会分心或迷失。专注力的成长有如螺旋一圈圈加深，当我们一再回到禅修的主题，每次都会学到更多内在倾听的艺术。当我们仔细倾听，就能一直感觉到呼吸的新样貌。有位缅甸禅师要求学生每天都要说出一些关于呼吸的新发现，即使是禅修多年的学生也如此。

你是否注意到呼吸间有停顿？开始呼吸时是什么感觉？呼吸结束时是什么感觉？呼吸停止的空当是什么状态？开始呼吸前，那种想呼吸的冲动是什么？呼吸如何反映你的情绪？

刚开始感觉到呼吸时，它好像只是很小的动作，但开发了专注的艺术之后，就可以在呼吸中感觉到上百种不同：最细微的感觉，气息长度的变化，温度、涡流、扩张、收缩，皮肤与气息接触的感觉，不同身体部位对呼吸的共鸣，等等。

坚守一种灵修训练，需要海洋般的耐心，因为我们总是想去其他地方。我们会一再分心，已经在如此多的片刻脱离当下，并持续了许多年，甚至许多世以来就是如此。每当有人在密集禅修中感到挫折，我便会指出“吉尼斯”的一项世界纪录：驾驶执照路考的连续失败纪录保持人是英国韦克菲尔德市的赫葛瑞福太太，她在1970年四月考砸了第三十九次测试，她连闯了几个红灯，最后撞车。隔年八月，她终于通过第四十次测试，不幸的是，她花了太多钱在驾驶课程上而没钱买车。同样地，阿肯色州小岩城的透纳太太在1978年十月终于通过第一百〇四次驾考笔试。如果我们能用这种持续力来考取驾照、精通滑板或其他一百件事里的任何一种，当然也能精通与自己联结的艺术。身为人类，我们可以为任何事献身，这种发自内心的坚持和献身，会使灵性修行充满活力。

请一定要记住，我们训练小狗时，最后是想和小狗成为朋友；同样地，我们必须练习把身心当成“朋友”。即使它四处漫游，禅修时仍可以用友善的态度和好奇来接纳它。我们可以马上注意它如何移动，心会产生波浪，呼吸就是一种波浪，身体的感觉也是。我们不需要对抗波浪，只要承认“波浪来了”，“这是三岁记忆带来的波浪”，“这是计划的波浪”，然后重新联结到呼吸的波浪。想要掌握深入专注的艺术，便需要温和而慈爱的了解。如果没有真正软化下来，让慈爱进入体内安住，就不可能长时间好好活在当下。以强迫和紧张所达成的专注，都无法持久。我们的任务是训练小狗成为终生的朋友。

禅修的态度或精神对我们的帮助，可能比禅修的其他层面都大。禅修要求坚定而投入的感觉，加上基本的亲切感。我们要带着轻松的心和幽默感，愿意一再与当下真实呈现的一切联结。我们并不想让小狗的训练变得过于严肃。

基督教的沙漠教父说过一个故事。有一位老师要求新学生必须连续三年送钱给每个侮辱他的人。试炼期满后，老师告诉他：“你现在可以去亚历山大城学习真正的智慧。”那名学生进入亚历山大城时，遇见一位智者，他的教学方式是坐在城门前侮辱经过的每个人。他自然也侮辱了那位学生，这位学生立刻纵声大笑。智者说：“我侮辱你，你为什么笑？”学生回答：“因为好几年来我一直为这种事付钱，现在你却免费送给我！”智者说：“进城去吧！它全是你的了！”

禅修是教导我们用智慧、轻松和幽默感进入每个当下的练习，是开放和放下的艺术，而不是累积或努力出来的。因此，即使在我们遇到挫折和困难时，内在仍然能滋生出非凡的力量与洞见。吸气，噢！这个经验很有趣，不是吗？我再吸一次看看，啊，这次有点难，甚至可怕，不是吗？吐气，啊！我们进入了一种奇妙的过程，在整个过程中训练自己的心与心智，使之敞开、稳定和觉醒。

建立每日禅修的习惯

首先选一个适当的空间作为例行禅修的地方。任何你能轻松坐下而较少受到干扰的地方——卧室一角或家中任何安静的地方都可以。准备一块禅垫或一把椅子，安排好四周的环境，可以提醒你禅修的目的，使它感觉起来像个神圣而安详的空间。你或许想用花或圣像做个简单的圣坛，或放置你最喜爱的灵性书籍，以便有一些启发性的阅读时刻。尽情为自己创造这种空间。

然后，配合你的作息与性情，选择固定的练习时间。如果你是早起的人，可以试试在早餐前静坐。如果傍晚较适合你的性情或作息，就先试试在傍晚静坐。开始时，每次先坐十或二十分钟，然后延长时间或增加次数。每日的禅修可以变成像洗澡或刷牙一样固定的习惯，定期清扫和稳定你的心与心智。

找到一个你可以在椅子或禅垫上轻松坐直而不会僵硬的姿势，让身体牢牢坐稳，双手轻松地放好，心是柔软的，眼睛轻柔地闭上。一开始，先感觉你的身体，有意识地放松一切明显的紧张，放下任何习惯性的思考或计划。注意呼吸的感觉。深呼吸几下，找出你最容易感觉到呼吸的部位，例如鼻孔或喉咙里凉凉或刺刺的感觉，胸部的动作或腹部的起伏。然后让呼吸自然进行，非常仔细地感受自然呼吸的感觉，感觉到时，放松地进入每一个呼吸，注意呼吸的轻柔感觉在呼吸的变化中如何来去。

几次呼吸之后，你的心很可能会飘走。当你注意到这点，无论飘离了多久，还是单纯地回到下一个呼吸。在你返回之前，可以觉察刚才去了哪里，在心中用一个轻柔的名字称呼它，例如“思考”、“漫游”、“听”、“痒”等。轻柔、安静地为刚才注意力去的地方命名之后，温柔而直接地回来感觉下一个呼吸。在日后的禅修中，你将能处理心的漫游，但初期训练时，最好的方法是用一个字词指认，然后单纯地回到呼吸。

静坐时，让呼吸自然地改变韵律，允许它或短或长、或快或慢、或粗或细。借由放松进入呼吸，使自己平稳下来。当呼吸变得轻柔，注意力就要变得温柔而仔细，就像呼吸本身一样轻柔。

就像训练小狗一样，温柔地把自己带回来一千次。经过数周到数个月的练习，你会逐渐学会用呼吸来使自己平稳、集中。这个过程会有许多周期，狂乱和清明的日子会轮流出现。只要坚持下去。当你这样做时，深深地倾听，你将发现呼吸会帮助你联结整个身心，并使之平静下来。

呼吸练习是本书介绍的其他禅修方法的绝佳基础。发展出某种程度的平静和技巧，并与呼吸联结之后，就能把禅修范围扩大到身心所有层面的疗愈和觉察。你将发现对呼吸的觉察会成为你所做一切的稳定基础。

经行：走路的禅修

就像呼吸的禅修一样，走路的禅修也是简单而普遍的修行方法，可以培养平静、联结和觉察。我们可以有规律地练习经行，在禅坐前后或任何其他时刻，例如工作一整天之后，或在闲散的星期天早晨。经行的艺术是在走路时学习觉察，利用自然的走路动作，培养觉察的能力和觉醒的当下。

选个安静的地方，可以舒服地来回走动，大约十到三十步的范围，室内室外皆可。开始时，站在这条“走道”的一端，双脚在地上站稳，双手自然下垂。闭目一会儿，集中注意力，感觉身体站在地面上，感觉脚底的压力，以及站立的其他自然感觉。然后睁开双眼，让自己回到当下，并保持警觉。

开始慢慢走路，以自在庄严的感觉行走，注意你的身体，每一步都去感觉脚板和腿举起、离开地面的感觉，觉察每一步踏到地面的感觉。放松并轻松而自然地走路。走路时，仔细觉察每一步的感觉。到走道末端时停一下，集中精神，小心地转身，再停一下，让自己能感觉回程时踏出的第一步。你可以实验走的速度，以最能让你留在当下的速度来走路。

继续来回走十或二十分钟或更久。就像呼吸的禅修一样，你的心会飘走很多次。一旦你注意到这点，轻柔地确认心去了什么地方："游荡"、"思考"、"听到"、"计划"，然后就回来感觉下一步。就像训练小狗一样，你需要回来一千次。无论你的心飘离一秒钟或十分钟，只要单纯地确认你去了哪里，然后回到此时此刻鲜活的下一步。

练习经行一段时间后，你会学到用它来让自己平静和集中，身体也会以更觉醒的方式生活。接下来，你可以把经行延伸到逛街购物、散步或上下车。你可以学习享受走路就是走路，而不是像以往一样边走边计划或想事情。以这种简单的方式，开始真正活在当下，在生活中把身体、心和心智结合起来。

PART TWO

灵性生活的前景与危险

当我们终于能以平等的心和开放的心智看待恐怖与喜悦、生与死、所有事物的得与失时，就会生起最美丽和深度的平静。

第6章 稻草变黄金

踏上真诚的灵性道路，并不是逃避困难，而是清醒地学习犯错的艺术，引导它们成为心的转化力量。

每个灵性生活都必然会经历一连串困难，因为日常生活就包含了这些困难，佛陀将之描述为“不可避免的存在之苦”。然而，在深刻认识灵性的生活中，这些不可避免的困难却能成为觉醒以及加深智慧、耐心、平衡和慈悲的动力。如果缺乏这种观点，我们就只是像背负重担的牛或步兵般忍受着苦难。

我们就像童话故事《纺金线的女孩》中的年轻女孩，被困在一间满是稻草的房间，完全不知道身边的稻草是黄金假扮的。灵性生活的基本原则是：我们的问题正是发现智慧和慈悲之处。

纵使只是一点点灵性修行，就已经使我们发现疗愈、停止战争、训练自己活在当下的重要。当我们变得更自觉，就能更清楚地看见构成人类经验的内容：生命中不可避免的矛盾，痛苦与挣扎，喜悦与美好，苦难与渴望，以及不断变化的悲喜剧情。

当我们遵循一条真诚的修行道路，痛苦似乎会变得更多，因为我们不能再回避它们。当我们不再遵循幻想和逃避的旧习，就要留下来面对生命中实际的问题和矛盾。

真诚的灵性道路并不逃避困难或错误，而是引导我们清醒地学习犯错的艺术，让它们成为心的转化力量。当我们开始爱人、觉醒、自由，就必定要面对自身的限制。当我们深入观察自己，就会更清楚地看到未经检视的冲突和恐惧、弱点和困惑。看清这种情形是非常难受的，创巴仁波切形容从自我的角度来看灵性的进步，就像是“一个接一个的羞辱”。

从这个角度来看，我们的生命就像一连串错误，可以称之为“问题”或“挑战”；从某些方面来说，称为“错误”较为妥当。事实上，有位著名的禅师曾形容修行就像“一个接一个的错误”，也就是一个接一个的学习机会。我们就是从“困难、错误与过失”中真正地学习。生活便是犯下一连串错误。了解这一点，将会为自己和他人带来极大的自在和谅解，使我们与生命的难题自在共处。

但我们的反应通常是什么呢？当生活发生困难，我们的回应是责备、挫折和失败感，于是想要克服这些感受，尽快逃避它们，回到较愉快的事情上。

我们借由禅修使自己平静时，回应困难的过程甚至会变得更明显。但不是以习惯性的责备来回应，而是有机会看见我们的困难，看它们如何产生。困难有两种：一种显然是需要解决的问题，这种情境需要慈悲的行动和直接的回应；但大部分问题是自己制造的，因为想努力改变生命的原貌，或是过于陷入自己的观点，而失去更广大、更有智慧的视野。

我们常认为困难是自身之外的环境造成的，但富兰克林很了解这一点，他说：

> 我们有限的视野、希望与害怕，成为我们衡量生活的标准，环境不符合我们的想法时，就变成困难。

我认识一位佛教徒作家，他多年前追随一位知名的藏传佛教老师开始修行。他对禅修所知不多，但接受了一些初步指导后，认定自己必定会开悟，于是带了几本禅修的书和足够吃六个月的食物，到佛蒙特州山上的一间小屋居住。他估计六个月或许就能尝到开悟的滋味。他开始闭关时，十分享受森林和独处的乐趣，但才过了几天，就觉得快发疯了，因为他整天打坐，心却停不下来，不只常想着事情、计划和回忆，更糟糕的是，他的心会一直唱歌。

这个人已经找到一块让他“开悟”的美丽地点，小屋靠近一条潺潺溪流。第一天，溪水声似乎很美好，过了几天，却起了变化。每当他坐下来，闭上眼睛，就听到溪水的嘈杂声，而且马上跟着水声唱和，他的心开始唱起进行曲，如《星条旗永不落》或《闪烁的星旗帜》（美国国歌）。当水声的干扰过于严重，他就停止禅修，走进溪中，开始搬动四周的石头，看看能否让溪水唱出不同的曲调。我们在生活中做的几乎和他毫无不同。困难发生时，我们就把挫折感投射到外在事物上，例如下雨、孩子们，外在世界似乎是我们不舒服的来源。我们以为若能改变世界，就会得到快乐。然而，我们并非通过搬动石头来找到快乐和觉醒，而是要转化我们和它们的关系。

西藏佛教传统指导初学者必须修持的法门叫做“将困难带入修行的道路”，包括有意识地将我们不想要的苦难、生活中的哀伤、内心和外在的挣扎，变成滋养耐心和慈悲心的养料，由此发展更大的自由和真实的佛性。困难是如此被看重，因此在每个修行阶段前，会唱诵一段真心请求困难来到的藏文祈祷文：

> 在这旅程中，愿我能得到适当的困难和苦难，使我的心能真正觉醒，使我追求解脱和宇宙慈悲心的修行能真正实现。

波斯诗人鲁米以同样的精神写了一首诗，谈到有位传教士为街上的盗贼祈祷，为何如此呢？

因为他们对我如此慷慨，
每当我转身要回他们想要的东西时，
我冲向他们，他们殴打我，留下我而去
在街道中，我再次了解，他们想要的，
不是我想要的。
不论何种原因，要感谢那些让你转身
回到灵性的人。
你要担心那些给你
甜美抚慰而使你迷离祈祷的人。

最能滋养灵性的，常常是引领我们面对最大限制和困难的事物。密勒日巴是著名的西藏修行者，年轻时曾以神通力量伤害很多人。后来他遇到一位真正的上师，这位上师要求他不用神通力，从事几年的苦力工作。他徒手盖好三间大石屋后，又拆除它们，一次只搬除一块石头。在这过程中，他学到耐心、谦虚和感恩。这些困难为他做好准备，在日后能接受和了解更高深的教法。

我的老师阿姜查称之为“违反意愿的修行”或“面对自己的困难”。当他觉得弟子已做好准备，就把胆小的人送到坟场整夜修行；那些常打盹的人当然就被派去敲打寺内早上三点的起床钟。

即使没有主动寻找困难或特别的指定功课，我们也自然会遇到很多困难！通过困难来修行，需要极大的心灵勇气。唐望称之为“成为灵性的勇士”，他说：

只有成为灵性的勇士，才经得起知识之路的考验。勇士不能抱怨或后悔任何事。他的生命是无止境的挑战，而挑战是没有好坏的，挑战就只是挑战。凡人和勇士的不同，就在于勇士视每件事为挑战，而凡人则将每件事看成祝福或诅咒。

每个人的生命都有极困难的时期或处境，这些困难会唤起我们的灵性。我们有时要面对挚爱的孩子或父母的痛苦或疾病，有时要面对职场、家庭或生意上的损失，有时是自身的寂寞、困惑、上瘾和恐惧，有时会被迫面对痛苦的环境或难以相处的人。

有一位研究生在五年禅修期间，总是不断在修行、人际关系和工作中挣扎。她在禅修中，有时能得到片刻的平衡，产生某些洞见，却不曾找到深入的寂静。她对任何形式的慈心观都有强烈的反感，因为觉得挫折和造作。后来，她弟弟因车祸受伤，她回家帮忙，却陷入离异父母之间的争执。在车祸前，她父母已有八年不曾交谈。弟弟徘徊在死亡边缘，而父母的关系并没有好转。每天探病回家后，她会在自己的房间试着打坐；打坐时，常常为弟弟、父母和自己的痛苦流泪。一天傍晚，她红着眼走出房间，父母问她怎么了？她不禁痛哭流涕，哽咽地谈到家中的巨大痛苦，想必每个人都很难受。她的发泄没什么用处，但父母因此感到羞愧，确实降低了吵架的音量。弟弟的病情逐渐好转，她放心地回到研究所，回到工作中，回到她的关系中，也回到家中的禅修中。在家中打坐的第一天，她不禁泪流满面，这次是为她自己多么孤立、把自己弄得如此刚硬而哭泣。她试着修慈心观和宽恕，结果她的心对生命中的每个人充满慈悲。在这次开放之后，她的禅修、工作和人际关系都渐渐好转。

我们可以在困难中学到修行的真正力量。在这些时刻，我们培养的智慧、深厚的爱和原谅，是最重要的资源。在这种时刻禅修、祈祷和修行，就像是为心中的痛楚倾注抚慰的油膏。每当遇到贪婪、怨恨、恐惧、无知的巨大力量时，心中也能发出同样巨大的勇气。

心的这种力量，来自于体认每个人所承受的痛苦都是所有生命共有的更大痛苦的一部分。不仅是“我们的”痛苦，而是“这”痛苦，了解这一点，能唤醒我们的普世性慈悲。苦难是以这种方式打开我们的心，特蕾莎修女称之为：“遇见伪装成苦难的基督。”她在最大的困难中看见神圣的剧本，在服务濒死的穷人中发现耶稣的怜悯。

这种态度展现了多么大的自由。正是心的力量，能面对任何艰困的环境，并将之转化为黄金般的机会。这是真正修行的果实，这种自由与爱是灵性修行的成就和真正的目标。佛陀说：

> 如同大海只有一味，盐的味道；修道上所有真正的教法，基本上也只有一味，就是自由的味道。

这种自由来自我们有能力处理任何生起的能量或困难。这种自由使我们有智慧，能进入世上所有领域——美丽与痛苦、战争与和平的领域。我们不是在其他地方或其他时间找到这种自由，而是在今生的此时此刻。我们不需要等到极端困难的时刻才去体验自由，最好能在生活中的每一天培养。

如果把日常生活的环境看成修行之所，就能开始找到这种自由。遇到日常的困难时，我们必须自问：我们是否视之为诅咒，好像是命运造成的倒霉事？我们会咒骂它们吗？逃走吗？害怕和怀疑会打倒我们吗？我们如何开始处理在自己身上出现的反应？

处理问题时，我们常常只看见两种选择。第一种是压抑和否认，尝试让生活只充满光明、美好和完美的感受。我们终究会发现这种方法是无效的，因为我们以一只手或身体某部分压抑的东西，会从其他部分冒出来。如果压抑心中的想法，会得胃溃疡；如果压抑身体的问题，心灵会变得烦躁或僵化，充满未曾面对的恐惧。第二种策略刚好相反，是呈现出所有反应，在各种情境中随意发泄感受。这也会造成问题，如果我们把每一种生起的感受都发泄出来，比如我们不喜欢的事、观点、怒气，会使我们的习惯性反应不断增长，直到它们变得令人厌倦、痛苦、困惑、矛盾、难以处理，最后令人无法承受。

还有其他可能吗？第三种选择就是清醒而专注的心所发挥的力量，

使我们能面对问题和困难，将之融入禅修，以促进灵性生活。

一位心理学教授来参加禅修，想寻求平静和了解，她的教育背景是心理学理论，也研究过东方哲学，想致力于心智运作的研究，了解意识的活动，但身体却无法配合。她一辈子都与一种退化性疾病搏斗着，身体常常感到巨大的痛苦和虚弱。她的内心期待禅修能减轻疼痛，好让她能继续探索深层的佛教心理学。然而，每当她禅修时，不论是禅坐还是经行，全身都疼痛无比。她无法克服疼痛，经过几次密集禅修，她的挫折感渐增，疼痛也更为严重。她想要不同的经验，而不是与过去相同的慢性疼痛。

常有人问她和疼痛之间的关系，她总是说："哦，我只是一直觉察它。"但仍暗自期望疼痛会消失。有一天，在几小时充满挫折与疼痛的禅坐之后，她放下自己的抗拒，以真诚开放的专注，用全然不同的眼光看这个疼痛。她了解自己耗费全部生命，想要完全挣脱身体。她恨疼痛，也恨她的身体，禅修只是她用来逃离自己的另一个方法。她终于看到这一点，不禁痛哭流涕，她竟然如此不爱自己的身体。这是她灵性修行的转折点。她决定，如果她的任务是用疼痛的身体打坐，她就要以全部的温柔和怜悯对待身体。当她尊重自己的身体，愿意和疼痛一起打坐时，身体开始变得柔软，不只如此，整个生命也开始改变。她眼中生起极大的爱与慈悲，也成为一位具有她原本追寻的各种灵性价值的老师。

诗人鲁米如此描述：

> 灵性和身体承载不同的重担，需要不同的关注。我们常把马鞍放在基督身上，却让驴子漫游于草原。

我们的困难需要我们付出最慈悲的关注，就像炼金术可以把铅块变成黄金一样。当我们将铅一般沉重的困难（不论是身体、心或心智方面的困难）作为修行的核心，它们就会照亮我们。这种任务通常不是我们想要的，却是我们必须做的。不论做了多少禅修、瑜伽、节食和深思，都无法使所有问题全部消失，但我们可以把困难转化成修行，直到它们在修行路上一点一滴地为我们指引方向。

接近困难可以使我们成熟，毒树的故事可以阐明这一点。刚发现毒树时，有人只看到它的危险，他们的立即反应是："趁我们还没受伤前，赶快砍掉它，在其他人吃到有毒的果实之前砍掉它。"这就像我们在生活中出现问题时的最初反应；当遇到攻击、冲动、贪婪、害怕，或面对自己或他人的压力、失落、冲突、沮丧和哀伤时，我们最初的反应是避开它们，于是说："这些毒树对我们有害，我们来拔掉它们的根，摆脱它们。"

另一类在灵性道路上走过一段时间的人，发现毒树时，不会以厌恶的态度看待它。他们了解，要对生命敞开，就必须以深入、真诚的慈悲对待周遭一切事物。因为了解毒树也是我们的一部分，所以他们说："不要砍掉它，而是对这棵树怀抱慈悲。"于是，出于好意，他们在这棵树的四周围了篱笆，以免别人误食中毒，树也得以存活。第二个方法显示关系从批判和害怕转为慈悲。

第三种人已进入更深的灵性生命，看到同样的树，他们有更多的洞察，说："啊，毒树。太棒了！正是我在找的。"这人捡起毒树的果实，研究它的性质，把毒素和其他成分混合，制成良药，可以疗愈疾病，转化世间的不幸。通过尊敬和了解，这人以完全不同于一般人的眼光，在最困难的环境中找到价值。

我们如何面对生命中的失望和障碍？遇到困难和失落时，我们运用何种策略？在这些困难中，如何找到自由、慈悲和了解的精神？

在生命的每个面向，我们都有机会在心中将稻草变成黄金。这需要尊敬的关注，愿意从困难中学习。当我们以智慧的眼睛来看，而不是对抗时，困难就能变成好运。

生病时，与其对抗疾病，不如倾听它说出的讯息，借此得到疗愈。孩子嘀咕抱怨时，与其叫他们闭嘴，不如倾听他们深层的需要。当我们和爱侣或伴侣之间发生问题时，也需要处理自己的问题。困难和弱点常常带领我们面对自己最需要学习的课题。

这种精神在禅修中相当重要。有位学生在禅坐时，经常被睡意打扰。他的生活十分活跃，因为性情使然，他总是工作、创作、办活动。开始禅修时，他会僵硬笔直地坐着对抗睡意，避免打瞌睡。经过几个月的对抗，他才了解他在和自己对抗；于是他允许睡意生起。不过，他发现自己每次禅坐时都会一再出现睡意。最后他开始探索，以智慧和慈悲的眼光了解自己的情形，开启了一段漫长的历程。他发现是因为身体太疲倦才一直想睡。他一直让自己很忙，不曾得到足够的休息，看到这点后，他才了解自己害怕休息。安静让他害怕，如果不动他就会手足无措。接着他听到一个声音（曾经是父亲的声音，现在是他自己的），说他很懒惰，而他知道这个声音常常出现，他也相信这句话，所以从不让自己休息。他知道持续的活动使他疲惫，深深觉得必须停止这种情形。

光是探讨禅修中的睡意，就使他对生活产生了新的洞见。经过一年，他开始慢下来，整个生活和行程都改变了，他学到不活动不是懒惰，并在听音乐、散步、和朋友聊天时，找到平静和满足。他原本在无止境的忙碌中寻找外在的成就和幸福，但他寻找的幸福一直在他里面，像闪亮的金子，只是在等待他的转化，等待明智和接纳的心将幸福带入生活。

我们常从看似弱点的地方学到新的方法。我们能从做得好的事中得到极大的自信，却容易变成习惯，带来安全感的假象，灵性生命不会在此处得到最好的开启。如果我们的长处是把事情仔细地想清楚，那么思考就不是最好的灵性老师；如果我们已经遵循自己最强的感受，它就不会是我们最需要学习的地方。最能直接打开生命奥秘的，就是我们做不好的事，是我们的挣扎和脆弱之处。这些事总是要求降服和放下：当我们让自己变得脆弱，新的事物就会在我们里面生起。在未知中冒险，使人了解生命本身。最特别的是，我们寻找的东西常常就埋藏在问题和弱点之下。

例如，禅修常使我们面对欲望，我们因为欲望而生生世世轮回。一开始，欲望就像我们尽可能想逃避的毒药，但如果检视它，就会发现欲望其实出于我们对相反面的渴望，我们想寻找的是完整和联结。我们已从自己内在感觉到这种完整性，欲望就是这种可能性的倒影。当我们开放地接纳自己的欲望，就能把欲望和空虚包含在更大的爱的整体中。

同样地，我们能在批判和愤怒中找到黄金，因为里面有对公义与整合的重视。处理愤怒时，它可以变成珍贵的良药。转化后的愤怒和批判会使我们清明地检视什么是有益的，什么需要去做，需要设定什么限度。它们是分辨智慧的种子，能认识秩序与和谐。

同样地，否认和困惑是我们逃避冲突、寻找和平的失败策略。当我们有意识承认它们，就得以转化，产生宽广的接纳，接受各种冲突的声音，在和谐中找到解决之道。借由直接处理而转化它们的能量，便能找到真正的和平。

智慧、和平、完整的种子分别藏在各个困难之中，我们有可能在每个活动中觉醒。一开始，我们可能觉得这个真理只是暂时的，但通过练习就会成为活生生的事实。灵性生活可以打开存有的面向：我们遇见的每个人都能像佛陀一样教导我们，我们接触的一切都可以变成黄金。要做到这点，就必须把自己的困难当成修行之处。然后，我们的生活就不再执著于成败挣扎，而成为心的舞蹈。一切在于我们的选择。

曾有一位年轻有野心的拉比，搬到一位著名大师所住的城镇。由于找不到想向他学习的学生，他决定公开挑战这位年老的大师，试图赢得一些追随者。他抓住一只小鸟，藏在手里，走向被学生围绕的大师，问道：“既然你这么伟大，请告诉我，这只鸟是死的，还是活的？”他如此盘算：如果老师说小鸟死了，他就会放开鸟，让它飞走；如果说它活着，他就立刻捏死它，然后张开手掌，展示死去的鸟。不论哪一种情况，这位大师都会出丑而失去学生。

他站着面对大师，所有学生在旁观看，他再问道：“在我手中，这只鸟是死是活？”大师安静地坐着，然后回答：“我的朋友，这完全在于你的选择。”

冥想：深思困境

静静坐着，感觉呼吸的节奏，让自己平静而接纳。然后想象某个你在灵性修行或生活中遇到的困难，当你感觉它时，注意它如何影响你的身体、心灵和心智。仔细地感觉它，开始问自己一些问题，向内倾听它们的答案。

到目前为止，我如何对待这个困难？

我如何因为自己的反应和对它的反应而受苦？

这个问题要求我放下什么？

哪些苦难是无法避免的，我打算接受吗？

它能教导我什么重要的人生功课？

这种处境隐藏了何种价值？

如此深思你的困难，了解和开放就会慢慢来到。花一些时间，就像所有禅修一样，重复深思多次会很有帮助，每次都要倾听来自身、心、灵深处的答案。

冥想：视一切众生为开悟者

有个传统的巧妙思考方法（有时很幽默），能改变我们与困难的关系。这种禅修意象很容易在日常生活中发展、运用。请描绘或想象这个地球充满了佛陀，你遇到的每一个生命都已开悟，除了一个人——你自己！想象他们在这里都是要教导你；无论你遇到什么人，他们的所作所为都只为你的利益着想，向你提供觉醒所需要的教导和困难。

感觉他们为你提供的功课，为此感谢他们。经过一整天或一星期持续培养这种意象，感觉周遭的人全是已开悟的老师。请注意这种方法会如何改变你对生命的整个观点。

第7章　为魔鬼命名

懒惰和昏沉是正午之魔，每天午餐后就来报到，当我们驱除其他魔鬼之后，骄傲之魔就会偷偷出现。

在许多古老文化中，巫师为可怕的东西命名，是让人开始有力量克服它的有用方法。

我们有名称和仪式可以表达外在的重大事件：生与死、战争与和平、婚姻、冒险和疾病，却往往不知道各种内在力量的名字，而它们是如此强烈地影响着我们的心和生活。

我们在上一章谈到把困难转化成修行的一般原则。认识这些力量并为它们命名是具体而准确的方法，可以处理并认识这些力量。我们可以开始为许多让生命发光的美好状态命名，如喜悦、幸福、和平、爱、热情、仁慈，这是看重和滋养这些状态的方法。同样地，为我们遭遇的困难命名，能带来厘清和了解，并解开与释放被困难缚住的珍贵能量。

每一条灵性道路对常见的困难都有特定的称呼，苏菲教派称之为"自我"（Nafs），两千年前在埃及和叙利亚沙漠修行的基督教沙漠教父则称之为魔鬼。其中一位大师埃瓦格里乌斯（Evagrius）为旷野中修行的人留下一本拉丁文指导书。他在书中警告："要一直注意贪食和欲望，以及烦躁和恐惧的魔鬼。懒惰和昏沉是正午之魔，每天午餐后就来报到，当我们驱除其他魔鬼之后，骄傲之魔就会偷偷出现。"

对佛教禅修者而言，这些力量在传统上被拟人化，称为魔罗（黑暗之神)，闭关修行时则称之为“清明的障碍”。初学者必然会遇到贪婪、恐惧、疑惑、批评和困惑的力量。有经验的学生仍然会不断与相同的魔鬼搏斗，但会更清楚、更有技巧地面对。

无论是困难还是愉悦的经验，为经验命名是清醒、自觉地注意它们的第一步。专注地为经验命名，承认它们的存在，会使我们深入了解生活，不论生活呈现什么面向或问题，都加以探究。给每个问题或经验一个简单的名字，就像佛陀遇到困难时会说：“我认识你，魔罗。”他教导觉察时，会引导禅修者注意：“这是充满喜悦的心。”“这是充满愤怒的心。”知道每个心的状态将会生起和消逝。在这种觉察的空间中，自然会滋生理解。当我们清楚感觉到自己的经验，并加以命名，就能注意到它发生的原因，也能更彻底而有技巧地回应。

如何开始命名

舒服地坐着，专注地觉察呼吸。当你感觉到每一口气息时，以简单的名称“入息”、“出息”，仔细确认它，在心中轻柔地默念。这能帮助你跟随呼吸，使思维的心得到维持觉察力的方法，而不会朝其他方向游荡。当你平静下来，技巧更纯熟时，就能更精确地注意和命名：“长的呼吸”，“短的呼吸”，“紧的呼吸”，“放松的呼吸”。让每一种呼吸在你面前展现。

持续培养禅定时，命名的过程就能扩展到其他被你觉察的经验，你可以为身体的能量及感觉命名，如“刺痛”、“痒”、“热”和“冷”；可以为感受命名，如“恐惧”、“愉悦”；也可以扩展至声音、景象和思想，如“计划”、“记忆”。

在练习命名的过程中，要持续将注意力集中在呼吸上，除非出现更强的经验，打断了注意力。这时要将这个更强的经验放入禅修，只要它存在，就彻底感觉它，并轻柔地为它命名：“听、听、听”或“伤心、伤心、伤心”。它消失之后，再回去为呼吸命名，直到出现另一个强烈的经验。禅修时，每个片刻只单纯专注于一件事，持续为当下最明显的经验命名，觉察不断变化的生命之流。

刚开始练习时，静静坐着命名似乎有些奇怪或嘈杂，好像会干扰你的觉察。你必须非常轻柔地练习命名，用百分之九十五的能量感觉每个经验，只用百分之五在背后轻柔地命名。如果你误用命名这个方法，它会变成像棍棒一样，用来批判、推开自己不喜欢的经验，比如对“思绪”或“疼痛”吼叫，想把它赶走。一开始，你也可能不确定要用什么名称，于是找遍内心的字典，而没有觉察正在发生的经验。请记住，命名的练习没有那么复杂，只是单纯地确认当下的经验。

你很快就能把命名和探索的练习直接带进生活的困难和障碍。佛陀谈到五种最常见的困难（五盖），是影响觉察和清明的主要障碍，分别是贪婪、愤怒、昏沉、烦躁和怀疑。当然了，你必然会遇到许多其他障碍和魔鬼，甚至会自己制造新的障碍。有时它们会联合起来包围你，有位学生称之为“多重障碍的攻击”。不论出现什么，你都需要先看清这几个基本障碍。

贪婪和匮乏

欲望有两个最痛苦的面向，分别叫“贪婪”和“匮乏”。因为我们说的“欲望”有许多意思，最好能加以区分。有些欲望是有益的，例如希望他人幸福的欲望，想要觉醒的欲望，积极表达热情和美感的创造欲望。欲望也有许多痛苦的层面：上瘾、贪婪、盲目的野心，或无止境的内在饥渴。通过禅修的觉察，我们会得到一种专注，能分辨和认识各种形式的欲望，如威廉姆·布莱克（William Blake）所言：

> 进入天堂之门的，不是没有热情或控制热情的人，而是非常了解热情的人。

开始为魔鬼命名时，我们可以特地找出欲望的问题面，就是贪婪和匮乏的心。匮乏的心刚出现时，我们也许不会将它视为魔鬼，因为我们常在它的诱惑中迷失。“匮乏”的特征就像饿鬼，有个大肚子和针孔般的小嘴，再怎么吃也满足不了无尽的需求。当这个魔鬼或困难出现时，你只要将之命名为“匮乏”或“贪婪”，开始研究它在生活中的力量就好了。我们观看“匮乏”时，会体验到有一部分的自己是永远不满足的，它总是说：“只要能再多一点，就会使我快乐。”——多一些关系，多一些工作，更舒服的坐垫，少一点噪音，较凉或较暖的温度，更多的钱，昨夜多睡一会儿——“我就会满足了。”禅修时，匮乏的声音会呼唤我们：“只要现在有东西吃，我就满足了，接着就能开悟。”匮乏的欲望是潜意识的声音，使人看见附近坐了一位有魅力的禅修者，然后想象出全套罗曼史，包括建立关系、结婚和离婚，直到半小时后，才想起自己正在禅修。匮乏的声音永远无法满足于此时此地的一切。

为匮乏的心命名

当我们能观察“匮乏”和“贪婪”而不加以责备时，就能学会觉察人性的这个面向，而不陷入其中。当它出现时，我们能充分地感觉它，为经验命名：“饥饿”、“匮乏”、“渴望”或任何其他状态。在它出现的整个时段，温柔地命名，每隔几秒就重复命名一次，重复五次、十次、二十次，直到它消失为止。当你注意它时，要觉察当下发生的情况：这种欲望会持续多久？它开始时，是不断增强还是快速消逝？身体对它有什么感觉？哪些部位会受它影响——肠胃、呼吸，还是眼睛？心中对它的感觉像什么？当它出现时，你觉得是快乐还是烦躁，是开放还是封闭？为它命名时，观察它如何移动和改变。假如匮乏像饿鬼，就如此命名，并注意饥饿感在什么部位——腹部、舌头还是喉咙？

观察时，会发现“匮乏”会制造紧张，所以它其实是痛苦的；我们会看到它如何从渴望和不完善的感觉生起，这是分裂而不完整的感觉。更仔细观察，会发现它也是转瞬即逝，并没有本体。从这个角度来看欲望，你会发现它其实是伴随身心中来来去去的感受而产生的想象。当然了，它有时看起来非常真实。王尔德说："我能抵抗任何东西，除了诱惑。"我们陷入匮乏感时，它就像麻醉剂般使我们无法清楚观察。印度有句俗语："扒手只看到圣者的口袋。"匮乏和欲望是强而有力的眼罩，使我们的观察受到限制。

不要混淆欲望和快乐。享受愉悦的经验并没有错，生活已有太多困难，能拥有乐趣是美好的事。可是，匮乏的心会执著于快乐。西方文化教导我们，若能迅速抓住一个又一个愉悦的经验，生活就会很快乐。例如好好打场网球后，接下来吃顿美味的晚餐，看场好电影，然后是美妙的性爱加一场好觉，在美好的早晨慢跑，好好禅坐一小时，一顿绝佳的早餐，然后出门去做刺激的工作，使快乐延续下去。我们的社会很擅长让这一套持续下去。但是，这能满足我们的心吗？

我们满足了匮乏的需求后会怎样？通常会产生更多需求，整个过程会变得十分无聊和空虚。"下一步要怎么做呢？我只要再多得到一点。"萧伯纳说："人生有两种最大的失望，一个是得不到你想要的，另一个是得到你想要的。"这种不健全欲望的过程是无止境的，因为平静并非来自匮乏得到满足，而是来自不满足的结束。匮乏被填补时，会有一刹那的满足感，这并非源自快乐，而是来自停止贪婪。

为匮乏的心命名时，请仔细感觉它，注意它结束时会发生什么事，再注意接下来的状态。匮乏和欲望是很深刻的议题，你会看见欲望常常被放错位置。我们常以食物取代内心渴望的爱，就是一个明显的例子。佛学老师基尼·罗思（Geneen Roth）有治疗饮食疾患的经验，写了一本书《不再饥饿》（*Feeding the Hungry Heart*）来解释这种情形。经由命名练习，就能了解表面的欲望其实来自生命深处的匮乏，来自背后的寂寞、恐惧和空虚。

开始灵性修行时，匮乏的心常常变得更为强烈。当我们移开某些令人分心的外层，就会发现下方潜藏着强大的渴求，想要食物或性，与他人接触或巨大的野心。出现这种情形时，有些人会觉得自己的灵性生活走偏了，但这是摘下贪婪面具的必要过程。我们必须面对它，看清它的所有伪装，才能与它发展出有益的关系。不健全的欲望会引发战争、驱策社会，我们都是被它控制的无知追随者。但是，仍然有少数人能停下脚步检视欲望，直接感受它，找出与它建立智慧关系的方法。

佛教心理学把欲望区分成许多种，基本上分为两种："痛苦的欲望"和"有益的欲望"，两者都出于一种中性的能量，我们称为"做的意志"。痛苦的欲望包括贪心、执著、不足和渴望；有益的欲望也出于同样的"做的意志"，却由爱、活力、慈悲、创造力和智慧主导。随着觉察力的发展，我们开始能区分不健康的欲望和有益的动机；能感觉何种状态没有不健康的欲望，并享受更自发而自然的存有方式，没有挣扎和野心。当我们不再陷入不健康的欲望，了解就会增长，健康的热情和慈悲就会更自然地引导我们的生活。

为欲望的魔鬼命名，会为我们带来了解、自由和喜悦的宝藏。在不健康的欲望下，深藏着对美、丰富和完整的灵性渴望，为"欲望"命名能引导我们发现这种最真实的欲望。我有一位年长的老师说："欲望的问题，就在于你渴望得不够深！为什么不渴望一切呢？你不喜欢自己拥有的，想要你所没有的。只要反过来：想要你所拥有的，不要你所没有的，就会找到真正的满足。"借着探讨欲望，我们能将它的所有可能性开始纳入灵性生活。

愤怒

第二种最常遇见的魔鬼，比欲望更明显地令人感到痛苦！欲望和匮乏的心会产生诱惑，愤怒和厌恶则是相反的能量，显然令人更不舒服。有时候，愤怒中可能有一些短暂的快感，之后却会关闭我们的心。愤怒有一种燃烧和紧绷的特质，是我们无法逃脱的。愤怒与匮乏是相反的力量，会使我们推开、谴责、批评和怨恨生活中的某些经验。愤怒和厌恶的魔鬼有许多面貌和伪装，会以害怕、无聊、敌意、指责和批评的形式出现。

愤怒就像欲望一样，也是一种非常强大的力量，我们很容易陷入其中，或是因为害怕愤怒，而以较不自觉的方式表现其破坏性。不幸的是，很少人学会了如何直接处理它。它的力量可以从恼怒滋长到深层的害怕、憎恨和暴怒。愤怒的经验可能是针对眼前的人或事，也可能是针对过去其他时空的人或事。我们有时会因为对很久以前的事感到无能为力，而产生巨大的愤怒；甚至对想象中可能发生的事勃然大怒。心中的愤怒很强烈时，会影响整个生活经验，比如心情不好时，不论谁走进房间，或我们走到哪里，都会觉得不对劲。不论是与他人还是与更广的世界互动，愤怒都会成为我们心中巨大痛苦的来源。

当愤怒生起，我们开始为它的面貌命名，就能了解一切。我们能亲身知道为什么害怕、批评和无聊都是厌恶的形式。检视它们时，会发现它们出自我们对某方面经验的嫌恶。为愤怒的形式命名，让我们有机会从中找到自由。

一开始，先温柔地为自己的状况命名：“愤怒、愤怒”或“怨恨、怨恨”，只要它还存在，就继续命名。当你为它命名时，注意它会持续多久？接下来会变成什么？又如何再度生起？命名，并注意愤怒的感觉，它在哪个部位？愤怒时，身体会变软还是变硬？有没有注意到不同类型的愤怒？愤怒出现时，它的温度如何？会影响呼吸吗？痛苦的程度如何？它如何影响我们的心？心是否变得更小、更僵硬、更紧绷？你是否觉得紧张或紧缩？倾听伴随愤怒而来的声音，它们在说什么？“我害怕这个。”“我讨厌那个。”“我不想经验那个。”我们能否为魔鬼命名，并让心放大到容许愤怒和愤怒的对象向我们展现它们的共舞呢？

从印在书上的内容来看，为我们的经验命名，并以平衡的专注去感觉它，好像很容易，但其实并非如此。几年前，我在加州指导密集禅修，有几位心理治疗师接受过“尖叫疗法”的传统训练，那是一种释放和宣泄的做法，以尖叫释放感受。禅修几天后，他们说：“这种方法没有效。”我问：“为什么？”他们回答：“禅修会扩大内在的能量和愤怒，我们需要找个地方释放出来。我们能否每天选一小时在禅堂里尖叫和释放？否则一直留在心里，会产生害处。”

我们建议他们回去为它命名，只要单纯地觉察它，这对他们没什么害处。既然他们是来学新东西，我们就要求他们继续禅修，看看会发生什么事。他们照着做了，几天后，他们又来了，说：“真是惊人！”我说：“发生了什么事？”他们说：“为它命名一段时间后，它改变了。”愤怒、害怕、欲望，这些力量的过程都可以被探究，它们会根据某些情况而生起，出现时会以某种方式影响身心。如果我们不陷入其中，就能把它们当成暴风雨来观察，一阵子后会看见它们也像暴风雨般消失了。

若仔细倾听，就会感觉到愤怒的源头，它会在愤怒前出现，绝大多数都是下列两种困境，一个是觉得受伤和痛苦，另一个则是害怕。请注意你的生活，看看这是不是真的。下次出现愤怒和烦躁时，看看先前是否觉得害怕或受伤。如果你先注意到害怕或痛苦，愤怒是否还会出现呢？

愤怒能准确显示我们卡住的地方，我们的限度何在，以及我们紧抓不放的信念和恐惧。厌恶就像警告讯号，亮灯说：“执著，执著。”愤怒的力量显示执著的程度，但我们的执著并不是必然如此，而是可以更有智慧的选择。愤怒会受当天的观点影响，不是恒常不变的，而是与来来去去的感觉、思绪有关的感受，我们不需要被它束缚或驱策。愤怒通常是出于局限的观点，坚持事情必须如何。我们认为自己知道上帝如何创造世界，某人应该如何对待我们，什么是自己应有的权益。可是，我们真正知道什么呢？我们了解自己即将遇到的哀伤和困难、美丽和惊奇的神圣计划吗？与其要求事情按照我们的想法进行，不如开始面对和了解愤怒生起的力量。就像欲望一样，我们可以研究愤怒，了解它能否为我们提供益处，它是否有任何价值？它是否有保护作用，或是某种力量的来源？愤怒是否需要得到力量、设定限制和更加成长？除了愤怒，我们寻找的力量是否有其他来源？

大部分人都学会讨厌愤怒。当我们试着观察它时，就会发现自己有批评、压抑、逃避它的倾向，因为我们认为它是“不好”而痛苦的，或是可耻而“不属灵”的。我们必须非常小心地把开放的心带入修行，即使碰触到内心最深处的悲痛、哀伤和愤怒，也要让自己全然去感受。这些力量会推动我们的生活，我们必须去感觉它们，才能与之和谐相处。禅修并不是逃避某种东西的过程，而是开放和了解的过程。我们在禅修中处理愤怒时，它可能变得非常顽强。起初我们可能只觉得有点生气，但对那些想压抑、掩藏愤怒的人，怒气会转为暴怒。被压抑在体内的愤怒会化为紧张和热度，出现在手臂、背部或颈部；所有吞下的话都会被吐出，而强烈的意象、暴烈的狂怒、激烈的脏话都会满溢而出。这种开启的过程会持续好几天、几周甚至几个月。这些感受是健康的，甚至是必要的，但必须记得如何处理它们。当这些魔鬼卸下面具，你可能会觉得快要发狂或做错了什么，但其实是你终于开始面对那些使你无法活出爱和充分自觉的力量。我们会一再面对这些力量，可能要在修行中处理愤怒一千次，才能达到平衡而觉察的生活。这是很自然的情形。

恐惧

命名和发现的精神也可以用来了解“恐惧”，这是“厌恶”的另一种形式。美国人每年在保安系统和警卫上花费五百亿美元。我们在生活中常常陷入恐惧而迷失，却很少检视和处理内心的恐惧魔鬼。刚开始处理恐惧的心时，当然会感到害怕。我们会一再遇到这个魔鬼。但若能在某个时候打开双眼和心灵看着它，温柔地为它命名：“恐惧、恐惧、恐惧。”体验它流过全身的能量，整个恐惧感就会转变，以后就只要单纯地辨识它，说：“哦，恐惧，你又来了，多么有趣啊。”

恐惧生起时，温柔地为它命名，体验它对呼吸、身体的作用，它如何影响心。注意它会持续多久，觉察它的意象，注意伴随着它的感觉和想法：颤抖的感觉，寒冷的感觉，以及它所述说的可怕故事。恐惧是对未来的预期，是一种想象。请注意你的信任感、幸福感及你对这个世界的信念有什么改变。

我还是年轻的僧侣时，和老师阿姜查前往距离主寺八十里远、位于柬埔寨边境的分院。我们坐上一辆摇摇晃晃、连车门都关不紧的老旧汽车，那天村里的司机开得很快，鲁莽地经过水牛、公车、脚踏车和汽车，在蜿蜒的山路上横冲直撞。那时我觉得当天必死无疑，所以一直紧抓着椅背，静静做好准备，观察自己的呼吸，背诵僧侣的祈祷文。我瞥见老师的手也因紧抓椅子而泛白，虽然我相信他不怕死，但这使我放心多了。我们终于安全抵达时，他笑了，只说：“很可怕，不是吗？”在那一刻，他为魔鬼命名，帮助我与它成为朋友。

无聊

另一种可以学着去觉察的厌恶感是“无聊”。我们通常很害怕无聊，会尽全力避免，所以会去开冰箱、拿起电话筒、看电视、读小说，让自己保持忙碌，试图逃避寂寞、空虚和无聊。如果我们不去觉察它，它就会对我们产生很大的掌控力，使我们无法休息。但我们不需要让无聊如此驱策我们的生活。无聊感觉起来是什么样子？我们曾真正停下来观察它吗？无聊是出于缺乏专注，浮躁、沮丧、批评也随之而来。我们觉得无聊，是因为不喜欢正在发生的事，或是觉得空虚和失落。为它命名，就能认识它，让它成为有待探索的状态。

无聊生起时，在体内感觉它的存在，和它在一起。让自己真的觉得无聊，不管它持续多久，都要不断温柔地为它命名，看看这个魔鬼是什么。注意它，感觉它的结构、能量，其中的痛苦、紧张，以及你对它的抗拒。直接观看这个特质在身心中的运作，听它在说什么故事，倾听时会开启什么。当我们终于停止逃避和抗拒后，无论在什么情况下，我们都能真的感到有趣！当觉察力清晰而集中时，即使只是重复吸气和呼气的动作，都可以是最美妙的经验。

批评

我们可以将命名的精神用在另一种形式的厌恶上："批评"。许多人都会严厉批评自己和他人，却不太了解批评的过程。借着禅修的专注力，可以观察批评如何在心中以想法和话语的面貌出现。当我们不再陷入其中，就能经由它了解生命的苦难与自由。对许多人而言，批评是生活的主题，而且是痛苦的生活。他们对大部分情境的反应，只是去看哪里出了差错，即使在灵性修行中，批评的魔鬼也会愈来愈强壮。

我们如何处理批评的痛苦呢？如果我们想用"哦，我不应该批评"去逃避它，那只是另一种批评罢了。相反，要在批评生起时加以承认，让它来去自如。有时，给它一个名字会有帮助。如果批评让你想起过去的某个人，试着说："谢谢你，爸爸。""卡罗，谢谢你的意见。""约翰，谢谢你的观点。"批评只是一卷预先录好的录音带，在心中一再播放。试着对批评抱持幽默的态度，这能让你在生活中适当地运用批评。

要了解批评的心，必须以宽恕的心与它接触；如果很难与它接触，就尝试以下的练习。静坐一小时，算算有多少批评浮现，一个接一个数。有人走进来，"我不喜欢他们，批评二十二；我也不喜欢他们的穿着，批评二十三；哦，我愈来愈会批评了，批评二十四；我要告诉朋友，这真是个不错的练习，糟糕，我想太多了，批评二十五。"然后膝盖突然开始痛，"我希望膝盖不要痛，批评二十六；不，我不应该批评的，批评二十七……"只要了解批评的心，就会有成果丰硕的禅修。

为了能有自觉，就必须完全允许原本被我们拒绝的每一个困境（批评的心、欲望的心、害怕的心）向我们诉说它的故事，直到我们认识它们，让它们回到心中。处理魔鬼的过程中，我们需要智慧、觉察和慈悲的容器，这是心在流动时宁静的定点。当我们接纳魔鬼非关个人的惯性本质，就能看见它们隐藏的黄金。我们会注意到厌恶和批评是出于内心深处对正义和力量的渴望，或是来自清明与分辨的智慧，可以克服世上的错觉。当我们认识了魔鬼的本质，它们就会释放其他力量，使我们找到清明而没有批评，找到正义而没有怨恨。通过真诚的注意力，愤怒和怨恨的痛苦会带领我们达到慈悲和宽恕的深层觉醒。我们对某人生气时，就能把对方想成像我们一样的生命，是某个在生活中面对许多苦难的人，如果我们经历过对方的处境与苦难，是否也会有相同的行为？所以我们会感到慈悲，感受到对方的痛苦。这并非只是要掩盖愤怒，而是内心深处的活动，愿意超越某种特定观点造成的情况。以这种方式，愤怒和批评就能带领我们得到真正的清明力量，以及我们所寻找的爱。

昏沉

下一个要学着命名的常见魔鬼是很隐微的，就是昏沉和迟钝的特质，我们称为怠惰或懒散。它会以懒惰、疲倦、缺乏活力和迷糊的形式生起。心被睡意打败时，我们的清明和觉醒会逐渐减弱，生活和禅修也会变得笨拙而模糊。由于跟不上文化的要命速度，或失去与身体的接触，我们在生活中常常感到疲倦，面对艰难的工作时，就会觉得懒散和勉强。

昏沉通常是逐渐向我们靠近的。静坐时，可以感觉到昏沉来临时就像烟雾一样围绕我们的身体，在耳边悄悄说："算了吧，小睡一下。"于是心就开始散乱，变得空洞，我们也无心继续原有的任务。禅修常有这种情形，我们的生活也有许多部分是在这种半清醒的状态下度过，人生有一大部分也是在睡眠和梦游中度过。禅修的意思就是要觉醒，所以要觉察昏沉。

疲倦时，注意身体有什么感觉：沉重感、无精打采的姿势、眼皮沉重。如果想睡、打盹，当然就很难看见这些，但仍然要尽可能去观察。注意昏沉的初期、中期和末期，以及经验的各种成分。试着了解造成昏沉的客观条件，是疲倦还是抗拒？有时只是带着好奇的觉察去看昏沉本身，就会驱散昏沉，带来清明和了解，但有时又会再度出现更强烈的昏沉。

遇到昏沉，并为这个魔鬼命名时，会发现造成昏沉有三种原因。第一种是疲倦，表示真的需要睡眠，通常发生在一整天待在家中，在忙碌或紧张了一段时间后坐下，或是在密集禅修的第一天。这是一个讯号，我们应该尊重身体的需求，我们的生活可能失去平衡，可能需要减少工作、多花些时间到乡间休闲。稍微休息之后，这种昏沉就会消失。第二种昏沉来自抗拒身体或心里某些不愉快或担心的状态，当我们不想回忆或体验某些事，就很难去感受，于是感到昏沉。第三种昏沉来自宁静和安静，这是因为缺乏足够的觉醒能量，而无法唤起清晰的专注力。

源自抗拒的昏沉不应与懒惰混为一谈。我们很少会懒惰，只是觉得害怕。怠惰和懒散这两个魔鬼会跟随鸵鸟的策略，认为“只要我看不到它，它就无法伤害我”。当昏沉在毫无倦意的时候出现，通常是抗拒的讯号。我们可以自问：“现在发生了什么事？我借着昏睡逃避什么？”许多时候，我们常在昏沉中发现重大的害怕或困难。寂寞、悲伤、空虚、某部分的生活失控，都是我们用睡觉来逃避的常见原因。体认这点后，整个修行就可以进入新的阶段。

有时昏沉也会出于心的强烈宁静和平静。美国的文化非常积极、充满刺激，让我们不习惯面对安静和平静的时刻，我们的心会误以为睡觉时间到了！所以，当我们开始变得专注，却没有用等量的能量让心平衡时，就会卡在平静却迟钝的状态。这时需要为迟钝命名，并唤起能量。面对这种昏沉时，可以为它命名，坐直身体或深呼吸几次。如果想睡，就睁着眼睛禅修，站起来几分钟或经行。如果情况还是很糟，可以快速走路、倒退走或往脸上泼水。我们可以用创意来回应昏沉。

我在禅修中一直很迟钝，我的老师阿姜查要我坐在深井的边缘打坐，我因为害怕掉下去，一直非常清醒！所以昏沉是可以处理的，试着精准地注意呼吸，专注在“就是这次呼吸”或“就是这一步”上，以稳定注意力。如果能在每个片刻注意“就是这次呼吸”，一刻又一刻，心就会扩展和苏醒，懒散就会消失。在昏沉之下，埋藏了真正的平静和安宁的可能性。然而，在这同时，如果各种方法都起不了作用，就表示该去小睡片刻。

烦躁

烦躁是昏沉的反面，是第四个强大的魔鬼，我们称之为“敏捷的老虎”。烦躁时，我们会觉得激动、不安、焦虑和担心，心会像离开水的鱼一样打转或跳跃，身体充满不安的能量，颤动、跳跃、激动。烦躁时，会觉得必须起身走动，开电视、吃东西、做任何事，就是不能停下来。像昏沉一样，烦躁是对我们不想感受的痛苦和哀伤的反应。烦躁也会化身为担心的魔鬼。当我们坐下来禅修时，心会困在害怕和懊悔的故事中，数小时不辍。不论是什么形式的烦躁，都会使禅修变得散乱，难以留在当下。

烦躁出现时，为它命名，但不要批评或责备，要温柔地注意：“烦躁、烦躁。”让你的身心以智慧经验它，视它为人类生活的一部分。在体内充分感觉它，这是什么能量？震动时有多强？是热还是冷？它使心和身体扩展还是收缩？你对它开放并命名时，它有什么反应？它会持续多久？它诉说什么故事？

让自己体验烦躁，但不要陷入其中。它可能令人不愉快，身体充满紧张的能量，忧虑缠绕心中。它不是“我的烦躁”，而是“烦躁”，是短暂的状态，是一定会改变的状况。假如它变得非常强烈，就对自己说：“好，我准备好了，我将是第一个死于烦躁的禅修者。”向它投降，看看会发生什么事。烦躁就像其他状态一样，是一种和合的过程，是一系列思绪、感受和感觉，但因为我们相信它是某种坚实的东西，所以它对我们才有强大的影响力。当我们停止反抗，只是专注地觉察，让它自由流遍全身，就能看到这种状态其实是非常短暂、没有实体的。

烦躁非常强烈时，除了为它命名，还可以试着练习数息，从一数到十，再从一开始数，直到心恢复平衡。如果这个方法有效，就更深地呼吸，用它来镇定及柔软身心。了解烦躁是修行中正常循环的一部分，接纳它，你就会培养出洞察力和了解，还有内心的自在和安适感。当你能与烦躁相处，就能运用它的深层能量。烦躁只是我们内在能量的美丽源泉的表层，这种能量是不受拘束的创造力水流。当我们成为纯净的通道，学会包容一切时，这种创造力就能以美妙的方式流遍全身。

怀疑

第五种，也是最后一种常见的魔鬼，就是怀疑，它是所有魔鬼中最难处理的，因为我们掉入它的陷阱时，就会停顿修行，变得不能动弹。各种怀疑都会攻击我们，怀疑自己和自己的能力，怀疑禅修老师，怀疑禅修本身：“它真的有效吗？我禅修的结果只是膝盖受伤、焦躁不安，也许佛陀其实不知道自己在说什么。”我们会怀疑自己选择的道路也许不合适，“这太难、太严肃了，也许我应该尝试苏菲的旋转舞蹈。”或认为这虽然是正确的修行方式，但时间不对；或认为这是正确的修行、正确的时间，但我们的健康状况不够好。无论主题是什么，当怀疑的心抓住我们，我们就无法动弹。

怀疑出现时，为它命名，并仔细、客观地注视它，当它说：“我做不来。太难了。时间不对。这种方法怎么能帮助我呢？也许我该停止练习。”

你是否真正观察过这些声音？你看到了什么？怀疑是心中的一连串字句，和害怕与抗拒的感受有关。我们可以觉察怀疑是一种思想的过程，命名它："怀疑、怀疑。"当我们不再陷入其中的故事，就会发生奇妙的转化，怀疑本身成为觉察的来源，我们能在其中学到许多有关心智不断变化、无法停止的本质，也能了解什么是认同和陷入自己的情绪和心智状态。当我们陷入怀疑，会经历很大的痛苦，但当我们能感觉它而不执著它的那一刻，整个心智就会变得更自由、更轻松。

当我们仔细为怀疑命名时，会发生什么事呢？它会持续多久？它会影响身体和能量多久？我们能否轻松地倾听它的故事，就像它只是说"天空是蓝的"？要处理怀疑，就必须让自己集中，以持续、坚定、稳固的心智，完全回归当下这一刻。慢慢地，困惑就会消失。

除了命名，也可以通过培养信心来消除怀疑。我们可以提出疑问或阅读伟大的著作；也可以深思在我们之前千万个追寻内在觉察和修行道路的人，以此鼓舞自己。每个伟大的文化都肯定灵性修行，对任何真诚接受心灵和心智训练的人而言，以伟大的智慧和慈悲来生活是可能的。我们的一生还可以做什么更好的事呢？心智会怀疑是很自然的，怀疑可以带领我们达到更深的专注、更彻底地追寻真理。

起初，怀疑会以魔鬼和抗拒的形式出现："今天没有效。""我还没准备好。""它太难了。"这可以称为"小疑"，经过一段修行后，就能学会以有益的方式处理它们。超越它们之后，还会产生另一层怀疑，这种怀疑对我们很有用，称为"大疑"。大疑是深深渴望认识自我的真实本性、爱和自由的意义，而询问"我是谁"、"什么是解脱"或"什么才是苦难的终止"这种强而有力的问题，它是能量和灵感的来源。灵性修行要有活力和深入，就需要真正的探究精神，避免模仿。以这种精神来处理怀疑，就会发现埋藏在怀疑之下的宝藏。小疑的魔鬼会使我们找到大疑，进而唤醒整个生命的清明。

为魔鬼命名的过程中，我们会发现它们更彻底地展现在我们面前。

修行有许多阶段，有时只看到欲望和愤怒，我们可能会怀疑自己："哦！我的天哪！我简直充满了欲望和愤怒。""我有太多怀疑。""我如此烦躁不安。""不管我做什么事情，总是感到害怕。"我有一两年的禅修，看到的全是自己的愤怒、批评和暴怒。当我真正去接触它时，它在我身上爆发。我有一星期没睡觉，只待在一个地方，其中有四五天在树林里丢石头，并警告朋友不要靠近我。虽然如此，它还是渐渐消退，逐渐失去力量。

当我们更深入灵性生活，就会发现自己有足够的能力去认识和碰触内在最坚硬的角落。每个人都会遇到贪婪、害怕、偏见、憎恨和无知的力量。寻求自由和智慧的人都会被迫去发现心灵和心智中这些力量的本质。我们会经验到自己如何陷入其中，但我们最终都会在这些最基本、最重要的能量中发现自由。

这些魔鬼有时很难处理，我们可以运用各种对治方法，暂时消除它们。针对欲望的传统对治方法就是深思生命的短暂，外在满足感转瞬即逝的本质，以及死亡。针对生气的对治方法就是培养慈爱的念头和初步的宽恕。针对昏沉的对治方法是通过挺直的坐姿、观想、鼓励和呼吸来唤起能量。针对烦躁的对治方法是以内在平静与放松的技巧带回专注。至于怀疑，可以通过阅读或与某位智者讨论，而得到信心与鼓舞。然而，最重要的练习是命名和确认这些魔鬼，扩展我们从中得到自由的能力。运用对治方法就好像只是用绷带包扎伤口，但却能打开觉察力和治愈伤口。

当我们能熟练地为经验命名，会发现一个令人惊讶的事实：没有一种心智状态、感受和情绪是持久的，最多只能持续十五到三十秒，然后就会被其他状态取代，喜悦和痛苦的状态都是如此。通常我们认为一种心情会持续很久，如愤怒的一天或悲伤的一星期，然而当我们更仔细地看清和命名这种状态，如"愤怒、愤怒"时，会突然发现它不再是愤怒，经过十次或二十次温柔的命名后，它消失了。它也许会变成另一种相关的状态，例如怨恨，当我们为它命名，过一会儿又发现它转为自怜，接着又转为沮丧，然后又变成思考，没多久又回到愤怒或轻松，甚至大笑。为这些困难命名，也有助于我们为各种美好的状态命名：清明、幸福、自在、狂喜、平静，人生流水剧的每一部分都能命名。我们愈开放，就愈了解感受之流不会间断的本质，并发现超越一切变化的自由。

灵性生活的目的并不是要创造某种特殊的心的状态，心的状态总是短暂的，而是要直接处理身心最基本的元素，看见我们以什么方式陷入恐惧、欲望和愤怒，然后直接学习自由的能力。我们处理这些魔鬼时，它们能丰富我们的生命，所以它们被称为“开悟的肥料”或“心中的杂草”。我们将这些杂草拔出，埋在植物附近，以提供养分。

修行是运用内在生起的一切，以培养理解、慈悲和自由。默顿写道：“当爱变得不可能，心也变得像石头般坚硬时，正是学习真正的爱和祈祷的时候。”记住这句话，修行中遇到的困难就会变成圆满禅修的一部分，也会成为学习和开放心的场所。

冥想：使魔鬼成为修行道路的一部分

选一个禅修中最常出现、最困难的魔鬼，比如恼怒、害怕、无聊、欲望、怀疑和不安。持续一星期，在每日的禅修中，每当这个状态出现时，就特别加以觉察。仔细为它命名，注意它如何开始，在它之前是什么状态，是否有特别的想法或意象诱发这个状态，它持续多久，什么时候结束，在它之后通常会出现什么状态，观察它是否曾非常轻微或静静地生起。你能否将它视为心中的低语？看看它有多大声或强烈，注意身体会以什么能量模式或紧张模式来反映这个状态，即使是抗拒，也以柔和、接纳来面对。最后，坐着觉察你的呼吸，观察、等待这位魔鬼，允许它来来去去，像对待老朋友般与它打招呼。

冥想：推动生活的各种冲动

生命的内在力量，包括反应和智慧的力量，是所有行为的来源。身体发出每个主动的行为和动作之前，心会先生起一个想法、冲动和方向。这个冲动常是下意识的，在觉察层次之外。观察这些内在的活动，可以了解你如何对这些力量和冲动起反应。观察这个过程时，身心的交互关系会变得很清楚，你可以从中发现全新的能力，可以在面对困难时仍觉得自由、自在。

有个简单的方法可以知道冲动如何运作，就是注意禅坐中想站起来的冲动。持续一星期，在每日的禅坐练习中，下定决心不站起来，直到想站起来的强烈冲动出现三次为止。如往常一般静坐，注意呼吸、身体和心智，但不要设定禅修结束的时间，直到有强烈的冲动想站起来。注意它的性质，它也许是出于烦躁、饥饿、膝痛、想到还有许多事要做，或需要上洗手间。温柔地为这个生起的能量命名，感觉它要移动的冲动，仔细感觉身体里的它，为它命名："想要起来，想要起来。"陪着它，持续多久都没有关系（很少会超过一分钟）。这个冲动消失后，注意现在的感觉是什么，坐着经历了整个冲动的过程，是否使禅修更深入？持续坐着，直到第二个想要起身的强烈冲动出现，像之前一样注意整个过程。最后，在三次仔细陪伴整个冲动过程后，才站起来。通过这个练习会逐渐增加注意力和安定力的深度。

如果你愿意，可以把观察扩展到其他强烈的冲动，注意以下情形的整个过程，例如想抓痒，想在静坐时移动，想吃东西或做其他事。以这种方式觉察，会逐渐学会保持安定，学会在生活中遇到各种状况时，有能力深呼吸几下，去感觉不断变化的回应，而不是自动对这些状况作出反应。你会开始在面对各种生命力时，发现平衡和了解的核心。

第8章　困难的问题与固执的访客

任何身体、心灵和心智的经验，在意识中重复出现时，就是一个信号，表示这个访客要求更深入、更彻底的关注。

我们为常见的魔鬼和障碍练习命名的过程中，也许会遇到使它们一再出现的底层力量。恐惧、困惑、生气和野心是禅修中的常客，即使我们自认为很了解它们，它们仍一再出现。现在，我们有必要深入了解，如何处理灵性生活中重复出现的困难。

几年前，在一次为期十天的密集禅修结束时，我被指派去带领慈心观，作为此次活动的结束。慈心观是需要较长引导时间的禅修，为自己和他人引发宽恕和慈悲的状态。即将开始前十五分钟，我接到女友充满怒气的电话，她认为我对她有一些要求，让她很不高兴；我也对她做的事感到同样不满。我们争论不休，直到禅修的钟声响起。

我走进禅堂，坐在一大群禅修学生面前，仍能感到刚才对话的余音，但我仍尽责地用最温柔、慈爱的声音，开始指导禅修。在教导如“愿我的心充满慈爱”或“愿我安详”之类的话后，我会停顿一下，让学生能在内心感受到这些特质。可是在停顿中，之前与女友的对话又如洪水般涌现，我发现自己在想：“结束后，我要打电话告诉她一两件事。”接着我大声说：“观想你所爱的人，把你的温柔扩展到他们身上。”下一个停顿时，我心里会跑出：“那个不成熟又神经质的女人，等会儿我要跟她说……”我开始回忆过去所有不公平的事，想要拿来提醒她。然后我又说："进一步扩展你的慈悲心到……"这个过程持续进行，好像在我心中上演着一场荒谬的网球赛，还好我面前的学生并不知道。

虽然当时的愤怒和受伤是很痛苦的感觉，但我又要极力避免大声笑出来；即使另一部分的自己有更深的体悟，但我们的心仍常紧抓着伤害和恐惧。心几乎能做任何事，这没什么好自满的。所幸我曾好好练习过处理愤怒，在两种声音持续交替出现时，能有足够的空间和善意观察整个过程。慈心观结束时，我对她、对自己、对心的矛盾本质，产生了一些平静和宽恕。在这种心情下，我回电给她。

伟大的神秘主义诗人卡比尔（Kabir）问道：

> 朋友，请告诉我，我能对这个世界如何？
> 这个我所坚持、穿梭其间的世界！
> 我放弃锦衣，改穿长袍
> 有天却发现衣料乃巧手织成。
> 因此我买了粗麻布，但仍然
> 优雅地将它披在左肩。
> 就如同我控制性地渴求
> 却滋生许多愤怒。
> 我放弃狂怒，却注意到
> 我贪婪终日。
> 我努力消除贪婪
> 而现在，我以自己为傲。
> 心想要切断它与世界的联结，
> 却仍紧紧抓住某个东西。

我们要如何了解困难持续存在的原因？一旦我们能为这些来来去

去的困难命名，我们的心就不会把困难抓得那么紧。当我们不带任何批判，就会像拉姆·达斯（Ram Dass）所说的，成为“自身精神官能症的鉴赏家”，然后就能以更深入的开放态度，了解这些困难的根源。

更仔细注意时，我们会了解每个魔鬼和障碍都是一种情绪或精神性的紧缩，都是因恐惧引起的反应。佛陀将这种紧缩和执著描述为所有人类苦难的来源。头几年修行和教学的我，就像任何正常的学生一样，一直在不安、贪欲、怀疑及愤怒中挣扎。我多少相信这些力量就是痛苦的来源；然而当我更仔细聆听，就在自己身上发现所有这些挣扎的背后其实是恐惧，后来在我的学生身上也有同样的发现。

恐惧会制造紧缩而虚假的自我感。这个错误或“小小”的自我会紧抓着我们有限的身体、感受和想法，试图拥有和保护它们，从这个有限的自我感产生了匮乏和需求、防卫性的愤怒，以及为了保护自己而构筑的障碍。我们害怕开放、改变、全然活着，也不敢去感觉整个生命。对这个“恐惧主体”的狭隘认同，成为我们的习惯，从这种恐惧中产生我们的一切贪婪、憎恨和无知。然而我们在恐惧底下可以找到开放性和整体性，就是所谓的真实本性，或是本来面目、佛性。但要达到我们的真实本性，就需要以最个人化的方式，检视和化解这个“恐惧主体”的活动。

生活中最能清楚观察这种紧缩过程的就是“禅修”。我们常在禅修中经验到自己遇到某种特别的困难时，会整个紧缩起来，并对它起反应；这种困难就像禅修中一再出现的固执访客。这些重复出现的想法、情绪和感觉，可以被视为某个卡住的地方或未解决的问题。我指的不是为魔鬼命名时谈到的昏沉、批评、恼怒等一般问题，而是非常特定的问题，常是一再出现于意识的痛苦感觉、思想、感受和故事，梵文称之为“行蕴”(sankaras)。当重复的困难真的出现时，首要的修行方法就是承认它的存在，为它命名，轻柔地说“难过、难过”，“回忆、回忆”，或任何名称。当然了，某些重复出现的模式需要我们有所回应，采取某种明智的行动。我们必须认识这些情况，如同一位禅师所说：“并不是像个呆子坐着。”然而，即使我们已经为它们命名或作出反应，仍有许多固执的访客会持续重复出现。

任何身体、心灵和心智的经验，在意识中重复出现时，就是一个讯号，表示这个访客要求更深入、更彻底的关注。虽然禅修的一般原则是对一切生起的流动都保持开放，但遇到不断出现的固执访客时，必须知道这是它要求更多注意、更多了解的方式。这个过程包括探索、接纳、了解和原谅。

扩展注意力的范围

学习如何打开被卡住的地方，释放恐惧主体的紧缩，有几个基本原则。第一个原则叫做“扩展注意力的范围”。重复出现的困难，会在四个觉察的基本范畴中明显感觉到，它可能出现在身体的范畴、感受的范畴、心智的范畴（思绪和影像）或基本态度的范畴（执著、害怕、厌恶等）。若要扩展注意力的范围，我们就需要觉察固执访客的其他面向，而不是只注意它的明显面貌，因为我们卡住的层次必然不同于原本已注意和命名的明显层次。当我们的觉察能从明显的部分转移到其他层面时，才可能产生释放。

我们在密集禅修时，把这些“固执的访客”或“困难而重复出现的思想模式”称为“十大排行榜”。一般说来，思绪生起时，只要简单地命名为“想、想”，在觉察的光中，它就会像云一样消散。然而这十大排行榜，不论是字眼、意象还是故事，不管我们多常注意它们，仍然会持续回来。它们就像重复播放同一个主题的录音带。刚开始，为了得到新的洞见，我们可以从第一到第十为它们排名，“哦！这是本周排行第三名。”用这个方式，我们注意它们时，就不需要每次都从头到尾地播放录音带，而能更轻松地放下。或是用类似的技巧，为它们加上幽默的名称或头衔。我曾经为自己现在已熟悉的各种面貌取名字，比如“饥饿的幸存者”、“成功者”、“匈奴王阿提拉”，或“杰克宝贝”、“害怕黑暗”、“没耐性的情人”。借由这种方式，就会更熟悉这些一再出现的恐惧、难过、不耐烦和寂寞的模式，并以友善而直率的方式聆听它们的故事，“嘿！很高兴又看到你！你今天要告诉我什么呢？”

然而这样还是不够。比如说：我们一再想起父母离婚的事，一再说到哪个孩子应该拥有哪些财产，谁跟谁说了什么。这种故事可以说无数遍。发生这种情形时，我们必须扩展注意力的范围：“这种想法在我的身体里是什么感觉。哦！横膈膜和胸部感觉紧紧的。”我们就可以命名为“紧绷、紧绷”，然后非常仔细地注意一段时间。这样做时，也许又会打开其他感觉，释放许多新的意象和感受。这样就能开始释放我们紧抓不放的身体紧绷和体内的恐惧，然后把注意力扩展到各种新的感受，这种思考模式和紧绷会伴随哪些感受？它们一开始也许是半隐藏或不自觉的，但如果我们仔细感觉，它们就会开始显现，胸口的紧绷会变成难过，然后难过可能变成哀伤。当我们终于能够开始哀伤时，这套模式就能得到释放。

同样地，当我们遇到不断出现的身体疼痛或难受的情绪时，可以把觉察扩展到思想的层次，包括伴随而来的故事和信念。仔细注意时，我们也许会发现某个与自己有关的隐微信念会使疼痛或情绪持续下去，也许是某个认为自己没有价值的故事，比如“我永远就是这样了”。当我们觉察这样的故事或信念，如实看见它时，这种模式常常就被解开了。

重复的想法和故事，几乎都是不被承认的底层情绪或感受所激发的，这些未被感觉的感受，就是思绪一再回来的原因。未来的计划通常是因为焦虑而激发的；过去的记忆则常出于懊悔、内疚或悲伤；许多幻想的生起，是对痛苦或空虚的反应。禅修的任务就是要进入重复播放讯息的底层，去了解和感觉使之生起的能量。当我们做到这点，且真正与这些感受和解时，思绪就不再有出现的必要，模式就会自然消失。

全然觉察感受

解除重复模式的第二个原则是“敞开来，全然觉察感受”。内在生活的控制大多来自感受的层面，我们却往往不知道自己的感受。文化一直教导我们紧缩和压抑，认为男人不适合“流露情绪”，而女人也只被允许表现某些情绪。有一部卡通就刻画出我们的矛盾。一位女子询问算命师，她丈夫为什么就是不谈自己的感受？算命师看着水晶球说：“明年一月开始，美国男人就会开始谈自己的感受，不出几分钟，全国女性都会为此感到遗憾。”这就是我们面对的冲突。

在我们还未学会如何说出自己的感受，甚至还觉察不到时，生活就会与之纠缠不清。对许多禅修者而言，恢复对感受的觉察，需要一段既漫长又艰难的过程，然而佛教心理学认为对感受的觉察正是觉醒的关键。佛陀在教导十二因缘的循环中，解释人类如何陷入其中，感受就是使我们受束缚和解脱的地方。快乐的感受生起时，我们就自动抓牢；不快乐的感受生起时，就想逃避，由此建立了纠结而痛苦的连锁反应，而使恐惧的主体持续存在。如果我们学会觉察“感受”而不带有贪求或厌恶，把它们视为穿过我们的天气变化，我们就能自由地感觉它们，如风一样前进。连续几天，将注意力特别集中在自己的各种感受上，会是非常有趣的禅修练习。我们可以为每个感受命名，看看我们害怕哪些感受，容易卷入哪些感受，哪些感受会制造故事，以及如何变成自由的人。“自由”不是没有感受，而是自由地感觉每一种感受，让它持续进行，不害怕生命的变动。我们可以把这种经验用在自身面临的困难模式上，了解哪种感受是各个经验的核心，然后向它全然敞开，这就是迈向自由的行动。

找出需要被接纳的部分

听起来禅修好像非常复杂而忙碌，其实却很简单。一般原则就只是坐下，觉察生起的一切。若出现重复的模式，就扩展觉察的范围；接着了解有什么部分要求被接纳，这就是第三个原则。重复的模式会一直出现，是因为有某种程度的抗拒——厌恶、恐惧和批评把它们关在里面。这种紧缩是恐惧制造出来的，要释放它，就必须先承认有什么存在，然后问自己的心："我要如何接纳这个部分？"我希望它改变吗？我是否紧紧抓着自己想要克服或逃离的困难感受、信念和感觉？我是否有某些执著、某些恐惧？

我们必须探索，这种重复模式的哪个部分在要求接纳和慈悲，并自问："不论我的心向什么关闭，我能以爱接触它吗？"这并不是指解决或理解它，而只是单纯地问："想要被接纳的是什么？"在思想、情绪或感觉的困难模式中，不论它们有多么强烈，我们都必须敞开来感受它们在身体、心灵和心智的全部能量，也包括向我们对这种经验的反应敞开，注意生起的恐惧、厌恶和紧缩，然后全然接纳。只有如此，它才能得到释放。

在我早期的修行中，身为独身僧侣的我经常有性欲和性幻想。老师教我为它们命名，我做了，不过它们仍常常出现。我心想："要接纳它们吗？那它们就不可能停止。"不过我还是试了。经过几星期，这些思绪变得更为强烈。最后，我决定扩展我的觉察，看看还有什么别的感受。我惊讶地发现，几乎每一个生起的幻想都有一口寂寞的深井。它不全然是贪欲，而是寂寞，性欲的意念是寻求安慰和亲近的方法。但它们持续出现，我才注意到要让自己去感受寂寞是多么困难，我恨它，抗拒它。直到我接纳这种抗拒，以慈悲温柔地拥抱它时，它才开始消退。借由扩展注意力，我才知道自己大部分的性欲其实和贪欲没什么关系，当我接纳寂寞的感受，幻想的强迫性才逐渐减少。

打开核心

我谈到的接纳，基本上应该已经足够。疗愈、慈悲和解脱都是出于自由而开放的觉察。然而有时需要更仔细和被引导的专注，才能打开重复的模式和最深的纠结。这是处理固执访客的第四个原则，称为“打开核心”。身体和心智中坚持的种种模式，就像能量的结块，身体的紧缩、情绪、记忆和意象都在其中互相纠缠。这种方法要求仔细地把觉察力引导到结块的各个层面，深入整个模式的核心来感受。这样就能解除自己对它的认同，找到超越紧缩的开放与幸福。

要怎么做呢？我在性幻想中遇到寂寞的经验是很好的例子。虽然我为它命名，以关怀的心去感受它，但它仍时常出现，令我痛苦。从我有记忆以来，寂寞一直是痛苦的最深来源之一。我是双胞胎之一，有时我会想，我在母亲子宫里就找来一个弟弟，希望有同伴。进行我描述的这个方法时，最好从觉察身体开始。当寂寞持续生起时，我更仔细地注意它在身体的哪个部位——通常会集中在胃部。试着感觉其内所谓的四种物理元素：地（硬或软）、风（振动的各种模式或静止）、火（温度）、水（凝聚或流动），有时再加上颜色和质地。它是个坚硬的球体，中心有脉动，热而火红。接下来，我深入感觉所有交织其中的感受——恐惧、痛苦、难过、渴望和饥渴都出现了，伴随对这些状态的排斥感。我温柔地为每一个感受命名，然后感受到核心的火、痛苦和饥渴。我允许任何影像生起，于是出现一连串被遗弃和排斥的记忆与画面。这种影像常会打开童年的记忆，甚至前世的记忆（如果当事人愿意让它们出现）。当我觉得进入这个核心时，就问自己对它抱持什么信念和态度，其中的故事可能会像小孩一样说：“我有些地方不够好，有问题，我总是被排斥。”我就是认同这个信念及伴随它而来的感受，因此而紧缩。

随着各个层面在觉察中打开，痛苦会逐渐减轻，感受也会变弱，火会逐渐消退。当我继续感觉寂寞的核心，似乎会感觉到肚子里有一个原本被疼痛关闭的洞或空间，我轻柔地为这个核心的洞命名，感受它深刻的饥饿、渴望和空虚，然后尽量让它打开，而不再像多年来那样关闭它。这么做时，它会愈来愈大，也更为柔软，它四周的振动也变得非常细微，这个洞变成开放的空间，饥渴的特质改变了，虽然它是空的，却更像是清澈的空间。它逐渐充满我的身体，伴随着光和满足感，我充满自在感，以及深刻的满足和平静。安住于这个开放的空间，排斥和不足的观念都是完全没有必要的。我可以看到它所包含的一切（寂寞、痛苦、难过和排斥的想法），都是我长久以来基于恐惧和非常有限的自我感，而使身心紧缩的结果。我甚至可以在慈悲中看见使它产生的景象和条件。但现在我安住在宽广与整体之中，知道它不是真的，虽然寂寞的痛苦必然会再度出现于生活中，但我现在确知那不是真正的我。我已了解它的信念和紧缩是基于恐惧，而它背后是真正的完整与幸福，这才是我们的真实本性。

再举个更简单的例子，有位男子参加我们长达三个月的内观禅修，在前六周发展出宁静而强大的禅定。突然间，他的肩膀痛起来，整个人变得迷惘、昏沉、无法专心。他来见我之前，已经被这个状况困扰数周。他描述重复的疼痛和昏沉后，我要他把注意力集中在身体感觉的核心。他闭上双眼，仔细觉察，开始描述疼痛核心的物理元素、感受和意象。突然间，他的表情改变了，回想起十六岁时一段鲜明的记忆。当时他在足球比赛中意外弄断一名男孩的手臂，他说："我冲去阻挡他时，觉得自己像个非常强壮的足球运动员，结果撞断他的手臂。接着我心中充满恐惧、难过和后悔。我变得害怕自己的力量。"我问："这和你的禅修有什么关系？"他产生震撼的体会："就在我开始觉得自己拥有最强而有力的禅修时，肩膀就开始痛，变得模糊而迟钝。我缩了起来。我想我下意识地害怕这种新的力量，担心会再造成伤害。"

就在他看清这份恐惧并感受到它的深度时，肩痛马上减轻了，他的心也变得清明，初步的信心取代了害怕、困惑和昏沉。他再度平静而专注地禅修，现在他能留在过程之中，并感到自在。当我们了解了释放困难的模式，意识会变得清明，禅修也更为自然而顺利，而联结上自己的真实本性。

当觉察力真正探究我们的紧缩时，我们会开放自己。在每一个紧缩的部位背后，都会发现自在与空间。这个空间在身体上是一种不断打开的感觉，直到身体的坚实感完全消融，这个空间在心中是打开慈悲的接纳，在心智上是清明的觉察空间，可以容纳一切。我们在这个空间里找到自己的真实本性。

当我们不再紧缩，身心的空间自然会充满各种特质，反映出它的完整。我们会经验到幸福、喜悦、清明、智慧和自信，这些是清明意识的珍贵特质。每当我们打开自己，超越紧缩和害怕的状态，就会达到这种境界。我们遇到的这些特质能让我们原本拥有的部分变得完满，因此足球运动员从害怕中发现信心，而我的寂寞则释放出自己追寻已久的完整与满足。荣格（Carl Jung）深知这一点，他告诉匿名戒酒会的创办人，他们在酒精（spirits）里追求的，其实是具有真正疗愈力的灵性（spirit），灵性才是我们的家。

我们可以在开放的过程中，看到自己不知有多少次误以为对渺小的认同和恐惧就是我们的真实本性，并看见这种观点的局限。我们可以用极大的慈悲碰触狭隘的认同所造成的痛苦，而我们和其他人都在世上制造着这种认同。从宇宙和永恒的开放观点，我们能以佛陀的慈悲双眼与认识之心，看见生与死的人性之舞。我们可以看到认同的过程如何带领我们走过一生，直到觉醒为止。

人类所渴望的，不可能在紧缩的状态、匮乏的心和渺小自我挣扎的层次中找到。然而，灵性修行为我们提供认同感的深层转换，通过觉察，我们将学会如何将自己从渴求、恐惧和冲动的认同中释放，发现生命当中的圆满、幸福、自由与自然的流动。

灵性修行的这个层次是探索与发现的革命性过程，重复出现的困难能带领我们达到新的开启。正是我们所背负的冲突和痛苦，带领我们到达新的自由层次。每个困境都有需要学习的功课，能够带领我们走到属于自己的特殊觉醒，只要我们愿意走入生命的核心。

请记住，面对自己不断出现的模式和探索自我的认同感，都是深层的工作，通常需要老师或指导者的协助。后面有几章会谈到如何寻找老师及如何从他身上获益。

五个有益的方法

> 此生是一场测试，只是一场测试。
> 如果是真正的生命，你会得到更多
> 指示，说明你要去何处、做何事。
> 记住，此生只是一场测试。

让我们用同样的探索、发现精神，进一步探讨传统佛教修行所教导的五种处理困难经验的原则。通过有自觉地重复、探索它们，解开与它们之间的纠缠。这五种方法从最基本的放下开始，到更有活力而具挑战性的方法。

放下

放下是第一个，也是最基本的原则。困难出现时，我们所能做的，只是单纯地放下它们。请注意！这件事说来容易，做起来难。我们常发现自己过于执著而陷入故事或感受中，以致无法放下。我们有时可能是因为不喜欢某件事，才试着“放下”，但这不是放下，而是厌恶。在灵性修行的早期阶段，我们试着放下的许多困境就是出于这种误导，但这其实是批评和逃避。

只有在心智平衡而有慈悲心时，才能真正放下。随着禅修技巧的进步，便可能在某些困境一发生时就放下。这种放下并不带有反感，而是经过指导的选择：丢弃某种心态，在下一刻平静而更有技巧地集中注意力。放下是通过练习而产生的，平静的能力增长时，就有放下的能力。这种能力只能培养，无法强迫。

无法放下时，可以把上述方法修改成较温和的版本，叫做“顺其自然”。无论出现任何情况，不管是疼痛、害怕还是挣扎，虽然没有放下，但要觉察，任它来去，顺其自然。还记得披头士的歌吗？“一定会有答案，顺其自然，顺其自然。”“顺其自然”并不是要摆脱或逃避，而是单纯地释放。允许眼前的一切生起和消失，就像大海的波浪。如果想哭，就哭；如果感到悲伤或生气，就顺其自然地悲伤或愤怒。这就是各种形式的佛陀，有太阳佛、月亮佛、快乐佛、悲伤佛。宇宙提供一切，使我们觉醒和敞开我们的心。几年前，我看到一张禅修和瑜伽课程的广告海报上，非常美妙地传达出顺其自然的精神：一位白发长髯的著名印度上师，以瑜伽所谓的树式，优美而平衡地单脚站立，身上只系了一条腰布。最令人讶异的是，他以这种姿势平衡地站在冲浪板上，在巨浪上航行。海报下方写着一行醒目的字：“你无法平息海浪，但可以学会冲浪。”同样地，我们可以迎接生命的矛盾，然后放下它们或让它们顺其自然。

转化能量

然而，放下或顺其自然有时实在太困难。也许你曾试着接受某些困难，允许它存在，甚至试着深入感受它，却仍陷在挣扎之中。对于一再出现的困难，还有其他方法可以选择，其中一种就是转化能量，把困难的能量转化成有用的感受和行动，这可以通过内在或外在的方式做到。例如，当我们要处理深藏在身心中的暴怒和攻击力量时，这些力量有时会变得非常强大；外在的转化方式就是用这种愤怒来砍柴，释放这种力量，有技巧地重新引导它，以它的力量为冬天作准备，通过身体的运动转化其力量，达到有创造力或有益的目的。在转化中，我们释放它、清楚地看见它，也学会在直接表达它的过程中获益。在美国文化中，许多人非常需要学习表达自己，因为他们长期被教导要压抑情绪，因此不敢表达。如果我们一生都害怕愤怒，就需要探索、体验它——不是要伤害或损害别人，而是要转化它的能量。处理其他困难也是如此，我们可以开始让它们表达出来，然后找到方法使它们成为有用的力量。

转化也可以是内在的。举一个内在转化的例子，比如冲动的性欲，重复而强大的欲望是如此强烈地生起，因此无法保持专注的觉察。内在的转化方式就是以身体感觉这个能量，把它从生殖器官移转到我们的心。我们可以通过内在的专注引导这个能量，直到觉得它与我们的心联结在一起，而不是只留在性器官而已。如同我们能运用愤怒来砍柴，也能运用欲望的力量，它其实是想要联结的欲望，然后把它的能量从执著的层面转到爱的层面。因此，当我们表现性欲时，是联结到爱，而不是恐惧、强迫和需求。

搁置一旁

第三个处理困难的传统方法叫做“搁置一旁”，意思是暂时压抑它们。有自觉地压抑是有价值的。处理困难有好的时机，也有不好的时机；有适当的场合也有不适当的场合。例如一位外科医生周末在家待命，当她和先生大吵一架后，呼叫器突然响起，她必须赶到医院，于是上车赶到医院，立刻洗手消毒、穿上手术衣，准备进行手术。这不是在心中继续和先生争论的好时机，最好把吵架的事放到一旁，专心动手术。

虽然这是非常极端的例子，但许多时候我们会发现和家人、孩子、所爱的人或同侪所处的情境，并不是面对困难最恰当或安全的时机。为内在工作寻找合适的时间和地点很重要。了解自己可以把困难搁置一旁会非常有帮助。我们不需仓促面对困难，也无须在每种情况下都这么做。因为就自然的本质而言，一定会有适合的地方让心灵和心智成长。

不可避免的，灵性旅程总有已经难以承受压力、无法顺利处理困难的时候。我们也许正遇到生活危机，周围都是冷漠的人或缺乏适当的支持，也可能只是太累了。这是需要暂时搁置困难的时候，等待更适当的时机再来处理。我们在这个练习中，有意识地把困难放到一旁，知道自己稍后必须全力处理。重要的是尊重自己的脆弱，体认每个人都需要在可信赖的情境下处理内心最深处的感受。身为受过创伤的人，我们都在许多困难中制造了防卫装置，而开启的钥匙就是信赖与爱。我们无法打倒困难，但可以使它们消融、开放。

觉察与想象的行动

我们总是在冲动一出现时，就立刻付诸行动。要在灵性修行中处理这一点，就必须学习以专注的觉察来行动，视之为真止有用的方法。若没有觉察，就只会强化已被制约的习性和欲望，让自己困在它们的模式中，把潜意识的力量交给贪婪和愤怒；如果有了觉察，行动就可以引导我们走向自由。

第四个处理困难的有用方法就是“在想象中行动”的练习。假设我们面临极大的恐惧、欲望、怀疑和攻击，在这个练习中，就要在想象中表现它、夸大它。以欲望为例，我们可以想象自己把欲望实现到极致，在每一种变化中一次又一次地体验，可以高达上百或上千次。我们去感觉它、想象它、描绘它，不过是以觉察的态度去做，因此并不会强化它。假如我们遇到攻击，可以想象自己去咬那个人、踢他或任何做法。这个练习让我们看见内在的能量，好像在说：“让我看看这个欲望到底有多强，这个愤怒的心到底有多大。”想象这些困难的问题，尽全力感受它们。这样做时，就会发现我们能容纳这些力量，与之建立关系，于是不再受制于它们。我们能够开始客观地看待它们——“这痛”、“这害怕”、“这渴求”，凡是人都共有这些部分。

这种内在注意的力量是非常惊人的。借由想象和观想内在的困难，使我们能再次处理过去的创伤、挣扎和冲突。我们在意识中容纳它们，用身体感觉它们，最后就能让自己感受到这些能量的全部作用。这样做时，我们的意识就会敞开，不再只是认同整个图像的一小部分，而能看见其他面向。我们会从其他人的角度、生命其他阶段的角度来看。对内在冲突、困难和欲望的积极想象，会产生深入的疗愈。当我们能想象、全然接受它们，也就能看到它们的限制，我们的意识也就能达到更深的自由。

有位男士面临强烈而不断重复的愤怒和挫折感，多年来他也用这个练习来处理。我鼓励他观想愤怒有多大，他说像炸弹爆炸，接着又形容像原子弹爆炸。我引导他让愤怒尽量敞开，他说愤怒大到使整个宇宙都燃烧起来。整个宇宙变得阴暗、死寂，充满灰烬。他内在生出强烈的恐惧，觉得长久以来，自己大部分的生命已经死了；现在死寂感更强，好像他的生命永远都是这样。我建议他让死寂和灰烬永远充满宇宙，看看会发生什么事。他坐了一会儿，想象这种情况持续了一千万年、五千万年、五亿年。

出乎他意料，远方出现一道绿光，吓了他一跳，因此他想象死寂又持续了一亿年，最后绿光强烈得让他无法忽视。原来那是个正在诞生的星球，有海洋、绿色植物和小孩。看着这景象，他了解到不管多大的痛苦，也会有结束的时候。他终于不再受制于长久的愤怒和挫折，新生也于焉开始。

印度诗人迦利布（Ghalib）写道：

> 对雨滴而言，喜悦是进入河流……
>
> 在悲伤中旅行够远，泪水会化为叹息，

大雨之后，乌云就会散去，

哭泣的人，最后岂不都会流完泪水吗？

我们能通过观想探索自己的困难，也能通过观想唤起每个人心中都有的普世智慧和慈悲的巨大力量。佛教许多关于禅定和密续进阶修行方法，就是根据这个原则。我们可以用这些方法在内心体现伟大的觉醒者，例如佛陀、耶稣，或是观想我们心中的慈悲能扩及所有生命。在心中运用巧妙的观想法，就能开始有力的转化。

在觉察中演出

处理困难的第五个有用方法，叫做“在觉察中演出”。让我们面对它，反正我们本来就会表达出大部分欲望。在这个方法中，我们接受任何重复出现的困难，实现它，并彻底觉察过程中发生的事。这个练习有两个限制：第一是绝对不能真的伤害自己或任何生命，第二是必须带着觉察来做。因此，如果它是欲望，我们就实现它，在整个过程中都以非常细腻的专注来观察。如果是需要被表达的东西，就表达出来，在进行时观察自己的注意力、心态、身体的感受、心的紧缩或开放。我们观察整个过程，让经验、身体的感受及结果教导我们，那正是觉醒的所在。请记住，无论如何，不能在过程中伤害自己或任何生命。

第一步是夸大我们的困难。阿姜查在泰国指导一个经常生气的学生，在炎热的夏日把自己关在狭小的铁皮屋里，然后裹在冬天的袍子里继续生气，彻底感受生气的感觉。

在觉察中演出还有另一种做法。我在印度学习时，遇到一位非常爱吃甜食的老师，他只爱吃印度炸鲜奶球。这种甜食非常甜，果仁蜜饼（baklava）和它相比，就好像干土司一样没味道。他用内在训练和禅修都无法克服，便决定以演出的方式来处理。有一天，他到市场买了三十卢比的炸鲜奶球，看起来就像泡在糖浆大海的甜点山。他坐下来，在觉察中尽可能地吃，注意过程中的经验。他看见咬下第一口时，欲望终止那一刻的平静。他感觉到欲望带来的痛苦、甜味带来的快乐，以及持续吃同一种欲望对象时（堆积如山的炸鲜奶球）快乐变成压力。最后，他再也不会被这种不可抑制的欲望控制了。

这是一种进阶修炼，这种方法并不是要我们一再大吃大喝或把冲动演出来，而是真正活在当下，在我们对发生的一切都能诚实清醒地观看时，练习一次，从第一个动作学习到最后的结果。

如你所见，有很多种处理困难的方法，每一种都是从潜意识转变为开放注意的过程。我们可以研究它们，也可以只是放下；可以转化它们，学习使这些能量成为修行中有用的部分。若我们无法这样做，可以先放在一旁，等找到安全和支持的环境时，再处理它们。此外，我们可以在想象中夸大它们，加以化解，也可以在觉察中演出。这些方法都是为了使我们的修行不断成长、真诚而有活力。

有人问印度圣人罗摩克里希那（Ramakrishna），为什么这个世界会有邪恶，他回答："为了让情节错综复杂。"这些让情节错综复杂的东西，常常就是最困难、最固执的部分，能够引导我们敞开自己的身体、心灵与心智。我们会借此发现，这些本来就是我们真正的身份。在整个人生中，我们可以在自我紧缩而产生的所有眼泪、痛苦、恐惧和愤怒之下，找到自由、喜悦和自在。

第9章　灵性的云霄飞车：拙火与其他副作用

光或异象的炫目效果，狂喜和能量的强烈释放，都是美妙的标志，表示旧有微小生命和身心结构的崩解，但它们不能产生智慧。

我们要如何理解伟大神秘传统的文献所叙述的许多惊人而奇特的灵性经验呢？现代人还有这些经验吗？这些经验有什么价值？前几章谈到平常意识状态里的身体能量、情绪和思考模式，当它们被释放时，会产生崭新层次的平静和清明；继续修行下去，整个意识状态有时会发生改变。通过更有系统的灵性修行，会产生强而有力的身体、心灵、心智的超常状态。本章想描述这些难以形容的经验，并视之为修行道路的一部分而加以探讨。

对待超常意识状态的态度

在了解不寻常的意识状态前，必须先了解各种灵性传统对意识转化和解放的价值，抱持着两种迥异的观点。某些灵性道路坚持我们必须达到深入的超常意识状态，才能发现生命的“超越”视野，开启超越身心的层次，了解自由的神圣滋味。这些学派认为需要走上山巅，要有宇宙性的视野，要超越渺小的自我，要有开悟的体验。许多传统专注于这种奇幻、超越的经验，禅宗的临济宗便强调有力的公案参悟和严格的闭关禅修，以突破日常意识，产生“悟”和“见性”的经验，这是深度觉醒的时刻。内观禅修也有一些学派，运用强而有力的专注技巧和长时间的密集禅修引导学生觉醒，超越日常意识。胜王瑜伽（raja yoga）和拙火瑜伽（kundalini yoga）、某些巫术修行与基督教密集祈祷的“黑暗之夜”，也都遵循这种修行精神，运用重复、密集、疼痛、强力呼吸、缩小专注的焦点、公案、剥夺睡眠和观想等技术，帮助学生超越正常的意识。

然而，许多其他学派并不要求攀登超越之山，而是把山巅的精神带入生活当下的每一刻。他们的教导认为，解脱和超越必须在此时此刻被发现，如果不是在当下，还能在什么地方找到呢？“内在”学派的观点不是寻求超越，而是教导实相、开悟和神圣都必须在每一刻闪现，否则就不是真实的。

重视在“当下”觉醒的学派，会教导神圣和开悟是一直存在的，只是欲望和贪婪的心（包括想要超越的欲望），使我们无法体验这个实相。禅宗的曹洞宗就是如此教导，他们的方法是所谓“只管打坐”的禅法，这是一种深入的开启，面对此刻的真实。练习时，禅修者要放弃得到开悟的想法，或到达任何其他境界的念头。美国曹洞宗最伟大的禅师之一铃木禅师（Suzuki Roshi）的教导中，从未提到开悟，他妻子开玩笑说那是因为他从未开悟。在曹洞宗的传统中，所有超常知觉和异象都被称为“魔障”（makyo）或错觉，而予以忽视。许多内观禅修大师也抱持类似观点，对他们而言，超常状态只是另一种经验，也是无常的现象，或如阿姜查所言：“只是另一个需要放下的东西。”吠檀多（Advaita Vedanta）哲学、克里希那穆提（Krishnamurti）、业瑜伽（karma yoga）、为神服务之道，都跟随这种道路。

内在和超越的道路都是伟大之道的表现，各自的修行方式都能引导人达到深入的放下和真正的自由。对追求灵性修行的你们来说，若以虔诚的态度修持，大部分人都会在某个时刻分别经验到这两种面向，两者各有价值，也各有危险。

超越状态的价值是能为我们的生活带来极大的鼓励和美妙的愿景，使我们强烈地看见实相，超越日常的意识，并引导我们根据这个最高真理来生活。这种经验有时具有深刻的疗愈力和转化作用，但带来的危险和误用的情况也很大。我们会因为有这种经验而觉得自己很特别，很容易执著；而戏剧化的经验、身体的感觉、狂喜和异象都可能造成上瘾，反而增加生活中的渴求和痛苦。所有危险中最普遍的就是认为这种经验可以彻底转化我们，以为从“开悟”或超越的片刻开始，我们的生命就会彻底改善。这是一种迷思，很少是真的，而执著这些经验却很容易导致自满、骄傲和自欺。

内在练习的价值在于强而有力的整合方式，让灵性在当下实现，使整个生活充满神圣感。内在练习的危险包括妄想和自满，我们很容易认为自己“活在当下”,其实只是处于半睡眠状态,仍遵循舒适的旧习。最初充满爱与光的感觉可能会变成一切都已神圣或完美的借口，促使我们掩饰任何冲突和困难。有些学生就这样修行了很久，却得不到什么真正的智慧，困在其中而不自知。他们也许感到非常平静，但生活并未转化。他们可能根本不曾完成灵性旅程，也没有在这个世界找到真正的解脱。

了解关于超常状态的两种观点后，接下来让我们检视一些可能出现的超常状态，并思考如何妥善处理。必须牢牢记住这一点：由于我们平常的意识并不了解本章和下一章讨论的心智、情绪和灵性范畴，因此我们在这个领域航行时，必须要有老师和向导，以及适当的支持，好让我们保持平衡，这点非常重要。若要到喜马拉雅山旅行，就一定要有熟悉道路的向导。

常见的超常状态

当我们开始灵性修行时，会和身体各处的疼痛，还有多年来锻炼出的盔甲抗争，会面临情绪风暴，也会遇到五种接连出现的常见障碍。但随着持续的灵性修行，对自己最深的困难愈来愈熟悉和慈悲时，即使是因为硬撑和恐惧而有的最根深蒂固的模式，也会渐渐失去掌控我们的力量。不论哪一种修行方式，都可以发展出平静和稳定的精神。

这种平静并不是修行的终点，而只是起点。心灵和心智的集中和稳定，是通往其他经验世界的入口。通过持续的禅修或祈祷，深入而持续的瑜伽和专注练习，或是特别的呼吸训练（有时通过其他极端的状况，比如身体的意外伤害或服用迷幻药），我们会发现自己强烈地活在当下，注意力完全不受干扰。在这种前所未有的全然专注中，我们的意识确实会转移，进入特别而全新的知觉世界。

狂喜

在灵性修行中，每当强而有力的专注和能量被引发时，就可能开始出现各式各样崭新而刺激的感官经验。并不是每个人都有这种经验，而它对灵性的发展也不是必要的。这些崭新的状态比较像禅修的副作用，我们愈了解它们，就愈不会陷入其中，也不会误以为这些经验就是灵性生活的目标。

大部分人会先出现一连串超乎寻常的身体知觉，佛教经典大多把这些知觉归类为副作用，称为“五种深层的狂喜”。在这种脉络里，“狂喜”是个广义的名词，可含括深度专注时打开的各种知觉，如各种凉意、晃动、光明、漂浮、振动、愉快等，这些知觉也会为禅修带来极大的快乐。

狂喜常见于密集的禅修或灵性修行，也可能被强烈的仪式或能力强大的老师所激发。有时，狂喜会始于全身细微的凉意或愉悦的振动。

通过专注或其他修行技巧，巨大的能量会在体内累积。这种能量流动时，会产生快乐的感觉；遇到紧绷或硬撑的部位，能量会增强，然后以振动或摇动释放出来。因此，狂喜可能导致颤抖或身体能量强烈的自发性释放，瑜伽传统称之为克里亚斯（Kriyas）。这些自发性动作有许多形态：有时是单一的不自主动作，伴随体内结块或紧绷的释放；有时是长期而剧烈的动作，可持续数天。

在长达一年的密集禅修训练初期，我体验到一种非常强烈的能量释放状态，我的头开始来回摇动数小时之久，几天后，我的双臂开始像鸟的翅膀般不由自主地拍打。我试着停下，却做不到。如果我完全放松，手臂就会持续拍动，如此持续了几天。我请教老师，他问我是否保持全然的觉察，我说："当然。"但他说："你并没有真的觉察，要更仔细地观看，你会看见自己不喜欢这样，你隐约中想要它消失。"我发现他说对了。他说："单纯地回去观察它。"接下来两天，动作逐渐平息，我坐着感觉手臂的抽动，带来数小时深度的放松。

这种自发性的身体释放，既不是开悟，也没有害处，只是修行中产生的能量遇到阻碍和紧绷而无法流动时造成的现象。那是身体开放过程的一部分，在第四章曾谈过。这些自发性动作出现时，我们才会开始重视硬撑所造成的身体伤害有多深。许多学生在灵性修行数月或数年之后，会出现身体的释放和开启。遇到这些动作时，最好的方法就是放松，尤其是放松背部和尾椎。若只是中等强度的释放，最好是试着放松，但同时保持身体不动，让能量在体内开启新的通道，而不只是用动作来释放能量。这对较强烈的释放就没用，但还是可以缓和能量的累积和流动。当我们专注时，身体系统的能量会遵循使自己开放而平衡的自然过程，我们会感觉到热度、跳动和振动如何自发地通过脊椎，打开堵住的能量通道，然后散发到体内每一条神经和每一个细胞。我们会发现有些最深层的疗愈和身体工作，会发生在静坐着禅修之时。但要记住，这可能是一段很长的历程，所以要对自己的身体有耐性。

除了克里亚斯和自发性动作之外，还可能出现许多其他种类的狂喜，包括愉悦的全身颤抖、麻痒、刺痛、愉快的波动、喜悦的闪光等。到达某些阶段时，有的人会觉得皮肤在振动，或者像蚂蚁或小虫在全身爬行，或如同被针灸的针刺到一样。在其他阶段，有人会觉得很热，好像脊椎起火了。有些西藏瑜伽修行者将这种状态培养到极纯熟的境界，甚至能将他们周围的雪融化一圈。这种热的感觉可能会与冷的感觉交替出现，刚开始有一点寒意，后来就转为强烈的狂喜，伴随很深的寒冷感觉。这种温度变化的经验有时非常真实而强烈，以至于在大热天里冷得发抖。

除了这些动态的狂喜感觉,也可能看到彩色的光。起初是各种蓝光、绿光和紫光，当专注力愈来愈强时，就会出现金光和白光。最后，许多学生都会看到非常强烈的白光，仿佛看着迎面而来的火车头灯，或是整个天空像被闪耀的太阳照亮。不同色彩的光常与特定的状态一同出现，如绿光与慈悲、红光与爱、蓝光与智慧。某些学派专门讨论这些内在的颜色，虽然他们的解释不完全一致，却一致同意看见色彩是意识深入而纯粹的开放所产生的效果。

在更深入的专注境界中，我们会觉得整个身体在光中消融。我们也许会觉得麻痒和振动是如此细微，因而觉得自己只是光在空间中的形态，或是觉得自己在强光的色彩中消失。这些光和感觉是专注力的强烈作用，令人觉得净化和开启，并能向我们显示在某种层次上，身心和整个意识都是由光所组成的。

除了这些光和力量的形式，还会出现一连串不寻常的感官知觉，大部分都与传统所说的四种物质元素的改变有关。身体感官界的四种元素是地（硬和软）、风（振动）、火（温度）、水（黏性）。我们可能觉得自己变得像石头般沉重、坚硬和坚实，或是觉得自己被重物或轮子挤压。我们也许会失去重量感，觉得自己在飘浮，因此必须张开眼睛偷看，好确定自己仍坐着禅修。经行也有类似的经验，当你十分专注地行走时，整个房间会开始摇晃，好像置身于暴风雨中的船上，或者踏地时觉得好像醉酒一样。有时觉得每件事物都开始发亮，我们似乎能穿过地板或墙壁。我们的视觉会旋转，在四周制造奇异的图案和色彩。身体的形状也许会变化，温度、坚硬度和振动也可能一起改变，同时出现热、融化、流动的感觉。

身体可能会伸展得非常长或变得极短，有时会觉得头移位到了身体之外，或经验到奇怪的呼吸节奏，身体的每个细胞都在呼吸，或是通过脚跟在呼吸。在修行中，还可能出现一百种各式各样不同于平常的身体知觉。

同样地，其他感官也会开启新的经验。听力可能变得很敏锐，听见从未听过的最细微的声音，或是听见内在的声响，比如铃声、曲调或合唱的声音。有时是清晰的说话声，或者特殊的教诲。味觉和嗅觉也会以我们从未经历过的方式开启。有天早晨，我外出化缘，我的鼻子变得像嗅觉最敏锐的狗一样，当我走在小村庄的街上，每两步就闻到不同的味道：洗东西的味道，花园肥料的味道，建筑物上新油漆的味道，中国商店里木炭燃烧的味道，下个窗口煮食的味道。走过这个世界时，能体验到嗅觉的所有可能性，实在是非常特别的经验。同样地，我们的视觉、听觉、味觉及触觉，也都能达到极度敏锐的崭新境界。

深层专注也能带来各种视觉和幻觉经验！如洪水涌来的回忆、前世的影像、异国的风景、天堂与地狱的图像、各种伟大原型的能量，都会在眼前出现。我们会觉得自己好像其他生物，在另一种身体里，在不同的时代与世界。我们会看见和遇到各种动物、天使、魔鬼与神祇。这些景象以极迷人的形式出现时，会真实到有如日常的现实。虽然这些景象常是自然发生的，但也能通过特别的禅定练习来培养，作为唤起特殊领域有益能量的方法。

除了视觉、听觉、身体感官的开启，我们还会经历到最强烈的情绪释放，从悲伤、绝望到愉悦和狂喜，都有可能。我们让自己跳入潜意识的各种情绪时，禅修可能有如情绪的云霄飞车，常常出现生动而深邃的梦境和各式各样的恐惧，这些不只是个人问题的情绪，而是整个情绪主体的开启。你可能会感觉到飞扬的愉快和孤独、寂寞的黑暗，当它充塞了我们的意识时，每一种感受都非常真实。我们释放这些能量时，需要技巧熟练的老师当向导，帮助我们以平衡感经历这些状态。

脉轮

借由打开身体的能量中心，我们也许会经历极大的改变，传统上将这些能量中心称为脉轮。这个过程并不会发生在每个人身上，也绝不是完整灵性生活的要素。事实上，身体能量和脉轮的开启，只是因为这些部位被阻塞或卡住，而内在能量试图在体内自由流动，才会产生这些经验。佛教与印度教传统的瑜伽修行有时会刻意制造和引导这些经验,不过能量的开启通常是自发的。以下介绍一些体验脉轮的方法。

第一脉轮在脊椎底部，与安全感和稳定感的能量有关。禅修时，我们可以通过骨盆底部的强烈感觉来体验它。它开启时，会带来强烈的身体释放，常引发各种与防护和求生有关的感受和影像。这些影像和恐惧可能使我们重新重视自己的身体与人世生活，或者相反——害怕死亡、失控、失去我们执著的事物。我们会在此身此地经验到回家的感觉，并学会安住在生命的真正安全感之中。

第二脉轮在第一脉轮之上，位于生殖器部位，它的能量常使我们向性欲、繁殖和生育方面开放。当释放性欲的能量在这个中心开启时，我们可能会涌出性的影像和感觉，持续数小时、数天，甚至数周。对某些人而言，这是很愉快的经验；但对某些经历过性虐待或有痛苦性经验的人，就需要勇敢面对这些可怕而有破坏性的能量。

第二脉轮会产生各种性交的影像，伴随肉欲与狂喜的强大浪潮。有位女子在最近一次密集禅修中开启这个脉轮，一开始是长达数小时的强烈情欲和高潮的振动，接着看见各个世界中人与动物交媾的景象。对她而言，树与天空好像在交配，当她打坐时，感到整个世界在她的阴道激烈地进出。这种情形一开始非常强烈，但几天后，她渐渐放松下来，让这个过程进入敏锐而平静的状态，充满与万物结合的细腻感受。这个脉轮使我们与世界的无穷生殖能力联结。

第三脉轮位于太阳神经丛，常与意志和权力有关，它的开启可能会先出现紧张、恐惧、疼痛、紧绷、收缩或呼吸困难的经验。我们会再度经验过去硬撑而未表现的行为，或是因恐惧而屏住呼吸的情形。这个脉轮开启时，愤怒和挫折会倾泻而出，有可能造成能量大量释出。我们会感觉到生命固有的巨大力量，呼吸和行动会表现出新的清晰感与自发性。

第四脉轮位于心脏，可以在身体与情绪两个层面打开。身体层面一开始会感到疼痛，心脏周围仿佛被紧绷的带子绑紧，这是硬撑多年的结果。许多学生谈到心脏开启的感觉仿佛心脏病发作，怀疑自己是否需要救护车。心脏的情绪闸门打开时，会有深刻的悲伤、慈悲的流露，接着可能是大笑和愉悦。爱、联结、寂寞的议题，以及心灵的重大模式都会浮现，最后甜蜜和爱会充满我们的生命。心的开启速度可能慢，也可能快，慢时有如一次打开一片花瓣，快时会伴随各种感受的爆发。最后，心会以爱和慈悲环抱整个宇宙，成为推动所有事物的中心。

第五脉轮又称为喉轮，常与创造力有关。它开启时，起初会出现所有曾被压抑的影像和能量，以及一生中未曾说出的话或未被看重的事。在身体层面，喉轮的开启会伴随持续数小时或数天的吞咽动作和咳嗽，或出现自发性的声音。这个中心开启时，我们会找到自己想说的话和真正的声音，了解什么是拥有顺畅的管道，以表现创造的冲动。

第六脉轮在双眼之间，与异象和理解力有关。这个脉轮开启时，我们会再次感到身体的疼痛、烧灼、眼睛周围的紧绷、光线，甚至暂时失明。可能会出现异象，体验到强烈的清晰感或开启灵通的能力。

我们会看见色彩、灵气、脉轮及围绕在我们四周的微细生命能量。这个脉轮净化时，思绪会停止，可能会失去判断力，不知道自己是谁，或是不知道自己的人生方向和角色。在这心智澄明的空间中，我们也许能看见别人的想法，或是对自己和周遭世界有深刻的直觉与了解，仿佛彻底打开了另一种感官。

第七脉轮也称为顶轮，位于头顶中心。随着它的开启，我们会觉得头顶出现了一个开口，一开始可能感觉到压力和紧绷，会觉得头晕，但稍后就能安住在清明的意识中。能量会在头部灌入或涌出，而出现深度的核心感、幸福感，以及与整个世界的联结感。也许会感觉有强烈的光明倾注到这个脉轮，或觉得头顶好像曼陀罗或位于世界中心的多瓣莲花。从这中心望去，生命中每件事物都处于和谐之中。

除了这些主要的脉轮，随着灵性历程的进行，身体还有其他通道和次要的能量中心会被打开。脉轮的开启和能量的释放虽然有基本的模式，但也可能以许多不同的方式发生。所有伟大的灵性传统都会描述身体脉轮的开启和能量的释放——犹太教的神秘教派卡巴拉教派(Kabbalah)，苏菲教派的苦行僧传统，基督教的神秘主义传统，以及佛教的修行手册。最完整描述能量释放的是印度拙火瑜伽的教导，拙火就是灵性能量或意识，会推动和照亮整个生命，也特别指脊椎和脉轮中的强烈能量释放，以及我们谈过的所有体内的微细通道。

这些过程可能发生在几小时、几星期或几个月之中，对许多学生来说，这是会持续数年的过程。它们都是深层灵性修行中自然产生的开启和净化的一部分。

处理能量与情绪开启的好方法

这些能量、视觉和情绪的开启，会引发强烈的反应，包括困惑、害怕、自我膨胀和执著。当它们出现时，我们需要特定灵修方法的协助，借助其中累积的智慧、传统和实修，最重要的是有一位亲自接触你且了解这些超自然面向的老师。我们必须找到某位可信赖的人，仰仗他或她的技巧与指导。

所有经验都是副作用

纵使有了老师，还是要牢记三个原则，以处理我们不熟悉的灵性领域。第一个原则是了解“所有灵性现象都是副作用”。在佛教传统中，佛陀经常提醒学生，他教导的目的不是累积特别的善行和善业，也不是狂喜、洞识或极乐，只是确认心的释放——生命在任何世界中的真正解脱。这种自由和觉醒是每一条真诚灵性道路的唯一目的。

光或异象的炫目效果，狂喜和能量的强烈释放，都是美妙的标志，表示旧有微小生命和身心结构的崩解，但它们不能产生智慧。有些人有这样的经验，却没有什么学习。即使是心的伟大开启、拙火的历程和异象，都可能变成灵性的骄傲或陈旧的记忆。好比濒死经验或车祸，有些人会因此产生巨大的改变，有些人却在不久后又回到旧有的狭隘习惯。灵性经验本身并不重要，重要的是我们在过程中的整合与学习。

“不寻常的经验”可能会在灵性旅程中制造障碍，变成重复出现的困难和陷阱。我们对它们的反应甚至可能使我们的禅修堕落——我们也许贪求这些经验，或想重复和占有它们，然后认为自己已经开悟，这就是所谓“最后一名的安慰奖”；我们也可能发现它们造成困扰而推开它们。这些态度全都是陷阱。

有位禅修学生在印度修行，在长达数年艰辛而密集的修行之后，终于使身体达到显著的开启。每次坐下，他的身体就会消融在狂喜与光明的颤动中，接着心智会开启且平静，他非常高兴。但后来家人紧急通知他回英国几个月，他迫不及待想重返印度，但真的回到印度时，却发现身心太紧绷而阻塞，充满紧缩、疼痛和失落。因此他接受了一连串密集禅修，试图重新得到光明与狂喜的身体，却无法成功。几星期、几个月过去，他的挫折感与懊悔与日俱增，早知道当初就不要离开印度！他试着更努力地净化自己，就这样持续挣扎了两年，直到有一天，他突然明白：两年来，他与障碍、挫折和困难的抗争，其实是他想重复过去经验的结果。他执著旧有的境界，拒绝现状，因此整个人都被卡住。当他了解这点而接受现状，整个修行就完全转变了。他开始接受自己的紧张和疼痛，出现了一种宽阔的平静，禅修因而再度进入新的境界。

找到刹车

处理这些状况的第二个原则可以称为“找到刹车”。有时，在密集的灵性训练中，或是在极端意外的情况下，强大的超常状态和能量过程会开启得太快，因而无法有技巧地处理它们。这时，能量的强度、经验的程度和释放的层面都远超过我们的能力，无法以平衡或智慧的方法来处理或保有它们。即使有老师和自己的内在力量，我们仍须体认其限度，以慈悲心明智地回应。此时，我们必须找到减缓这个过程的方法，稳住自己，踩下刹车。我们可以运用灵性的技巧和修行使自己慢下来，就如同用其他修行开启自己一样。

学习者的开启过程过于快速时，可能会出现激烈的内在能量开启。由于通过身体的能量过于强烈，造成数天到数周的强烈不安、失眠、偏执、混乱，甚至出现痛苦的声音、灼热的温度或短暂失明之类的身体经验［不相信灵性历程可以影响物质身体的人，应该研读各种相关现象的文献，如《圣痕》（*stigmata*）的记载］。进一步的问题是丧失界限，自我和他人的感觉消融，甚至能感觉别人的感受，交通工具的移动被体验成发生在自己体内，这时很难在混乱的日常生活中找到一致的自我感。这是非常脆弱、失控、身体开启的经验，我们有被撕裂的危险。内在某些强烈的部分过度增长，而与日常意识分裂时，会伴随另一种问题，可能会出现幻听、无法停止的幻象、幻觉，而过去有“精神病”

经验的人，精神症状可能会复发。

我曾教过一位参加过三个月密集禅修的学生，他是非常热衷空手道的年轻人，寻求极端强烈的灵性经验。禅修时，他决定不遵循指导，想以自己的方式尽快开悟。到了密集禅修的中间阶段，他坐下来发誓一天一夜不起身。前几个小时，他好像坐在热火和剧烈的疼痛中，就这样坐了一下午、整个晚上，直到次日清晨。一个人如果打坐得太久，疼痛和火热的感觉会过于强烈，而使意识脱离身体。许多较温和的方法也能达到“离体经验”，但发生在他身上的情形却非常突然。他继续静坐，开始经历各种超常状态。二十四小时后他起身时，充满爆炸性的能量。他大步跨进饭厅中央，里面坐着一百位安静的修行者，他开始大吼，以三倍速度演练空手道招式，整个房间都充满他爆发的能量。在静默中，他能感觉到四周许多人的恐惧，这些人在两个月的静默后都变得非常敏感。他一边移动，一边发出声音，他的能量大量涌入第三和第六脉轮，然后说：“当我看着你们每一个人，可以看见你许多前世的痕迹。”他正处于非常不同的意识状态，这是他迫使身体逼近极限所达到的状态，但他无法静静坐下或专注一会儿，反而非常害怕和激动，进入了一种狂躁的状态，好像暂时发疯了。

我们怎么处理他呢？既然他是运动员，我们就要他开始慢跑，请他每天早上和下午都跑十里，还改变他的饮食，虽然其他人都吃素，我们却让他吃肉块和汉堡，还让他泡热水澡和淋浴，叫他在花园中劳动，而且一直有至少一个人陪他。三天后，他才能再度入睡，接着我们让他缓慢而小心地开始禅坐。虽然他的经验可能是明显的灵性和通灵的开启，却不是以自然而平衡的方式引发，所以他无法整合这些经验。

需要踩下刹车以放慢强烈的能量过程，或是重新设定界限和返回平衡状态时，首先要停止禅修，然后把注意力集中在任何与身体有关、使你与身体重新联结的活动上——打太极拳、跑步和走路，自觉地让注意力贯穿全身，感觉你的双脚，看着脚下的土地。性高潮有时也有帮助，另外劳动、按摩、针灸和指压治疗也有助于恢复平衡。还可以改变饮食，吃粗食，如谷物和肉类，让身体稳定下来。或试着恢复正常的睡眠，方法有放松、服用有镇静作用的草药、泡澡，以及在一天疲累的身体活动（如远足、园艺）后接受按摩。这些方法最好都在支持性的环境下进行，身旁有人提供额外的稳定性与联结感。

几世纪前，伟大的白隐禅师（Hakuin）在《虎穴》一书中有段关于这类历程的著名描述。在多年的全心修行后，白隐禅师经历了深度的开悟，世上万物在其中都变得清澈而明亮；但继续修行时，却失去了和谐感，不论是活动或静止，他都无法自在和安定下来。他更用功修行，咬紧牙关想让自己从思绪的洪潮、干扰和失眠中解放出来，情况却更加恶化。他的嘴唇灼热，双腿冰冷，耳中是急流的声音；他大量流汗，不论用什么方法都无法让自己平静下来。求助许多当时著名的禅师无效之后，他听说有位智慧的年长道士居住在群山中，于是他爬上高山，坚定地恳求，直到道士了解他的困境和真诚而答应给他指点。隐士教给他两个方法，使他的内在能量得到稳定和平衡。第一个方法是将能量从顶轮往下带入腹部，利用腹部和特别的呼吸法，将能量稳固在体内；第二个方法是通过一连串平衡能量的运动，让能量在全身循环，这些方法在《虎穴》中都有详尽的说明。

所有时代和所有主要的灵修方法中，修行者都会遇上某些灵性经验中固有的困难。在每一种情形中，必须找到熟悉这个领域的人提供协助，因为这个过程可能会持续很久。当它们发生时，我们必须找到向导，而这个人必须碰触过自己的疯狂、悲伤和失去界限的感觉，才能逐步且无惧地引导我们回到自己的真实本性。

觉察生命之舞

处理超常状态的第三个原则就是“觉察生命之舞”。当这种经验出现时，禅修者的基本责任就是以全然的觉察向经验敞开，观察它，了解它，视之为人类生命之舞的一部分。

我们可能会被超常状态吓到，当它们出现时，会抗拒和评断："我的身体正在消融。""我全身都在刺痛。""我的身体正在燃烧。""我实在太冷了。""声音太吵了。""我的感觉太强烈了。""我不能忍受这么多内在痛苦和能量波。"因为害怕、反感和误解，我们会与它们对抗好一段时间，试着逃避、改变、克服和赶走它们，然而就是这种抗拒让我们陷入其中。

可是，就像开始禅修时，我们会学习以疗愈和慈悲的专注，不带一丝抗拒和贪求，去接触身体的疼痛和紧张；同样地，困难和令人害怕的超常状态出现时，也可以用同样的慈悲和平衡的专注来对待。就像开始禅修时，我们学习去注意匮乏之心的诱惑声音，但不卷入其中，我们也必须把平衡的觉察带入甜美而有强烈诱惑的狂喜、光明和异象经验中。

我们对任何经验的贪求或抗拒，都会使修行停在那一点上，阻止我们向真理敞开。有一位学生很怕禅修时出现空旷的空间感，她害怕迷失自我、发疯或失去日常功能。她花了两年时间抗拒，直到有一次在引导式冥想中，终于让自己对害怕和空间开放，那真是美妙的经验。她的心智平静下来，心变得柔软，她的禅修进入安详自在的全新阶段。

当我们以觉察而有智慧的专注面对新的经验时，会出现以下三种情况中的一种：新的经验会消失，维持原状，或变得更为强烈。不论发生什么情况，都没有关系。当我们扩大修行的范围，注意任何生起的状态，以及我们对它们的反应时，就能将它们都视为生命之舞的一部分。修行中，为魔鬼命名时运用的工具，对这种观点是极大的支持力量，因此我们能有自觉地为这些超常状态命名："狂喜、狂喜"或"异象、异象"，这是承认眼前事物的方法，注意它，并以它的真名称呼它。我们说出它的名字，并创造一个空间，让这个经验生起和消逝，就在过程中产生了信任感。我们会重新联结到这种认识：我们追寻的方向是不带有任何经验的，而向艾伦·沃茨所说的“不安全感的智慧”敞开自己，这是历代累积的智慧。

心的道路会带领我们体验现象世界无穷的丰富，去看、去听、去闻、去尝、去碰触、去思考，并在一切的核心发现心的自由和伟大。因为我们每个人都是一朵人性之花，会以自己独特的方式、自身特别的周期来绽放，所以不需要刻意指挥身心的特定能量。我们的道路既不是渴望它们，也不是害怕它们，真正的道路是“放下”的道路。

当我们培养出宽广、富有信心和开阔的观点时，就能经历所有状态，并在其中找到永恒的智慧和深刻而充满爱的心。

冥想：深思自己对超常状态的态度

在禅修中，你与特殊、超常的状态之间是什么关系？你读到有关这些经验的描述时，请注意哪些经验最能感动你，注意你被什么东西吸引，哪些会使你想起过去的经验。这些经验出现时，你如何对待它们？你依恋它们或以它们为荣吗？你是否试着使它们一再出现，作为你进步或成功的标志？你是否一再坚持，想让它们重新出现？你将多少智慧带入了这些经验？对你而言，它们是否是纠葛或自由的根源？你觉得它们是有益而具有疗愈力的，还是令你惧怕的？如同你会因执著而误用这些状态，你也可能错误地想逃避或停止它。假如你对它们开放，你的禅修会如何加深呢？让自己去体会它们带来的礼物——鼓舞、新的视野、洞察力、疗愈和绝佳的信心。请注意你接受这些事情的指导时，遵循的是哪一种观点和教导。如果你觉得缺乏智慧的观点，可以到哪里寻找？你该如何好好尊重这些境界，让它们对你有所助益？

第10章 自我的扩展与消融：暗夜与再生

当我们终于能以平等的心和开放的心智看待恐怖与喜悦、生与死、所有事物的得与失时，就会生起最美丽和深度的平静。

灵性修行领域就像宇宙和创造宇宙的意识一样广阔。在灵性生活中，我们有时会超越上一章所描述的能量和情绪现象，而经验到意识的其他超常面向。心理学家威廉·詹姆斯（William James）谈到这种时刻时写道："平常的清醒意识只不过是意识的一种形式，环绕在我们四周的是无穷无尽的世界，只被一层很薄的帷幕分开。"

在印度瑜伽和虔信的传统中，这些世界被描述成不同层次的三摩地。在基督教、苏菲教派和犹太教的神秘传统中，有一些典籍和地图（理论或实务的描述或蓝图）描述了由祈祷、臣服、专注和静默所引发的意识状态。这些领域的指南手册有《未知之云》（*The Cloud of Unknowing*）、《灵魂的暗夜》（*Dark Night of the Soul*）、卡巴拉教派的神秘描述，以及《鸟的集会》（*Conference of the Birds*）中所描述的苏菲教派的七个山谷的旅程。佛教传统提供了数百个开启意识的技巧，包括专注于呼吸和身体，运用观想或声音，反复持咒和参公案。公案就是"不可解"的问题，通过不断重复思考不可解的问题，直到思维的心停止，出现不可知和寂静的领域。

新的意识领域也能通过所谓的恩典而自然开启，或在特定情境的压力下发生，例如濒死经验；也能被下述情形激发：具有神圣力量的胜地，具有强大力量的老师，迷幻物质；或是通过灵修训练和直接的方法达到：遵循严格的灵性训练，通过持续不断的禅修或祈祷，或处于极度安静的环境。当我们非常深入地投入某种形式的修行，将整个生命全然融入，身心就能向原本未知的生命层面敞开。苏菲教派诗人鲁米邀请我们到那个层面，他写道："超越恶行与善行之外，有个光亮的意识地带，我将与你在那里相遇。"

在这些领域航行时，我们借助老师和"地图"的指引，也就是在我们之前已到那里旅行的人所拥有的知识。佛教禅修最完善的地图之一，就是南传佛教（上座部）关于高等意识的地图。南传佛教上座部是唯一留存至今的佛教早期学派，他们的教导仍然是印度和东南亚当代佛教的主要类型。这张"地图"跟随的是上座部用来解释禅修阶段的经典和教导的精华。

佛教"定和观"各种阶段的地图

上座部的修行地图将神秘境界分为两大主要范畴：分别是通过扩展自我和消融自我所达到的境界。关于扩展自我的境界，上座部列出了八个精微的意识层次，称为"禅定的境界"（也叫高等三摩地）。在这些禅定的领域中，又进一步描述如何达到六种存在的领域，以经验生命的所有形式。通过禅修的专注力量来扩展自我，可以直接经验这八种高等禅定的境界和六种存在的领域。这些领域会为我们带来属天的光明和扩展状态，我们在其中会体验到非凡的感受、视觉感的明亮及精细的寂静状态。

上座部地图描述的另一种超越上述状态的神秘境界，称为"消融自我的境界"。当我们引导意识愈来愈深入到存有的本源，通过死亡与再生的过程，逐渐消融所有身份认同和个体的自我感，就会出现这些境界。在这些境界中，禅修被引导去揭开整个奥秘的过程（意识通过这个过程产生了不同的认同），在那当中体认到无我和自由。

上座部地图用于内观禅修。当你详细阅读时，请记住这种地图有其帮助，也有其限制。禅修可以有非常不同的发展方向，视使用方法和修行者而定。佛教之外的神秘主义经典，以数百种语言和观点描述了觉醒过程，但都有相同的要素。所以我谨慎地举这个地图为例，说明灵性旅程可能遇到的前景和危险。

进入扩展的意识：近行定

禅定境界和消融境界的入口，都是心和心智的安定，称为“近行定”(access concentration)。祈祷或禅修中最早出现的强烈当下感和安定感的境界，就是近行定。当我们达到近行定时，灵性修行会暂时变得坚定而集中，不会被内在的障碍或世俗生活的变动所干扰。在近行定中，我们会融入禅修，非常专注，因此产生强大的意识转变，清明、自在和专注都开始流入修行之中。

达到近行定需要自然的专注能力，加上坚定不移和自律。跟随有经验的老师进行密集禅修时，某些学生大约能在数月或数周的训练中产生近行定。达到近行定的禅修原则是相同的：重复、专注和臣服。专注于祈祷或持咒、有颜色的光或观想、呼吸或身体，或是慈爱、慈悲的感受，不断重新集中注意力或一再地重复，经历抗拒和困难的所有阶段，直到心和心智逐渐静止，和专注对象融为一体，全然融入这个经验之中。

初次经验近行定，也许会感觉身体振动，虽然感到专注力变强，但就像刚学会骑脚踏车的新手，有时仍然会不稳定，会因为背景中的事物而分心。通过不断地重复和耐心，就能在这个状态中达到平衡。

一再臣服于这个经验，可以让我们学会如何培养和维持专注而集中的境界。

南传佛教上座部将入定前阶段称为“近行定”，因为我们的心和心智在此阶段已发展出足够的稳定性，而进入较高的禅定境界。从近行定当中，我们能扩展自我，一层层地提升意识，到达禅定的八种境界，和光明意识的非凡状态合而为一。扩展自我而进入禅定的精微境界，能使我们进入视觉意象的状态，包括六种存在领域、属天的光明与感受的境界，乃至超越这些境界的精细意识状态。

我们也能从近行定进入其他完全不同的意识层面，就是“消融自我的境界”。在这个境界中，不会扩展和提升自我，而是更深入地看到自我和意识的本质，直到最精微和最高的自我感与独立感也被消融。

各种禅定状态

要扩展自我并进入禅定的八种高等阶段（八定），必须要自觉地让自己更完全地投入禅修对象。从近行定开始，必须一直保持专注，直到禅定更为增强。这么做时，许多令人平静而觉醒的正向特质都会开始自动充满我们的心与心智，南传佛教上座部称之为五种禅定的要素（五禅支），包括引导的注意力、维持的注意力、欣喜、快乐、安定（寻、伺、喜、乐、一境性）。每当心与心智专注、纯净、不受干扰时，这些特质就会出现。

一再专注于禅修对象，并以五禅支温柔地集中注意力，就能让它们充满我们的意识。借着细心的专注，就能学会让五禅支在我们心中保持平衡。然后通过内在的决心，自觉地把心引导到完全入定的第一阶段（初禅），就能让意识产生分离而强烈的转变，让自己安住于全新而稳定的第二种禅定状态［南传佛教上座部称为三摩地或禅那(jhana)］。这些都是非凡的状态。当我们达到这种状态之后，感觉好像逐渐脱离感官的知觉，沉浸于崭新、全然而寂静的宇宙。禅定状态充满欣喜、快乐、光明和自在，身体会体验到每个细胞都充满欣喜，产生巨大的安详感和幸福感，有如海洋般的整体感和安住感围绕着我们的意识。禅定是种稳定的状态，在这种状态下的禅修可以毫不费力地进行，我们的意识坚强、清晰、稳定而平衡。安住在禅定的第一阶段，心灵必然感到清新而广阔，充满欢喜与快乐。

经由修行，我们能学会在第一阶段的禅定中安住一段可长可短的时间。如果我们愿意，就能继续稳定注意力和深入集中力，使所有禅定的要素更加强化；我们的意识会更加广阔，进一步充满光明和幸福感。根据南传佛教上座部的道路，禅定的第一阶段是进入更高等、更精细的禅定状态的入口。要从第一阶段转换至第二阶段，必须刻意放下引导的注意力和维持的注意力，只留下欣喜、快乐和安定。进入更精细的禅定阶段时，又必须放下欣喜，然后放下快乐。每当我们引导禅修安住于更高、更精细的平静和明亮的意识时，就会出现下一阶段的禅定。当我们继续前进，各个禅定阶段会愈来愈宁静、广阔与安详。这个过程开始时，可能需要几天或几星期，但熟练之后，只要一次禅坐就可以经验到了。

前四个禅定阶段可以通过专注于数十种禅修对象而达到：观想佛陀及保护神的形象、色彩、爱的感觉，观呼吸、身体、脉轮，甚至光本身。各个禅修对象发展出的基本禅定状态都有其独特的性质，但合一和扩展意识的根本经验是一样的。

从这些固定的禅修对象培养出前四个禅定的技巧后，就有可能向更精细的阶段开放。南传佛教上座部称后四个禅定阶段是“超越物质的专注阶段”（无色界禅定），在这些阶段中，意识放下所有禅修的对象，扩展到精致的宁静和纯粹觉知的无边领域。体验这些状态会让人感到惊奇，传统上将它们描述成与神合一。

到达前四个禅定阶段后，要进入更高的四个禅定阶段，就必须有自觉地放下先前所有的快乐和平静，引导意识沉浸在没有边界的空间中。无边界的空间（空无边处）是进入“无色定”的第一阶段，从这里进一步提升我们的觉察，一个阶段又一个阶段地前进，直到融入遍布整个宇宙的无限意识之中，专注于一种完全空无的状态，以达到完全超越知觉认识的阶段（识无边处）。向每个更高的阶段开启时，自我的感觉会融入更精细而广阔的意识之中。这些“无色定”是强而有力的瑜伽成就，需要相当的技巧才能达到并精通。精通各种禅定阶段的人，也能引导禅定的力量去培养各种神通力量，包括心灵感应、心灵致动、看见过去世，以及许多其他能力。虽然这些能力偶尔会自然发生，但南传佛教上座部关于这种力量的系统化发展，要以戒律和禅定的修行为基础。

佛教文献有许多关于禅定要素（禅支）、禅定阶段、发展神通力量的详细描述。最伟大的文献之一是觉音尊者(Buddhagosa)的《清净道论》(*The Path of Purification*)，这本厚达千页的经典详述了四十种专注的修行方法，说明每一种方法如何达到完满的禅定。它详细描述了通往八种高等扩展意识阶段的途径，描述了各种禅定的益处，并解释伴随意识发展而来的神通力量。觉音尊者也对消融与洞察的道路作出了精确的描述。

这些禅定阶段产生的合一意识虽然有许多益处，包括深刻的安详、疗愈与幸福，但必须记住同时也有各种危险。我们开始尝到这些阶段的滋味时，可能会渴望更多高深而不寻常的境界。如同之前讨论过的，我们有时会紧紧抓住自己的洞识和经验，以此增强自傲、意志和自欺。我们也可能对这些境界着迷，认为它们如此有力而令人信服，因而一再返回那些经验，认为它们就是修行道路的终点、内在生活的实现。但它们其实只是合一和安住的深层状态，并未完全与生活的其余部分整合。了解这一点之后，我们就必须将它们导向理解和智慧，否则它们的价值就非常有限。

存在的领域

关于扩展自我的部分，除了八种禅定状态，佛教的意识地图还包括“六种存在领域”（六道）的经验。提升意识，进入各种禅定的境界，大部分是欣喜、美妙的经验，但专注的力量也会让某些学生经验到生命六种重大原型的领域。当意识扩展到这种层面时，无论是经由专注还是自然产生，都会出现各种异象：伟大的天神或女神、过去世、圣殿或宗教仪式、战场或战争的景象，或是前世的生与死。不仅佛教，印度教、道教、基督教、犹太教和伊斯兰教的传统也都描述了这种异象的经验，并认为这些美妙与恐怖、天堂与地狱的领域，是这个宇宙的真实部分。

佛教和上座部的地图描述了这六种领域的生活是可以被意识经验的。这六种领域中最痛苦的就是各种无尽的地狱道，那是充满痛苦、火、冰冷及折磨的境界。最高的领域是天道，充满喜悦、天使、狂喜、属天音乐、欢喜和安详。在这两个极端之间有两种可见的领域，就是畜生道和人道。畜生道的特征是恐惧（吃或被吃）和迟钝，人道则是快乐和痛苦的恰当平衡，最适合灵性的觉醒。最后两个领域是幽灵的领域，一个是权力斗争的领域，被称为嫉妒和争斗之神的领域（阿修罗道）；另一个是强烈欲望的领域，被称为饿鬼道，特征是具有针孔小嘴和巨大腹部的饿鬼，它们有永远无法满足的追寻和渴望。简单说来，这些领域都可视为人类此生经验中神话而诗意的描述。愤怒和狂怒使我们进入地狱道，强烈的上瘾让我们落入饿鬼道，美妙的感官享乐或优美的思想让我们到达天道。我们甚至可以看出这些领域在人世间的地理位置：南沙群岛的乐园也许是天道，撒哈拉沙漠以南的非洲的饥饿和战争是地狱道。同样地，我们可以在华盛顿首府遇到象征权力和嫉妒的阿修罗，在拉斯维加斯遇到饿鬼。

但这些并不只是隐喻，重要的是了解这六种领域会在灵修生活中充分发展，成为真实而引人注目的经验，就像我们在所谓日常世界中的经验一样真实。当意识扩展时，我们会发现自己落入了地狱道，或喜悦地进入了天道，也能体验畜生道的意识或饿鬼道的无穷欲望。某些灵性修行的力量会将我们投入这些领域，要求我们学习以自觉穿越其中，作为我们发展灵性的重要部分。

我有一位年轻的美国朋友是住在斯里兰卡的佛教僧侣，他以幽默而意外的方式发现禅定状态的限制。经过几年隐居的禅定训练后，他决定到印度向其他老师进一步学习，随身只带着僧袍和钵，简单地上路，靠化缘为生，就这样拜访了几所不同的道场。最后，他来到印度著名大师主持的一处大型道场。由于是西方人，他获准觐见上师，愉快地交谈后，大师责备他靠别人的施舍过活。在这位上师的传承中，每个人都必须工作谋生，而以此作为平衡的灵性生活的一部分。僧侣回答，乞讨在印度是古老而光荣的出家传统，在佛陀之前就已在印度流传许久。他们争论了一会儿，没有任何结论。

最后，这位美国人问大师是否仍愿意教他这一派的禅定修行，大师答应了，指导他一种观想的方法和一句神圣的咒语，并告诉年轻的僧侣，如果他能适当地修行，这些指示能带他进入神圣的领域，远远超越人类生存的悲苦。

这位美国人被安排在一间小屋中，由于他是勤奋而有经验的修行者，于是决心精通这个方法。他运用自己早先培养的专注技巧，只过了四天就发现身体和心智充满第一个禅定阶段的狂喜和宁静。进一步修行后，如同大师所预期的，他的意识打开，进入了精细有如天堂、充满光明的领域。接着他看见大师的影像坐在不远处，于是他恭敬地靠近大师。大师报以微笑，向他打招呼，仿佛对他说：看吧，这就是我告诉你的境界。大师开口说话："顺便提一下，我也精通出家的生活。做和尚已经过时了，而且也是错误的修行方式，你应该把僧袍扔掉。"美国僧侣听了这句话，极为恼怒，便尖酸地回嘴，你来我往，两人在这光明的领域中，继续争执了一段时间。

这个故事说明，即使是这些高超的层次：它们本身也不是智慧的来源。即使达到这种成就，我们心中仍存在许多分歧的意见，而最高的意识状态可能被明智地运用,也可能被误用。如果误用了专注的修行，就只能以暂时停止恐惧和欲望的方式压抑我们的问题，离开这些状态时，背后的困难又会再度出现。

要进入专注的境界和异象的领域，需要理解和指导。无论我们发现它们是迷人的还是令人害怕的，都必须以觉察和智慧来看它们，视之为意识本身的演剧。在禅宗传统中，超常状态和所有异象的经验都被称为魔障或错觉。最高的天堂和最低的地狱都是短暂无常的，如同四季和群星的位置。不论我们在这些境界中得到什么修行成就，都是短暂的，不能在所有生活领域中带给我们自由。因此，佛教传统主要把禅定当成进一步认识的准备工作，对大部分学生而言，这些境界并不是必要的，但对那些能达到这些境界的学生而言，它们的作用是使身心洁净、和谐，使意识平静、净化与合一。为了得到真正的自由，禅修接下来就必须从自我的平静和扩展，转移到探索意识如何创造自我和自我的所有经验形式。从禅定的平静出来，我们必须回到近行定，引导注意力回到呼吸、身体、感官经验及心智。我们由此开始，进入消融自我和洞察自我本质的道路。

消融自我

消融自我是上座部修行地图描述的禅修意识的第二个主要领域，它是许多内观禅修方法的核心。这个领域并没有把自我扩展到极度精微的禅定状态，也没有在六道中旅行，而是带领意识观看自我的本质和分裂的身份认同。即使达到天神的境界、体验无界限的光明和平静，仍不能得到自由，因为各个境界不论有多么特别，都有结束的时候。

出入每一个境界后，会出现一个疑问："这种剧码发生在谁身上？"这就好像银幕放映出我们不断变化的经验（我们由此经验各种从天堂到地狱的剧码），开始了解这些经历就像电影一样，我们转身发现放映机、光和影片，整个剧码的来源就在眼前。

有个佛教寓言说明：对所有外在形式不抱幻想，会使我们的心智转向创造本身的过程。

> 一些孩子在河边玩耍，他们用沙造了城堡，每个小孩护卫自己的城堡说："这是我的！"他们壁垒分明，不许混淆各人的所有权。城堡都完成后，有个小孩踢倒另一人的城堡，将它完全摧毁。这座城堡的主人极为愤怒，抓住那个小孩的头发，用手打他，大声吼叫："他毁了我的城堡，来啊！你们都来，帮我惩罚他！"其他人都来帮忙，把那孩子打倒在地……之后他们继续玩自己的沙堡，每个人都说："这是我的，不是别人的！走开！别碰到我的城堡！"但夜晚来临时，天色渐渐黑了，他们觉得该回家了，这时没有人再关心自己的城堡。有个孩子踩扁自己的城堡，另一个用双手把他的城堡推倒，转身离开，各自回家。

同样地，在某个时候，我们能看出所有形式的禅修经验都有其限制。这种体认如同标明了道路上的分岔点，我们不再把意识扩展到任何经验领域，而是转向，引导注意力去解决我们的本质问题，这就开始了消融自我之路。

灵性传统提供了许多消融或超越自我（不同的认同感）的方法。有一种修行方式是不断自问："我是谁？"其他方式包括通过祷告或奉献达到超越的臣服，或通过深刻的仪式或寻求异象而消融自我。在内观禅修中，消融自我的共通道路是从近行定的阶段开始，就像扩展自我一样。对大部分学生来说，就是像先前所描述的逐渐发展近行定的阶段。那些已经进入更高禅定阶段的人，必须从那些阶段出来，开始自觉而小心地把专注力引导到生命本身的过程。

从近行定开始，此时的注意力必须放开所有禅修对象，开始不受干扰地检视当下的感官经验，如此做时，平静、安定、欣喜、平衡（轻安、定、喜、舍）的心就会自然地加入清明的觉察力、精进力和探究的心理特质（念、精进、择法觉支）。这些特质合起来称为“开悟的七个要素”，随着在禅修道路上的进展，这些要素的稳定性与清晰度会渐渐增强，这已详细记载于我的上一本书《寻找智慧之心》（*Seeking the Heart of Wisdom*）。对消融的道路而言，重要的是使原本平静和安定的心智，结合相等分量的探究精神。

我们运用定力开始探究自我时，禅定和注意力不再像望远镜般扩展意识，而更像显微镜。我们把注意力转而检视呼吸、身体、感官经验、心和心智，我们仿佛在无声地询问：整个生命历程的本质是什么？它如何运作？当我们这样做时，不论明亮的注意力转向任何一处，身体和心智都会开始展现不断变化的本质。因为我们的注意力与强大的定力结合在一起，所以身体上的任何感觉都不再有坚实感。我们好像突然能以细胞或分子的层次，感觉到身体的持续变化。同时，感官知觉也不会分散，我们能直接感觉到生命的如实本质，感觉到一刻又一刻的感官、声音、味道和感受的知觉，不再有复杂的思想，也不会被我们平常的认同感遮蔽。

这种身心的开启，就是南传佛教上座部描述的消融的内观禅修道路的开端。这张修行地图有十几个以上的阶段，会随着我们注意力的稳定、深入而自然产生。这些情形发生时，我们对身心的洞察就会随之增加，也会出现不同的意识状态，每个状态各有独特的面向。这些阶段常在洞察的灵光中一起闪现，但有时是逐渐从一个阶段到另一个阶段的。

近行定之后，第一个关键的洞察阶段生起，我们称之为“身心的洞察力”（名色分别智）。当注意力的显微镜，集中到足以剖析身心不同的个别差异的过程时，就能看到和经验到整个生命有如单纯的物质元素和心智元素的复合物，只有刹那的声音和听到它，刹那的感官和伴随它生起的念头或影像，刹那的味觉、记忆，仅仅只是感官经验和我们对它们的刹那反应，再没有别的了。

虽然这些描述听起来平淡无奇，但单是经验这些就已经非常特别，因为我们能在其中看见平常连续的生命感及其计划、记忆和行动本身，都是由想的层次建构而成的；若没有思想，剩下的只是一刹那接着一刹那的感官经验，以及伴随每个感官经验而有的意识知觉的刹那过程，如此而已。

注意力进一步深入时，下个层次的洞察力会显示这些身心元素，各自会如何以因果的关联出现，以及一刹那的思想、影像和声音会如何成为下一个刹那生起的条件。在这个新阶段，身心会显得相当机械化，无论我们注意何处，宇宙都显示出因果条件的过程，好像种子一样，在这一刻看到它被种下，在下一刻就看到它萌发出来。注意力更深入时，就像更高倍数的显微镜，带我们进入意识的另一境界，生命在此消融成更多、更细微的经验刹那，好像点描派画家秀拉（Seurat）的画。只要我们注意，看似坚实的存在都更明显地一直在改变，如感受、肉体、自身等。我们的身体变成只是感官的河流，我们的感官、感受、思想都开始显现三个最基本的特征。

第一是它们的短暂无常，如同沙的图案不断变动。第二是它们不可靠和不满足的基本性质，因为我们的经验一直在改变，无论眼前这一刻是多么愉快和美好，都不能带来安全感和持久的满足感。第三是无我的性质，所有现象都会自行迁移和改变，没有任何部分能保持坚实和独立的性质，我们无法拥有和控制，也无法指着什么说这是“我”、“我的”或“你的”。

接下来，会出现更深入、更稳定的觉察阶段，南传佛教上座部称之为“生灭的境界”。我们的注意力在此变得相当平衡，体验到生命只是短暂经验的律动，如雨滴一般。这个领域有几个特质：首先，我们在其中清楚地感到生命只是生灭的过程，每一刹那都在新生，也都在结束。第二，在这个阶段，注意力和定力变得如此强烈，以至于心和心智会变得极为清晰与明亮，七个开悟要素的所有力量都会自然出现：欣喜、精进、清楚的探究、平静、安定、觉察力、平衡的心。在这个状态中，觉察力会自动而轻易地出现，无论发生什么事，心智都好像自由而没有障碍地流动，出现极大的喜悦，我们会感到美妙的自由和平衡感。当我们更清楚地看见生命的本质，随着这种幸福感，会产生不可思议的信心与清明。由于心与心智的开启如此巨大，睡眠会减少到每晚只需要睡一两个小时。有时神通力也会在这个阶段自然开启，梦境变得强烈、清晰而自觉，也常有出体的经验。从这个阶段开始，甚至可以在梦中自觉地发展禅修。

这个阶段的出现常让学生以为自己已经开悟，这是所谓“暂时的觉醒”或“类似涅槃的境界”。为什么说它是类似涅槃的境界呢？因为这种奇妙的禅定状态出现时，我们会觉得自己从日常的身份认同中解脱了，但我们仍不自觉地紧抓住这些境界，创造出一种新的灵性自我感。类似涅槃的境界令人觉得好像得到了自由，但这也是禅修的阻碍点，学生可能会长时间受困其中。在类似涅槃的境界中，喜悦、清明、信心、专注和觉察的真实特质很容易转成“洞察力的腐化”。

洞察力的腐化是指我们执著和误用修行时出现的真实正面的现象。唐望谈到力量和清明的危险，会发生在每一个有知识的人身上。在类似涅槃的境界中，学生会卡在正向的状态里，试图维持它们，紧抓着清明、力量和安详，用它们来强化自己已经觉醒、成功、自由的微妙感觉。若要脱离这种层次的执著，唯一的方法就是彻底放下，了解这一点是修行道路上最伟大的洞察之一。无论出现多么卓越不凡的境界，都必须学会让它自由来去，体认它并不是禅修的目的。然后通过自己的理解和老师的指导，即使是喜悦、平衡的心、清明的状态，我们也能视之为只是另一部分的觉察，注意它们会如何生起、消逝。此时，我们会产生深刻的体悟，知道真正的自由之路是“放下一切”，即使是修行本身的状态和成果，也要放下，向超越所有身份认同的境界敞开。

暗夜

根据南传佛教上座部对洞察阶段的指引，我们放下腐化的洞察力时，整个修行会完全转变。我们的意识现在暂时不再抓取任何灵性的认同，就如早期的近行定阶段使我们暂时放下世俗的思想和认同。这种开启代表了自发而深入的“死亡和再生”过程的开始。在每一种传统的灵性修行过程中，都会遇到许多死亡和再生的形式，本书描述的所有过程都能以此方式被经验。疗愈、通过纠结而扩展、充满能量的觉醒、异象和脉轮的开启，都牵涉到放下过去的认同和崭新自我感的重生。不过，在内观禅修超越类似涅槃境界的层次中，死亡和再生的过程是包含一切的，包括我们的整个存有。我们放弃对灵性的认同后，禅修会引导我们经历自我感的完全消融，有如经历“暗夜”——就像经历死亡一样。有自觉地进入这条道路，会挑战我们所知道的所有认同，然而这是通往自由的道路。禅学老师卡弗瑞德·冯·杜肯（Karlfried von Durkheim）谈到这个过程的必要性，他写道：

> 真正走上这条道路的人，在世间的艰难时刻跌倒时，不会转向提供避难处、安慰和鼓励旧有自我活下去的朋友，而是寻找某个愿意忠实而无情地帮助他冒险的人，如此他才能忍受困难，勇敢地经历困难。唯有一再让自己面对毁灭，才能找出自身内在无法被摧毁的部分。在这种勇气中，蕴涵着尊严与真正觉醒的精神。

将灵性上的死亡和再生描述为“暗夜”，源于伟大的神秘主义诗人、十字架上的圣约翰（St.John of the Cross）的著作，他生动地形容暗夜为长期的无知、失落及绝望，这是灵性追寻者必须度过的阶段，才能让自己放空和谦卑到足以接受神圣的感召。他如此描述道：“只要灵魂仍有所依恋，无论其中有多少良善，都会让灵魂无法达到神圣的自由。”

暗夜通常只会在我们获得某些初步的灵性开启后出现。修行首次闪现灵光时，会产生喜悦、清明、爱和神圣感，使我们体验到灵性进展的强烈兴奋感。然而，这些状态必然会消逝，它们的出现好像是修行最初的礼物，我们接着便发现要维持和活在这些境界中，需要许多训练和臣服。在内在世界，我们常在接触到光后就失去它，又落入分裂、绝望和潜意识。这种情形也许会发生许多次，不断重复开启和放下、死亡和再生的循环，这就代表了我们所走的灵性道路。但也就是这种死亡与再生的过程，引导我们走向自由。

在内观禅修中，我们曾放弃生灭的光明状态，而向消融、死亡和再生的深层循环开放。当觉察力放下原本坚持的腐化洞察力之后，就变得更准确、精细，然后觉察力就像专注的显微镜，开始以敏锐的清晰度看见整个生命经验的消融。我们马上会感到每一刻的消逝、每一个经验的结束，生命变得像流沙一般，我们观看或感觉到的一切都正在消融。在这个阶段，我们周遭的事物没有一件是坚实和可靠的。在所有层次上，我们的意识开始了解结束与死亡，我们注意到对话的结束、音乐的结束、人与人相会的结束、日子的结束、身体细胞层次的感官经验的结束。我们感觉到生命一刹那又一刹那地消融。

现在暗夜更深了，当外在和内在世界都消融时，我们也失去了依恃感，从而产生巨大的不安和恐惧。“哪里是安全的呢？”“无论我看着何处，事物都在消融之中。”在这个阶段，我们会在自己身体中经验到这种消融和死亡。我们也许会往下看见一片片身体似乎慢慢融化、腐败，仿佛我们是一具尸体。我们可以看见自己以上千种方式正在死去，或是已经死亡，原因可能是疾病、战争或不幸。这时可能会出现其他强烈的异象，你可能会看见他人的死亡、战争的景象、垂死的军队、火葬堆和埋尸的坟地。意识似乎向死亡的领域开放，向我们显示所有在循环中变化的万物的结局都是死亡。我们会经历到世上每一部分如何存在，又如何不可避免地消逝。

这种恐怖与死亡的境界会产生深入的领悟，了解生命中固有的苦难：疼痛之苦、失去乐事及更大的痛苦——任何我们创造或钟爱的人、事、物的消逝之苦，我们由此对世界的悲伤生出极大的同情。不论我们望向世界任何一处——我们的社区、家人、挚爱，我们的自我和肉身，似乎全是脆弱的，都有消逝的一天。

随着恐惧的加深，有时可能会出现妄想。在这个阶段，无论我们望向何处，都会害怕危险。我们会觉得如果走出门，就会被什么东西辗过；如果喝水，水中的细菌可能会害死我们。在这种暗夜时期，每件事物都会成为潜在死亡和毁灭的来源。人们经验这些感觉的方式可能很不同：压力、幽闭恐惧症、压迫、紧张、烦躁、挣扎，或是一个接一个令人难以忍受的无尽的重复经验，始终在垂死挣扎。我们会觉得自己好像卡在无意义的生命循环中，生存似乎平淡、枯燥、死气沉沉，好像没有出口。

你可能会预期很难以禅修度过这些阶段，唯一的方法就是用清明和接纳的态度，持续不断地感受意识的这些新阶段。我们必须为每一个状态命名，让它生起又消逝，其他任何反应都会让我们卡住。当我们学会承认每一个状态，为它命名，专注地觉察它，就会发现自己一次又一次地死去。我们要做的就是向死亡敞开，成为进入死亡领域的人，在面对它时觉醒。

穿越这些痛苦的阶段后，接下来会出现一种追求自由的深切渴望。在这个状态中，我们会渴望脱离持续出生与死亡所造成的恐惧和压迫。我们了解必然有一种自由是不受看、听、嗅、味、触五官的限制，是某种超越我们的计划和记忆、超越身心、超越自我认同的东西。其实，在暗夜的每一个层面中，增强的觉察力会逐渐削弱我们的认同感，松开我们在生活中紧紧抓住的一切。

即使我们想要自由，却常会出现不可能的感觉，觉得再也无法前进，因为我们就是无法放下更多，于是进入大疑的阶段，我们想要停止，变得烦躁。有部经典把这个阶段称为“打包回家的阶段”，因为世界在此变得太困难，灵性修行对我们的要求太多，我们希望自己退出，回家睡觉或寻求母亲的安慰。

因为害怕和消融的强烈阶段触及我们内在痛苦的情绪，所以我们很容易卡在其中或失去方向。在这个过程中，老师的指导是很重要的，否则我们会迷失或因无法承受这些状态而放弃。如果在迷失、死亡、消融、恐惧的阶段放弃禅修，这些状况会持续纠缠我们，很容易和日常生活中个人的迷失和恐惧纠结在一起，成为我们意识的暗流，而未解决的感受可能持续数月或数年，直到我们采取行动回到这个过程，并完成它。

巫术的修行或非常深入的治疗也会发生同样的情形。如果过程未被完成，影响会深藏起来，渗透到表面，我们可能会长期忧郁、恐惧和愤怒，直到我们回到最深层，解决它为止。解决事情意味着我们必须直接进入，直视它们说：“是的，我也能打开这个部分。”用既不紧缩也不抗拒的开放心灵面对它们。

当我们终于能以平等的心和开放的心智看待恐怖与喜悦、生与死、所有事物的得与失时，就会出现最美丽和深度平静的状态，进入意识完全开放、觉醒且完美平衡的领域，这是极美妙的平和阶段。我们能自在地静坐几小时，在意识的广阔空间中，不再有任何干扰；意识变得非常明亮，超越类似涅槃的阶段，因为此时一切都已解开、自由，也不会紧抓任何东西。就像《金刚经》中所说的，世界宛如光和色彩的演剧，如晨星，如彩虹，如云，如海市蜃楼。每件事物都唱着同一首歌，就是空无和圆满的歌。我们体验到现象界和意识界、光亮和黑暗的世界，演出一场合一的舞蹈。

南传佛教上座部将这种深度平衡的状态称为“崇高的平等心”，我们的心智变得有如水晶杯，或像清朗的天空，万物在其中都不被遮蔽。我们变得完全透明，仿佛每个现象只是经过我们的身心，我们只是空间，整个认同感完全打开，呈现出意识的真实本质，这是我们认同身心之前的本来面目。

许多传统都描述过这种状态。禅宗及西藏传统中的某些佛教修行，通过打坐、大手印（Mahamudra）和其他高级的密续方法，直接培养这种宽广的视野。印度教里的吠檀多哲学称之为不二（nondual）的状态，包含一切与空无，也称为高等自我。基督教的神秘主义传统把这种状态称为“神圣的不动心”（divine apathy），这种意识与上帝之眼相连，以拥抱一切的心如实观看世界的创造与毁灭、光明与黑暗。从这种观点出发，我们会看见自己是无一物（nothing），也是一切事物。从这个平衡的位置出发，我们会尝到世间的滋味，却不被任何事束缚。

觉醒的境界

不论是经由禅修还是其他深层的灵性历程，每当我们安住于这种完美的平衡状态，就会遇到更不寻常的意识状态、自发的觉醒及深刻的体悟，这些状态会自动出现在开放的心与平衡的心智中，有如神圣的恩典，甚至像灵光乍现。这些体悟会以许多形式出现，有时由崇高的平等心进入虚空，从寂静的空无生起一切事物；整个宇宙会消失，不久又再度出现。从所有自我感和形相感中释放，会带来极度的平静，也向我们显示超越所有形式和有限存在的自由。有时这种关于虚空的体悟非常安宁而平静，有时却如雷电般令人震惊。有些学生向虚空深入开启后，会茫然数周之久，不确定如何回到日常生活。停止和虚空的经历有时会有绝对虚无的味道，有时却有充满奥秘而意味深长的丰富感。经历空无时，可能有许多不同的面向。

在这种完美平等心的阶段，学生会了解所有认同形式、所有存在本然的苦难和痛苦。我们在较早的阶段中体验并看见苦难，却不了解它。在平等心中，我们的了解和接纳使我们直接理解超越所有存在、形式、限制的自由和不朽。每当出现这种体悟，就会有一种不可遏止的喜悦，了解万古以来我们在生命中的流浪、纠缠，而现在我们已经解开执著，终于尝到自由的滋味。

其他同样具有启明作用的体悟也会出现，向我们显示全然的自由和解脱就在生命本身之中。当我们的心能体悟所有事物本然的完整与完美时，就会产生清晰的视野。就像艾略特（T.S.Eliot）所说的“变动世界里的静止点”，我们能在自己与他人之外，在所有努力之外，达到整体而完全的感觉、超越与爱。就如神秘主义者所说的，我们就在这里觉醒，在佛陀的身内、在基督的体内，即使是世上的有限事物，都充满了无穷无尽的甜美与纯净。

在修行的深入阶段，深刻的顿悟和神秘的觉醒会持续展现。生命不断改变的本质，显示意识如何被我们经验为万物的创造者和容纳者。我们发现自己就是我们一直在追寻的实相。意识能被体验为明亮的光，或是经验的丰富容器里满溢而出的宝石，像银河的群星散发出光芒。我们清澈的心可以照亮人为的时空。我们能直接看见当下的一切如何存在，看见整个时间感和创造感只是意识所玩的把戏，其中的个人认同只是镜子制造出来的，而“时间只是上帝不让所有事情同时发生的方法”。在每个刹那，我们能体认分离错觉的生起，生活在隐藏了一切之下的伟大平静中。

这时，过去支持我们的旧方式逐渐死去，产生惊人的生命新视野。这种死亡与再生的过程可能发生在任何时候，在此之前可能需要几星期、几个月或几年的禅修和祷告，也可能会突然发生，在手术台上、经由强大的巫术仪式或其他特殊的情境。有些人是在日常生活中发生，发现人的心有可能达到完美的平衡与伟大。不论在什么环境下，每当它被发现，它就开始转化我们。虽然我们无法一直保持在这种状态中，但就像我们曾经爬到山巅，尝过内在自由的滋味，它能渗透并影响我们日后的整个生活。我们再也不会相信自己是独立的个体，因为我们已经死过，所以不再害怕以旧有的方式死去。这被称为"死亡前的垂死"，它为我们的生活带来美妙的整体感和平等心。

最后，这个过程的礼物就是了解宇宙最基本的"法"，也就是法则、道的教诲。我们看见佛陀的教诲，所有生活中的苦都来自于贪求、恐惧和有限的认同。我们在其中发现自由，脱离个体的纠结使我们放空，又与一切联结。我们发现每个人的心都有可能解脱，古代如此，现代亦然。

我们终于看见灵性修行真的非常单纯，整个过程就是打开和放下的道路，觉察而不依恋单一事物的道路。这个教导使我们越过所有诱惑和魔鬼，经历死亡和再生的整个过程，就如我的老师阿姜查所说的：

> 如果你放弃一点点，就能获得一点点平静；如果你放弃许多，就会得到更多平静。所以，无论你执著何处，放下它，回到中心。学习以平衡和开放看待生命的变动。

结束本章时，容我提醒你，上座部提供的这个引导，只是众多灵性开启的路径之一。即使是天生就有能力进入这些领域的人，也会发现这些经验有其益处和限制。无论开启的程度多么巨大、开悟的经验多么强烈，也必定有下滑的时候。当你一层一层下滑时，会再度面临旅程中的所有困难。

当我们回到日常意识状态时，会发现自己有时被这些状态深深地转化，有时却没有！这些状态顶多留给我们较大的平衡感和无畏感，以及自在、柔软的心灵与心智，但我们终究只能放下它们。如果这些课题是真实的，这就是我们会学到的。

一位中国老禅僧的故事可以说明这一点。这位禅师在多年宁静的禅修之后，发现自己并未真正开悟，于是去见师父，说："求求您，我可否到山顶找间小屋，待在那儿直到完成修行？"师父知道他已经成熟，便同意了他的请求。这位禅僧在上山的路上遇见一位扛着大包袱下山的老人。老人问他："出家人，你要去哪里？"禅僧回答："我要到山顶打坐，若不开悟，就宁可死在那里！"由于老人看来充满智慧，禅僧就问他："老先生，请问你知道什么是开悟吗？"这位老人其实是文殊师利菩萨，传说他总是在即将开悟的人面前出现。老人放下包袱，包袱落到地上。就像所有美好的禅宗故事，禅僧就在那一刻开悟了。"你是指开悟就这么简单，只要放下，不执著任何东西！"接下来，刚开悟的禅僧回头看着老人，问道："那么现在呢？"老人的回答是弯腰再拿起包袱，朝镇上走去。

这个故事显示出灵性修行的两个面向：放下我们对所有事物的执著和认同，我们只是暂时借用这个躯壳而已。一旦了解这点，我们又必须以关怀的心再度进入世界。我们必须拿起包袱，背着它回到人间的生活。我们现在可以像菩萨般游走，如同已跨越生死领域的人，以崭新的方式自由地活着。我们在这种自由中，为世界带来它最需要的、一颗了解与慈悲之心。

冥想：死亡与再生

当你视野清晰而心开放时，会发现自己活在不断开始和结束的过程中。孩子长大离家，婚姻开始又结束，卖了房子，开始新生涯，退休。新的每一年、每一天、每个刹那，都在放下过去、开始新生。灵性修行使你与这种奥秘有最亲密的接触。静静坐着，你的呼吸、感受、念头和心中的影像会不断生起又消逝。在更深入的寂静中，你发现意识本身会改变，会产生上千种视野和观点。最后，所有你认为是自己的部分（独立的身体、心智和个体性），都会在你面前拆解，直到你发现：自己有限的认同并非你的真实本性。

伟大的佛教经典《中阴闻教得度》（*The Tibetan Book of the Dead*），是指引人通过死亡再生的过程的，是认识真实本性的绝佳指南。这本书是用来读给刚过世的人听的，但因为生死之间基本上没有差别，所以适用于一个肉身生命转为另一个肉身生命的教导，也适用于这一生的指导：从一天、一刻、一个呼吸到另一天、另一刻、另一个呼吸。我曾为垂死的朋友、面临离婚的朋友、寻求异象的朋友、密集禅修的朋友，朗读这本书。

你可以静静坐着，读给自己听，也可以录音播放或要求朋友慢慢念给你听。当你听到这些字句，让它们沉入你的意识，倾听它们，以整个生命接受、打开，它们会带领你回到自己的真实本性。

记住明亮的光，纯净明亮的光，宇宙万物由此而来，也回归此处。你自心的最初本性，就是宇宙未显现的自然状态。放下一切，进入光中。信任它，与它融合，它是你的真实本性，是你的家。你经验到的影像存在于你的意识中，它们的形式取决于你过去的执著、过去的欲望、过去的害怕及过去的业。在你的意识之外，这些影像便不再真实。不论有些影像好像多么可怕，它们都无法伤害你。让它们通过你的意识，它们迟早会离开，不需要卷入其中，不需要被美丽的影像吸引，不需要厌恶可怕的影像，完全不需要执著它们，只是让它们通过。假如你卷入这些影像，可能会迷惑地徘徊很久。所以，让它们通过你的意识，有如云飘过晴朗的天空，基本上，它们的真实性也不过如此。如果你变得害怕或困惑，你可以请求任何你信赖的开悟者保护你、指引你。

记住这些教导，记住明亮的光，你自身本性中纯净、明亮、闪耀的光，它是不朽的。当你能观看经历过的影像，认出它们如同宇宙中所有其他事物一样，是由相同的纯净、明亮之光所组成的，你就得到了解脱。不论你徘徊到何处或多远，这光都只离你一瞬间、半个呼吸的距离，认出这纯净的光，永远不嫌太迟。

第11章　寻找佛陀：一盏照亮自己的灯

面对各种灵性教导与修行，必须保持真正的探索精神。这些教导和修行在我和其他人身上会产生什么影响呢？佛陀的遗言谈到我们必须成为一盏照亮自己的灯。

对灵性追寻者来说，这是个非凡的时代。现代灵性书店堆满了基督教、犹太教、苏菲教派和印度教的神秘修行经典。前几章谈到的灵性云霄飞车和自我的扩展与消融，只是数百种灵性故事中的一小部分，可是其中有许多是互相矛盾的。我们知道传统佛教中就有非常不同的观点，有的学派通过净化和超常意识状态来追求开悟，有的却认为这种追求本身就会使我们无法在当下真正开悟。许多互相矛盾的观点使我们在灵性生活中进退两难，我们应该相信什么呢？

起初，由于对修行的热诚，我们很容易把听到或读到的每个教导都当成福音真理来接受。当我们加入一个团体，跟随一位老师，投入一种训练时，这种态度常变得更加强烈。但是，书籍、地图和信仰的所有教诲，都与智慧和慈悲无关，它们至多只是路标，一只指向月亮的指头，或是过去某个得到真正灵性滋养的人所留下的谈话。要实现灵性修行，必须在自己的内在找到自觉的道路，活出灵性的生活。

几年前，麻州有个叫珍的女人，她曾是禅修学生，在极度困惑的情况下来找我。她原本与一位医生结婚，育有两个孩子。她丈夫曾发作数次忧郁症，在前一年病发时自杀身亡，令她非常悲伤痛苦，对小孩的影响更大。这一家人过去住在阿默斯特市郊区，曾参加当地许多灵性团体，与西藏人和苏菲教徒一同修行。她先生自杀后，整个修行团体帮了他们不少忙。几周以来，这些朋友每天来料理三餐、照顾小孩，带来安慰与支持，也为这家人和死去的父亲举行许多灵性仪式。

有一天，有个西藏团体的好友非常兴奋地来找珍，说："我最近一直在西藏式的祷告中观想过去四十天过世的人，昨天晚上看见你丈夫，他现在很好。我看见的影像非常清晰，他进入了阿弥陀佛的西方极乐世界的光中，我清楚地感觉到一切都很好。"珍听了受到很大的鼓舞。然而几天后，她在镇上遇见一位参加当地基督教神秘主义团体的朋友，珍曾参加过这个团体的活动。这位朋友激动地告诉她："他很好，我看见他，我昨晚在祷告中看见了这个深刻的景象，他在天堂里，周围环绕着白光，和其他升天的人在一起。"听到不同的说法，珍感到有些震惊和困惑。

她回家后，决定拜访一位备受敬重的年长老师，他是苏菲教派的大师。她一到那里，还来不及解释自己的困境，大师就对她说："你知道吗？你丈夫现在很好，他已进入一个子宫，将生为女身，父母住在华盛顿特区。我在禅定中跟随他的意识而得知的。"她在困惑烦乱之中，想找出哪一个说法才是真的，所以前来见我。

我要她仔细想一想，她自己到底知道些什么。如果把西藏的教诲、苏菲教派的教导、基督教的神秘教义都放在一旁，只看着自己的心与存有，她已经知道且非常确信的是什么，即使耶稣和佛陀都坐在这里说"不，它不是"时，她仍能直视他们的眼睛说："是的，它是。"我要求她把所有的哲学和信仰、关于过去世和未来世的种种指引都丢到一旁，我提醒她，她所知道的也许是非常简单的道理。最后，她打破沉默说："我知道每件事都会改变，如此而已。每一个生命都会死亡，每一个生命都在变化的过程里。"我接着问她，这样是否足够，她能否在这个简单的真理中充实、诚实地生活，而不紧紧抓住必然需要放下的东西。这个简单的认识也许就足以让人活出智慧而属灵的生活。

我要求珍把所有听过的教诲都放在一边，想想自己真正知道的事，这是我们都必须做的工作。我们所知道的常常都很简单，韩国禅宗的崇山大师（Seung Sahn）称之为“不知道的心”，在这种简单之中，我们能了解生活的精神。我们能感觉生在这副身体中的奥秘，在此处参与各种声音与色彩之舞的奥秘。在这种简单中，某种东西会自行更新、自行完成，而且已经真的完成。美丽的东西会在静默中展现自己，伊丽莎白·库伯勒-罗斯（Elizabeth Kübler-Ross）在书中谈到，在死亡的时刻会发现这个道理，那些有勇气、有爱心默默坐着陪伴濒死者的人，都知道这一刻并不可怕，也不痛苦，只是身体的功能安详地停止而已。观看一场安详的死亡，会使我们想起观看流星陨落时的安详。

体认每件事都会改变的那一刻，珍再度发现自己的路。宗教和哲学虽然有其价值，但我们能做的，终究是向奥秘敞开，走上心所伴随的道路，不带有空想，也并非没有困难，而是如佛陀一般，在这地球上，在我们的生活中，非常人性地活着。问自己一些问题是很有用的：我们能直接看见什么、知道什么？这些简单的真理还不够吗？我曾在许多禅修团体提出这个问题，大家通常会回答一些简单的真理，比如“无论我抱持什么观点，我都知道还有其他观点”，“这个世界有黑夜和白天，有光明和黑暗，有快乐和痛苦，它是由对立面组成的”，“当我有所执著，就感到痛苦”或“此生真正带给我快乐的就是爱”。

自由和快乐来自我们深入地知道，即使别人抱持相反的看法也无所谓。只有当我们与自己所了解的真理紧紧相连时，灵性生活才会坚定不移。

现代的情形有点类似古印度的灵性氛围。历史上记载，佛陀时代有许多其他派别的老师、瑜伽行者、贤哲及大师，提供了各种不同的灵性修行方法。就像我们这个时代一样，佛陀时代的人在见识这么多大师后，也感到困惑。佛陀一生最有名的教诲之一就是在羯腊摩村的开示。村民在连续接待几位灵性教导互相矛盾的大师后，感到困惑。佛陀抵达当地，听说这件事，他说：

> 羯腊摩村的村民们，你们或许感到困惑、怀疑，而你们的怀疑是由于不知道该怀疑什么而引起的。你们也无须相信我。如果你们希望了解灵性的真理，就必须以这种方式探索：不要满足于传言或传统，不要满足于传奇或伟大经典上的字句，不要满足于推测或逻辑推理，或是个人所喜恶的观点，或者"这是大师和老师的话"。要往自己里面看，当你发现某些教诲是无益的、应受非难的、智者会谴责的，当你接受之后会受害或感到痛苦，就应该放弃。如果它们造成虚伪和贪婪、导致偷窃或着迷、增加怨恨或妄想，就应该放弃。羯腊摩村的村民们，我再次告诉你们，不要满足于传言、传统或任何教诲。只有当你从内心知道这些东西是有益的、无害的、智者会称赞的，而且接受和实行时会带来幸福和快乐，你们才应该遵行。当它们带来德行、诚实、慈爱、清明、自由时，你就必须遵循它们。
>
> 你可以这样想：若有来生，今生的善到来世时的果，也将是善的；若没有来生，就在此时此地体验善的果实。

我们面对各种灵性教导和修行时，必须保持真诚的探索精神：这种教诲和修行对我自己和其他人会产生什么影响？它如何运作？我和它是什么关系？我是否陷入、惧怕或迷失在困惑中？我是否被指引到更仁慈、更了解、更平静、更自由的境界？只有自己才知道我们所走的路是否能带领我们达到最高的定境和治愈心灵的创伤。佛陀的遗言告诉我们，要做一盏照亮自己的灯，我们必须找到自己真正的路。

灵性修行不可能通过模仿完美的外在形式来达成，这只会使我们"扮演灵性"。虽然我们可能真的被智慧的老师和传统的榜样所启发，但他们带来的启发也会为我们制造问题：我们只想模仿他们，而不是保持内在的诚实和真实，我们会在有意无意间学他们走路、言谈、行为的样子。当我们拿自己的形象与开悟老师或佛陀、耶稣、甘地、特蕾莎修女等人的形象比较时，就会造成灵性生活极大的挣扎。我们的心自然会渴望完整、美丽和完美，但我们尝试学习这些大师的言行时，会把他们的完美形象强加在自己身上，这会让你感到十分沮丧，因为我们并不是他们。

事实上，刚开始时，灵性修行感觉好像会把我们带往相反的方向。当我们觉醒时，更容易看见自己的错误和恐惧、缺陷和自私，而且看得比以前更清楚。这条路上最初的难题包括一些猛烈的觉醒，使我们可能怀疑自己是否走在一条与心相连的道路上，甚至不知道是不是正确的道路，于是产生怀疑。修行变得不像爱的活动，比较像体力劳动，而我们抱持的完美形象最后也会离开我们，更让我们对自己和修行感到灰心。我们开始直接面对自己的缺陷时，会尝试寻找另一种修行方式，想发现更快速的方法，或是决定彻底改变生活：搬家、离婚、加入修行团体。

在最初的沮丧中，我们会怪罪修行方式或周围的人，或是责怪老师。我出家的第一年就发生过这种情形，当时我很勤奋地修行，一段时间后觉得很受挫，我遇到的不安、疑惑、反感和批评的心，对我来说很棘手。我当时住在森林寺院中，接受知名禅修大师的指导，每天除了五小时的禅坐之外，还必须诵经、汲取井水、编绳、参与团体事务，早上还要一起走路去化缘，这一切都被视为禅修的一部分。然而我听说其他寺院的风格是把人关在房间里，每天修行二十小时，在安静、完全不受打扰的环境中修行。我开始觉得如果自己在那种地方修行，禅修就理所当然会更深入，我就能开悟。

我愈觉得沮丧，就愈觉得寺院很随便，无法促成开悟，就连大师在我心中的形象也随之改变。他怎能以这种方式经营寺院？他为何不整天禅修，做个好榜样，却整天与僧侣们坐在一起，教导所有前来的村民？所以我去找他对质。我恭敬地向他礼敬，说我想去更严格的寺院，因为这里没有足够的禅修时间。“嗯，”他说，“没有足够的时间去觉察吗？”我回答：“是的。”我对他的问题感到震惊，但挫折感实在太强烈，所以我继续说：“此外，僧侣也太懒散，而你也不够沉默，又常常前后矛盾，这似乎不像佛陀的教导。”只有西方人才会说这种话，他大笑着回答：“我不像佛陀，这是件好事。”我有点恼怒地回问：“为什么呢？”他说：“否则你就会一直在自己之外寻找佛陀，而佛陀不假外求！”说完后，他要我回去继续禅修。

佛陀说：“就因为我们一直在自身之外寻找完美，才使我们痛苦。”这个世界的现象会不断变化，佛陀把世界的循环称为无尽的“轮回”，如果把任何完美的形象放入这个世界，本来就会产生挫折感，因为即使是最完美的一刻或事物，到下一刻也会改变。我们要寻找的不是完美，而是心灵的自由。请再次牢记佛陀的话：“如同大海只有一味，盐的味道；所有真正的教诲也只有一味，就是自由的味道。”

佛教禅宗三祖解释说，当我们“不再对不完美感到焦虑”时，就得到了自由。世界不会根据我们的想法而变得完美。我们长久以来一直尝试改变世界，然而自由并非来自改变世界，也不是出于让世界或我们自身变得完美。无论是通过超常意识，还是在团体或日常生活中追寻开悟，只要我们想追求完美，就不可能开悟。既然如此，我们要如何在其中找到佛陀呢？当我们能诚实而慈悲地看待自己和世界时，佛陀就出现了。在许多灵性传统中，只有一个重要问题需要解答，这个问题就是：“我是谁？”我们回答时，心中会充满各种形象和完美的典范，包括我们想改变的负面形象及某些具有伟大灵性潜力的正面形象，但灵性道路无关乎改变自己，而是要倾听生命的基本法则。

有个关于纳斯鲁丁的现代故事，他是苏菲教派的老师与神圣的愚者。他说自己有次到银行兑现支票，出纳人员请他出示身份证明，纳斯鲁丁从口袋掏出一面小镜子，看着镜中说："是啊，正是我！"

禅定与灵性修行就像这样，好像看着镜子一般。一开始，我们仍以惯有的方式看待自己和世界，依照我们抱持已久的形象和模式说："这是我。""我很聪明。""我很勤劳。""我很可爱。""我聪明大方。""我胆小而羞怯。""我毫无价值。"然后，我们可能试图修改或重塑自己的形象，但如此机械化的方法是没有用的。有些人禁欲苦修一年，以为那是真正的道路；隔年又换成歌颂奉献的方式，以为那是真正的道路。亨利·米勒（Henry Miller）了解僵化的观念有多么荒唐可笑，他说："我写的关于某人的事，我知道后来也能被我写成完全相反的事。"

我们对自己、对自己的灵性生活、对其他人，在心中抱持什么形象？这些形象和观点真的是我们的吗？这是我们的真实本性吗？自由不是出于自我改进、使身体或人格变完美的过程。在灵性生活中，我们必须找出另一种观看方式，而不是以平常的形象、理想和希望来观看。我们要学习以心来看，心的方式是爱；而不是以头脑来看，头脑的方式是比较和解释。这是完全不同的存有方式，使我们超越完美；就好像我们起起落落的灵性修行，都能被佛陀的心容纳。从这个角度来看，一切事物都能包含在我们的修行之中。

在我们每年为期三个月的密集禅修中，有位朋友询问几位成员静坐的情形。"姬儿做得怎么样？"我说："很好。""山姆做得如何？"我说："很好。""克劳蒂亚做得怎么样？""嗯，她曾经历一段难受的时期，但现在很好。"我继续回答有关其他六个人的问题：每个人都做得很好。最后他问道："你说他们做得好，是什么意思？"我停下来想了一下，然后说："意思就是他们还没离开。"我们都笑了，但这是很严肃的答案，因为在觉醒的领域中，重要的并不是拥有什么特殊经验，而是我们是否能将这些经验也放入修行之中，是否能对眼前的一切持续地开放自己，并学习在此处爱人。

从初步的静坐和修行中面临的必要治疗开始，我们渐渐向一个崭新而陌生的领域敞开，可能会出现超常意识状态，也可能没有，但最后会发现我们向来所追寻的就在此处，就在我们安住下来的那一刻，就在自我的本性中，就是我们的佛性或根本的善。当我们完全活在当下、安住在此刻，就会发现它，但不是寻找一件事物，而是出现一种完整和整合的感觉、力与美的感觉。我们找遍全世界，却发现它就在家门口。我们一次又一次地学习这种简单。

若想经由控制自己和他人得到力量，就会发现那只是假象，当我们毫不动摇地安住于事物的本来面目，就会在深度静默与完整的时刻产生真理和内在固有的力量。我们原本想通过别人或完美的心智状态来追寻美或爱，但这种目标也只有在欲望和渴求停止时，才会自动而完整地出现。这就是向我们的佛性觉醒。

我们寻找的是“我们是谁”，完成修行时，我们会发现要找的答案一直都在眼前。即使是教宗也是如此，教宗若望二十三世说出这种经验：

> 我常在夜晚醒来，思考一个严肃的问题，决定向教宗报告。然后我完全清醒，想起自己就是教宗。

这就是禅修：恢复我们的真实本性，发现无限的平静与安详感，在生活中找到宽广的心，让自己透明地面对永远闪耀的光。“它并不远，”一位禅宗大师说，“它比近还要更近。”这并非要我们改变什么，而是要我们不去抓取任何事，并打开我们的双眼与心灵。

这听起来也许过于简单，那我们再深入一些，找一个生活中的困境，看看如何在其中找出我们的佛性。我们将做个简单的冥想，以唤起宇宙的原型、慈悲与智慧的能量，每当我们记得向它们的声音敞开，就会发现这些能量一直在我们体内。你读完这段和接下来的两段文字后，请闭上双眼，想象自己置身于生活中最大的困境，也许是工作或人际关系的难题。请你回想它、描绘它、想象它、思考它、感觉它，以任何你觉得最容易感受的方法进入它，让自己如实地重新经历那个景象，其中的人、困难的处境以及你对它们的反应。让它达到最糟的地步，注意你的身体在其中有什么感觉，你如何行动，以及你的心理状态。

然后想象有人敲门，而你必须应门。你暂时离开现场走出去，看见等你的人是佛陀、耶稣、圣母玛丽亚或观世音菩萨。他们来探望你，亲切地看着你，问道："今天不顺心吗？"他们建议："我们交换位置吧！把你的身体借我，让我向你示范我会如何处理这个情况。你可以隐形在一旁观看。"于是你将身体借给女神、佛陀、耶稣或某位神，然后隐身跟着他们，走进最困扰你的地方。对话和问题仍和之前一样，只要注意他的示范。耶稣、佛陀、玛丽亚或任何一位神如何回应这个处境？沉默吗？带着什么能量？他们选择说什么话？在这种情况下，他们的心境如何？他们的身体处于什么状态？让他们向你显示他们的方法。他们教导时，请你留在旁边，不要走开。

接着他们会再回到原先遇见你的地方，慈爱地把身体还给你。在他们离开前，会以最具疗愈力量的方式温柔地碰触你，在你耳边低声劝导。仔细听听这些智慧与关爱的由衷之言。尽你所能听他们说话、想象他们、感觉他们，使他们完全符合你明智的生活所需。

并非所有人都能轻易进行引导的冥想，但大多数人都发现经由练习就能想起困境，并以全新的方式来探索和想象。可能需要花一段时间静静地练习，才能得到这种智慧，但也可能很快、很轻易地就能达成。这都没有关系，它就在你里面，等待被发现。

做完这个练习后，问自己一个问题：佛陀、耶稣、玛丽亚或观世音菩萨是从哪里来的？你在这次冥想中学到的超凡智慧、慈悲或任何其他特质，原本就在你里面！它早就在这里了。你不需要去制造或模仿，只要倾听它，在自己里面发现它。那些来自内在灵性人物的劝导往往很简单："爱每个人。""记得要温和。""为自己及真理站稳。"但我们在自己心中听见这些话时，它们就有了新的意义。当我们在最大的困难中，能想到不同的方法来使用身体，描绘或感受其中的力量与智慧、慈悲与清明时，所有问题就会呈现新的意义。

以下是我在团体中带领这种引导式冥想时，学员提出的一些解决方式。有人看见佛陀代替他们面对因计划延误而大发雷霆的老板，佛陀坚定而强壮地站在那里，但仍保持身体柔软，他只说了一句话："做这些事，你一定感到责任重大。"老板的态度立刻软化，可以心平气和地和职员讨论。还有人前去拜访爱挑剔的双亲，观世音菩萨借用她的身体，并没有与父母争吵，只是坐着陪他们看电视，尽量试着表达爱意。观世音菩萨离开时，在这位充满挫折感的女儿耳边低语："不要太常回家。"还有位妈妈想到的问题是每天早上被三个要求过多的孩子不断烦扰,觉得没时间留给自己而苦苦挣扎。她遇到的化身是圣母玛丽亚，玛丽亚走进去，坐在地上与孩子们玩耍，设定限制，注意上学时间一到，就送他们出门，但她满足了他们大部分的需要。她离开时，在忙碌的妈妈耳边说："多爱他们一些，别太在意家事。"

灵性成就不是来自特殊的秘传知识、研究伟大的经典或有系统地学习伟大的宗教著作，也不是出于控制和权力；它不是用某种特定的方式依附在某些东西上,也不能说什么方式是错的。它与控制他人无关，甚至与控制自己无关。它源于心中的丰富智慧。

几年前，我在东南亚的森林寺院遇见一位老和尚，我们在一个晴朗的夜晚看见一颗人造卫星划过星空。他指着它，告诉我那是天空中的新星。我试着对他解释火箭及卫星，令我惊讶的是，他竟质疑地球是圆形的观念，他一直认为地球是平的。他在20世纪20年代受过相当于小学二三年级的教育，这种教育背景不足以让他相信地球是圆的，但许多人却认为他是圣人。他的心充满慈悲与智慧，吸引许多人找他倾诉烦恼，并听取他的劝告。虽然他连地球是圆的都不知道，但他对人性和生活的了解却极为深入而美妙。

在任何环境下，不论是圆或方的任何星球上，都能找到心灵的智慧。这种智慧不是来自知识、完美的形象，也不是通过比较和评断，而是以智慧的双眼和关爱的心来观看，以慈悲接触世上所有存在的生命。

心灵的智慧就在这里，在现在，在任何片刻。它一直都在这里，只要发现它，永不嫌太迟。我们追寻的完整和自由，就在自己的真实本性中，这是我们的真我。每当我们开始灵性修行，读一本关于灵性的书或思考什么是好好生活，就已经开始了这个真理的历程。这个历程不会停止，这个真理就是生命本身。

让我以一个振奋人心的故事结束这一章。有个年轻人找到尼萨伽达塔住的小公寓，他是我以前在孟买时的印度上师。这位年轻人问他一个灵性上的问题，然后离开。一位定期来学习的学生问道："那人会怎么样呢？他会得到启示、偏离正路还是继续沉睡？"尼萨伽达塔说："太迟了！他已经起步了，他来这里询问一个关于自身本性的问题，光是这个事实，就表示他内在知道自己究竟是谁的地方已经开始觉醒。即使要花很长很长的时间，但他已不会回头了。"

冥想：变得单纯而透明

当你深思自己的灵性生活时，问自己：你对生命的真理知道些什么？你真的需要更多知识吗？或是这个简单的根本智慧就已足够？什么原因使你没有活出已知的简单真理？如此做时，你需要放下什么？有什么困惑和恐惧妨碍你的慈悲？想要明智而好好活着，需要什么力量和信任感？你会如何改变生活，让你的身体、心灵、心智对内在的光更无知、更透明？你能想象知道得愈少，愈有智慧吗？

让自己感觉到一种单纯的爱，你可以将它带入每一刻。注意你的灵性生活如何引导你走向这个方向。

PART THREE

扩大修行的范围

灵性生活有两个并行的任务：一个是发现无我，另一个是发展健康的自我感。表面上两者互相矛盾，但两者都必须实现，我们才能觉醒。

第 12 章　灵性生活的周期

如果我们认为修行就应该如何，反而会造成阻碍，使我们无法尊重实际发生在我们身上的情况。

生命的自然周期

每一个古老的智慧体系都认为人的一生由一连串的阶段组成：童年期、接受教育和学习的阶段、家庭生活和工作的阶段、沉思修行的阶段。美洲原住民传统把这些周期的演变视为人生大事，通过仪式使每一位成员带着全然的觉知与支持，进入新的人生阶段。现代心理学家如艾瑞克森（Erik Erikson）也谈到充满智慧与意义的人生是由一连串必然的阶段组成的。

四季的变化有其美感，重视人生的周期就会发现其内的优美，灵性修行也是如此。我们如果能了解何时适合隐修，何时适合旅行，何时适合安定、扎根，何时适合成家、养儿育女，就能拥有平衡的灵性修行。若能欣赏这些周期，就能欣赏宇宙的自然法则，也就是生活中的道或法。诗人温德尔·贝瑞在《万物的法则》（*The Law That Marries All Things*）一诗中谈到这点：

云随风而飘，
才是自由的。

雨落下时，
才是自由的。
水聚集在一起时，
才是自由的，
在向下的过程中，
在上升进入空中时。
若你喜爱法则，
若欢唱进入其中，
如水顺流而下，
就得以在其中安歇。

一开始，我们可能误以为灵性修行是直线式的旅程，经历某种风景之后，达到远方的目的地——开悟。其实不然，灵性修行应该被描述成愈来愈宽广的环形或螺旋形旅程，在过程中开启我们的心，让我们的意识逐渐吸纳生活中的一切，并视之为灵性的整体。前几章谈到，每当修行达到新的层次时，原本处理过的议题还是会一再出现。所以，如何度过生活环境与修行两方面的变迁，也必然是一再出现的问题。二十五年前，拉姆·达斯在《活在当下》（*Be Here Now*）一书中谈到灵性生活的周期循环：

修行就像坐云霄飞车，每次达到新高点之后，接下来通常是新的低点。了解这一点，会比较容易度过这两种阶段……除了上下的循环，还有内外的循环，就是在某些阶段会觉得被拉入内在工作，只想找个安静的地方打坐；有的阶段却想向外发展，回到日常生活。两种阶段都是修行的一部分，日常生活发生的事对你的禅修有帮助，而禅修经验也能帮助你以不执著的方式投入日常生活……一开始你会认为修行只是生活中的一小部分，但后来就会了解你所做的每件事都是修行的一部分。

生活的变化不只是出于内在需求的转变，也来自外在环境的转变。佛陀教导我们，存在的本质就是不停地变化。我们要如何在灵性修行中欣赏这些自然的生命周期？我们必须先尊重生命会带来不断变化的周期，并接受这些周期带来的内在任务，顺着这个过程就能自然产生灵性的成长。这虽然显而易见，但我们的社会已忘却这些自然韵律，并以各种方式教导我们忽略它们：孩子被强迫进食，尽早学习知识，而不是自由玩耍、以健康的方式学习；许多中年男人还没有度过青春期，女人努力保持年轻，好像要逃避成熟；老年被视为可怕的挫败。不论哪一个生命阶段，我们都缺少智慧的榜样，也没有启蒙和成长的仪式。

各个生命阶段的灵性意义

当我们尊重生命的自然周期，就会发现每个生命阶段都有灵性层面的意义，都能提供助长灵性的智慧与经验。举例来说，灵性意识的主要来源之一是早期的生活：生活在母亲子宫时的美妙合一经验。我们的意识会牢牢抓住这个记忆和合一的可能性，运用到禅修之中。当我们还是婴儿时，体验到初次看见、感受、触摸这个世界的新奇感，以及身体感官和需求的直接经验。在我们认识和感受的对象中，重新唤醒这种直接的经验，重新捕捉自发而完整的信任，是在日后修行中找到灵性基础的关键。

许多人最初的灵性经验发生在童年，那是生来就与神圣事物自然联结的经验。童年时期的嬉戏、欢乐与好奇，都是重要的基础，借此在修行中愉快地重新找回这种精神。如果我们与父母的关系是尊重和关爱的，这份关系就会成为其他关系中尊重和信赖的基础。如果我们在子宫里、婴儿期或童年期拥有不好的经验，就需要大量的疗愈来恢复应有的幸福感。但这些痛苦的经验也可能刺激我们渴望真正的幸福，而每个人的童年都必然有某些时刻蕴涵了觉醒的种子。

青春期的独立和叛逆提供了修行所需的另一种特质：坚持自己找到真理，采纳自己的经验而非他人的指导。当我们进入青年期，开始承担各种责任时，就会发展对他人的关怀。这种成熟能带来人与人之间相互交融的感觉，满足互相尊重和社会正义的需求，这是使我们觉醒而走上宇宙慈悲道路的基础。

成人生活自然会带来灵性的任务与启发，我们对家庭、社群、世界会愈来愈关心和负责，我们会需要愿景，强烈渴望实现自己独特的人生。当我们成熟时，生活自然会出现沉思的特质，我们可以感觉到内在需要深思的时间、想要得到洞见、渴望与心保持接触。年老时，由于已见到许多生死的循环，内在就会滋生智慧与超然的态度。

以自觉接受每一阶段的任务

人生的每个阶段都有灵性成长的种子，当我们能有自觉地接受适合自己的人生任务时，灵性生命就会成熟。可惜在许多灵性团体中，有些人会逃避这些任务，他们可能从二十五岁就开始耗费多年光阴，试图忽视自己的身体和创造力，直到四十几岁才痛苦地发现自己其实想拥有家庭和事业。他们也可能加入某个灵性团体，想象自己终生像佛陀一样生活，有如与世隔绝的流浪隐士，却忘记佛陀流浪一段时间后，仍在一座寺院安顿下来，成为一个团体的领导者，并花费二十五年教导别人。即使是投入寺院生活的人，也会经历必然的周期，从一开始的训练和孤独时期，到后来负起教学、领导、管理的重责大任。

不论是在寺院、工作场合还是家庭生活中，我们都要为心的发展倾听各个周期的需要，并接受各个周期的灵性任务。与成长有关的自然周期（如发展正当的生计、搬迁至新居、小孩出生、进入灵性团体），都会带来灵性的任务，这些任务要求我们的心在承诺、无惧、耐心和专注中成长；与结束有关的周期（如子女离家、父母年老与死亡、事业失败、离开婚姻或团体），则会带来不同的灵性任务：悲伤、优雅地放下、放弃控制、在失落时找到平等心与全然的慈悲。

我们有时会面临周期的选择，比如选择婚姻或开始新的事业，这时最好能深思哪个方向能使我们更接近心的道路，为这段人生带来适时的灵性功课。

更常见的情形是我们无法选择，巨大的生命周期冲击着我们，向我们展现困难的人生阶段与挑战，远超过我们能想象的程度。如中年危机、离婚的威胁、自己或子女的疾病、钱财问题，也可能只是再度冒出不安全感或未实现的雄心壮志。人生中这些困难而世俗的部分，看似需要加以克服才能得到平静，以从事灵性修行，可是当我们抱持注意和尊重的态度，就会发现每件事都包含了灵性的功课。也许是在极大的混乱中仍能集中注意力的功课；或是宽容的功课，对制造痛苦的人培养出宽恕的心；也可能是接纳和勇气的功课，需要寻找心的力量以站稳立场，活出最深层的价值。

即使是灵性老师和上师也要面对这些无法预料的周期，比如心中生起自己未曾实现的渴望，或是整个团体面临艰难的处境。有位极受敬重的印度上师发现学生充满嫉妒和竞争时，被迫全面评估自己的教导是否适当。还有位灵性老师极度渴望到山林中隐修数年，却在自己的上师过世时，被指派为著名寺院的住持。有些老师在修行的某些周期，可能要面对所创立的团体过于依赖自己，或是自己过于依赖教学。

修行方式也有周期

世俗生活有周期地运行，且每一周期都包含灵性的功课；同样地，内在灵性修行的技巧和方式也有自然的周期。我们常认为不同的灵性道路有不同的修行方式，比如服务穷人、祷告献身、瑜伽体位、隐修闭关或研究探索。但灵性之旅可能在我们的成长过程中，引导我们吸纳许多不同的修行面向。某阶段的修行可能是全心奉献、追随一位老师，下个阶段却可能是自己修行、探索；或是在某个阶段全心过着与世隔绝的孤独生活，下个阶段却试图通过服务他人而扩展慈悲心。我们可能在某些阶段专注于身体，某些阶段侧重祷告和臣服，另一些阶段则注重研究和思索。

就如我在第六章谈到的，我的老师阿姜查能敏锐地察觉学生所处的不同周期，借此指导学生的修行，让他们能有意识地处理自己的周期。当他觉得学生已做好准备，就会把害怕寂寞的学生分配到远离人烟、与世隔绝的洞穴中修行；依恋平静生活而难与人相处的学生则被送到曼谷大马路边，每天有数百位朝圣客驻足的寺院；不喜欢料理食物的学生会被派到厨房工作，傲慢的人每天的例行职责可能是清扫浴室和厕所。

某些禅寺会把这些周期正式纳入训练，指派团体成员担任某些角色一两年，作为修行的一部分。包括师父的侍者，一方面学习服务、负责和献身，同时从接近师父的机会中获益。还有一种角色是纠察师，要拿着香板巡视，注意打坐的学生是否打盹，还要大声维持秩序，拉回迷途的学生，不接受任何散漫或懒惰的借口。另一种相反的角色是寺院的照顾者，为需要的人提供额外的坐垫、照料病人、安排整个闭关活动，并提供各种滋养的支持。学生被分配某种角色后，不论是否符合自己的性情，都要全力以赴。从某个角度来看，这种训练很有趣，会互相轮替，一个人担任一整年严格无情的纪律维持者之后，可能会被派去做一个温柔亲切的照顾者。灵性修行期待人能学习所有角色，包括在需要时砍柴挑水、不动如山地禅坐、像祖母般烹调食物，并像佛陀一样开怀大笑。

我们的意识包含所有这些角色，而且还更多，如英雄、情人、隐士、独裁者、智者和愚人。即使没有老师或团体可以引导我们进入不同的修行面向，在禅修中也会自然遇到。身心似乎是互相循环的，好像有自然的智慧会带领我们进入最需要被我们接纳和了解的部分。禅修有时会提供极大的平静感，使人能安详地走出人生的剧码；接下来可能对自己的家庭创伤和童年的痛苦有新的觉察，然后花很长的时间处理悲伤和宽恕；接着可能又进入深入的专注和广阔的洞识。但接下来可能是以新的方式开启身体，在修行中呈现身体的疼痛或能量的释放。持续进行个人的疗愈时，可能会看见世人受苦的景象，觉得必须有所回应，而将之纳入修行。这些循环并没有固定的顺序，也没有高下之别。这些内在的周期开启时，我们的灵性任务就是要觉察它们，并将爱、智慧、宽恕带入每个周期里，这是所有周期都需要的要素。

无法预料的收获

灵性修行中，最有价值的教导有时是出乎意料的。有位学生在十天闭关禅修的经验中深受感动，决心接受长期的密集修行。他花了两年存钱，累积足够的假期，准备到泰国和缅甸进行三个月的闭关修行。没想到才闭关一星期，他就接到紧急电话，得知父亲因严重心脏病住院，母亲和家人都需要他回家。他非常爱父亲，决定立刻回家陪他，但又非常失望，因为他期待了很久，终于能到亚洲闭关修行，却必须立刻回家，谁也不知道何时才能再有这种机会。我相信读者都已猜到故事的结局，他在家里照顾父亲、关心家人的需要、在父亲过世时面对死亡的奥秘，这九个月有如深刻而充满意义与自由的灵修时期，是他一辈子难能可贵的时光。

另一位年纪较大的男子遇到相反的情形，他拥有成功的事业，养育了三个十几岁的小孩，接受了大量心理治疗来处理童年和酗酒的家庭背景所造成的悲伤。他参加闭关修行时，仍陷在亲子冲突中，因为小男孩们正处于狂暴的青春期。他来打坐是为了更能集中心力了解自己和孩子，结果却证明他需要集中在别的焦点上。闭关没几天，他的意识就转向一种深邃的禅定状态，充满献身的感觉，看见自己的身体充满光，周围的树木开始闪烁，意识中充满一种深刻的神秘洞见。他想写诗及作曲。令他大为惊讶的是，他发现自己渴望住在灵性团体里，并决定孩子长大成人后就付诸行动。他为自己的人生找到全新的方向和价值，带着新的洞见，回家后就能以崭新的平静面对青春期的孩子了。

有位年轻女性在森林中简朴地生活了数年后，来到我们的禅修中心。多年的密集禅修使她得到丰富的收获，她天生就有平静的力量，能达到自由、喜悦的深刻境界，并能体会丰盛的空性。接下来她进入一段亲密关系，找了份工作。重返社会一两年后，她再次参加一位客座老师长达两个月的禅修，但崇高、明亮的状态消失了，她陷入可怕的童年景象，虐待、遗弃、酗酒的父母与胚胎期以来的巨大痛苦几乎淹没了她。禅修五年的喜悦消失了，取而代之的是另一个痛苦的五年历程，这需要她面对、整合、全然接纳自己的伤心往事，就像对待以前的喜悦状态一样。第二个五年的重心是慈心观、治疗、绘画和深刻的内在疗愈。完成第二个阶段的结果使她进入新的阶段：结婚、成家。每一个阶段都是自然出现的，她能做的就是加以接纳和尊重。

如果我们认为修行就应该如何，反而会造成阻碍，使我们无法尊重实际发生在我们身上的情况。我们常常希望自己的情绪都得到解决，以迈入下一个层次。参加密集禅修的学生常问我："为什么我仍会悲伤？我为这个失落已悲伤了好几个月，现在应该已经过去了。"可是，悲伤也像波浪起伏，循环出现，时候到了，自然会结束。当我们深深接纳它，它是否出现都没关系时，就结束了。同样地，学生会抱怨："我已经处理过性欲的问题，为什么它又出现了？"或者："我以为自己已经能接受人生的痛苦，却在修行中发现人生还有不同层次的痛苦，现在才开始面对、了解。"

修行不会按照我们的理想状况进行，而是根据生命的法则。我们可能天真地想象自己的心能像巨大的向日葵一样，日复一日、稳定不变地敞开，充满慈爱、悲悯和联结，可是我们的心与感受都有自己的韵律和周期。心就像身体的其他部分，有时打开，有时关闭，好像盛开的花在寒冷的夜晚会阖上花瓣一样。

我们的身体反映出星辰的运转及移动。我们有清醒和睡眠，地球会旋转，太阳升起又落下，女性有月经周期，心脏会跳动，呼吸有进出，脑脊髓液会清洗大脑和脊椎，这些都是自然的韵律。

即使我们希望“超越”身体，但身体就像心一样，有自己的周期。当我们尊重这些周期，修行就得以开启。有位学生在多年的禅修中企图忽视身体，结果一直生病。以勉强的方式追求灵性，可说是她生病的部分原因。最后，她因为病得太严重，不得不在修行中注重运动、饮食和瑜伽。一旦她对身体表达认可和尊重，生命的其他部分也就开始健康起来，甚至禅修也更为深入、丰富。

相反，另一位学生过度重视身体、运动、体重、健身及外貌，禅修时仍忍不住想这些事，非常痛苦。持续数年后，他终于放下这些强迫性想法，放下自己多年努力维持的身体形象。放下身体后，他就能专注于自己的心，以及长期隐藏在禅修背后的各种恐惧。于是，好像云雾散去，生活与禅修以深刻而崭新的方式整合起来，在其中产生了一股全新的慈悲和幸福感。

密集禅修结束后：在变迁中修行

不论遇到突如其来的外在周期，还是自然而然的内在周期，灵性修行都要求我们以清醒的方式尊重这些变化，在修行的周期中优雅地呼吸。有一个绝佳的机会可以学习这个功课，就是在长期的密集禅修、灵性研讨会、闭关修行结束之后的过渡时期。现代的灵性修行常要求我们暂时进入一个灵性团体，修行数天到数周后才回家。从密集禅修和灵性团体的开放与支持回到复杂的日常生活，这种转变可能很困难，特别是我们若坚信其中某个阶段比另一个阶段更属灵时，尤其困难。但通过专注，我们可以觉察内在和外在的变迁，并将之融入心的修行。

密集禅修结束时，环境的改变自然会使我们面临失落感，如果禅修培养出平静开放的心与单纯的生活，我们可能会害怕复杂的日常生活将使我们失去这些收获，在受到保护的禅修环境中唤醒的灵性敏感度会消失殆尽。禅修使我们的感官和情绪变得开放、脆弱、纤细、敏感，回到城市的家中，每天和家人、工作、塞车奋战，会让我们觉得难以承受。效果愈好的禅修，这种恐惧可能就愈强烈。我们可能也害怕没有人了解我们，希望生活保持在禅修时的状态。我们可能试图抓住禅修时遇到的任何美好状态，即使是深刻的觉醒之后，仍可能有执著和骄傲，禅宗称之为“开悟的臭味”。所有恐惧、执著和骄傲的力量都会使我们无法迈向下个修行阶段，所以这种变迁是完美的际遇，可以学习如何经历修行的周期。

首先需要耐心，必须体认变迁可能是很长的过程。如果禅修期间很深入或时间较久，可能会经历数周到数月的艰难与困惑，才能再度融入原有的生活。最重要的是能有自觉地承认自己的失落感，我们经历生活的变迁时，必须允许自己感受到失落，然后放下。这样就能让我们的心对前一个阶段的结束，感受到悲伤与不可避免的执著。若能尊重失落感，允许自己看见执著，就能觉察放下的过程。

同样地，我们也必须尊重自己的脆弱。禅修常使我们非常开放，而对紧绷的日常生活感到烦躁、震惊。回到尘世时，我们有时好像需要被尊重和保护的新生儿，从前一周的西藏寺院到下一周回到医院病房从事护理工作之间，这个小婴儿有时需要泡泡热水澡，听听舒缓的音乐，作为两个时期之间的桥梁。为了尊重这种敏感度，我们必须注意如何转换，比如抽空让自己安静，改变时间表以得到额外的沉思时间，延缓最忙碌或艰难的工作，让自己有足够的时间从安静的状态慢慢转换到大量的活动。与其他一起修行的人定期聚会也很有帮助，大家可以一起大笑和流泪，帮助彼此度过周期的变迁。

从安静的禅修期返回后，常会以更为清晰、无法否认的方式看见世界的痛苦，包括自己和他人的痛苦。其实这是灵性道路的一部分，可以把心打开，更清楚地看见一切，但也可能令人觉得难以承受。我们可能发现自己重复旧有的潜意识模式，或面对棘手而未解决的老问题，而需要对自身的痛苦抱持慈悲的态度。我们以全新的眼光观看时，周遭世界似乎是出于潜意识而充满压迫感，我们可能更清楚地看见周围许多人带着烦恼、寂寞、焦躁和恐惧的面容，它们揭露了现代生活的强度与速度，以及生活背后的愚昧与巨大痛苦。如果我们能有自觉地允许自己的心被触动，这种经验就可能成为慈悲心的来源。

即使我们毫无困难地离开密集禅修，仍会进入新的周期。我们可能体验到光明的变迁，徜徉在生命的奥秘中，充满喜悦；也可能再次惊叹生命的细腻美丽，或对众生开启充满爱的心门。这时的任务就是把这种精神扩展到日常生活的行为中。

优雅面对生命的变迁

每一种状态都会走到下一个阶段，绝对不要逃避生命的变迁。优雅地进入其中的主要方法就是不断地仔细练习，像练习骑马一样：一次次散步、小跑、慢跑，跑过平坦与粗糙的地面，上山下山，起跑与停止，直到我们能优雅而有自觉地经历生活。度过人生的困难阶段，就能学会用心信任这些周期的展现，就像信任树根深入土壤，树叶向上伸展，信任每片花瓣都会由外至内依序绽放。不论是密集禅修时还是结束后，都要信任修行中任何引起我们注意的焦点（我们的身体、个人的历史、周围的团体），会在永恒的当下带给我们完满而真实活着所必需的部分。

从某个角度来看，我们并不是要去什么地方。奇妙而伟大的佛陀开悟的故事说明他如何实践完美的慈悲与耐心、稳定与平静，经历十万劫的修行而成为佛陀。所谓一劫，请想象一座比圣母峰更高更大的山，每一百年有一只渡鸦衔着一条丝巾飞过这座山，丝巾掠过山顶，这座山被丝巾磨平所花费的时间就是一劫。

我们可以将之解读成佛陀修行了很久，但这个比喻更深层的意义在于指出修行的永恒性。我们并不是尝试在明年、二十年后或下辈子达到更好的境界，而是学习在超越时间的生命展现前敞开自己，愈来愈与之和谐一致，使我们的心愈来愈能含融人生的所有季节。

在佛陀宇宙的
十个方向中
只有一条道路。
当我们清楚观看，并没有
各种教诲的差异。
会失去什么？得到什么？
如果有所得，
在一开始就已得到。
如果有所失，它就藏身附近。

冥想：回想灵性生活的周期

舒服自然地坐着，让自己轻松地感受当下。放下任何计划，感受呼吸的自然韵律。平静下来之后，开始回想自己的整个灵性生活，回忆自己第一次是如何被唤醒心灵的生活，回忆你在体验到可能性、奥秘、神圣的当时有何感觉。仔细回想接下来数年有哪些灵性老师和神圣地点激励了你，回顾多年来你遵循过几个系统化的修行，度过了几个周期，给你最多教导的处境，出乎意料的功课，孤独隐居的时刻，融入团体的时刻，你遇到的考验，你的贵人、向导，还有最近的修行。也要注意你遇到的难题所带来的困扰与学习。

享受这种回想，视之为故事、冒险，带着惊奇与感激之情欣赏它的周期。接下来感觉自己安住在今日此刻，以开放的态度面对未来的生活，感觉未来可能会遇到什么事：生命中下一个自然的阶段，人生还不完善的领域，你渴望吸纳的某些灵性修行。请做你自己的灵性向导，注意有哪些情境可能对你有益。如果当前的生活允许，你是否应该腾出一段独处的时间或加入灵性团体？你的灵性修行是否召唤你花一段时间为别人服务，或者现在正是投入事业、创造力和家庭生活的时候？你是需要老师，还是目前最好依靠自己的资源？如果当前的生活不允许你作出上述选择，你目前究竟处于什么阶段？要如何好好看重你的选择和生活处境，将它们放入开放的心与修行的周期？请你体会如何诚实面对自己，也诚实面对生活中展现的法与道。

第 13 章　神圣之地，没有疆界

神圣而充满灵性的阶段之后，会出现相反的极端：暴饮暴食、耽溺于性欲等，这是灵性的暴食症。灵性修行不会让我们脱离痛苦和困惑，只会让我们了解逃避痛苦无济于事。

分裂的生活

若想实现灵性生活，就不能再把生活切割成不同的区块。我们的生活被切割成工作、假期、休闲等阶段，我们把事业生活、爱情生活、灵性生活、运动娱乐的时段切割开来，周遭社会更夸张地反映出这种切割：教堂容纳神圣的生活，商业区则为世俗与不信教的人而存在；教育和家庭生活分开；商业利润和地球与环境的利益分家。把生活切割开来的习惯如此强大，导致我们只有破碎零散的视野。

如果我们界定什么是神圣、什么不是神圣，如果我们认为某种体位、修行、技巧、场所、祷告和词句是“属灵的”，而生活的其他部分是“不属灵的”，灵性修行就很容易延续生活中的分裂模式。即使是最深处、最内在的生活，也会被我们切割成不同的区块。

我在泰国旅行时认识了一位佛学老师，他的例子可以说明灵性生活被切割成不同区块时，会造成多么大的影响。他是四十四岁的缅甸僧侣，曾在仰光参与争取民主的示威活动，经历数年艰困的岁月后，因为面临生命危险，最终逃离独裁政府的镇压，在缅甸和泰国边界的难民营落脚，继续教导佛法。他虽然面对巨大的艰难，仍积极提倡正义、慈悲与灵性生活。他周围的学生和群众常常挨饿、生病，缺少医药和其他援助，缅甸军队有时也会来骚扰他们。然而面对这些困难，他仍然是稳固的灵性灯塔。在这段期间，他遇见一位二十出头的泰国农村妇女。起先她只是提供他食物、物品和支持，但两人逐渐爱上对方，不过这位僧侣认为自己对这位年轻的泰国妇女来说，只是个现成的好老师。几个月后，我听说这位僧侣决定到曼谷的缅甸大使馆前自杀，以抗议边境难民营和缅甸全国的不公不义与诸多苦难。

我找他长谈之后，才惊讶地发现：虽然他计划以自焚抗议多年来对抗的不公不义，但这并非他作此决定的真正原因，真正的原因是他爱上了那位年轻女孩。他十四岁就穿上袈裟，二十九年来一直按照佛门清规生活，没有别的生活技能，他无法想象自己竟然想结婚，建立家庭，可是他爱上了她。他不知道该怎么办，所以认为最好的解脱之道就是为政治因素自焚。

我简直不敢相信自己的耳朵，他曾面对极大的困苦，在巨大的痛苦与危险中仍勇往直前，却在面临自身的两难处境——与一位女子的亲密关系及其挑起的强大感觉时，准备自焚。灵性修行的切割竟然使他无法处理这些强大的感受及其带来的冲突。国家的冲突反而比内心的冲突更容易面对。

我和他讨论如何能同时保持僧侣的身份，也拥有爱和归属的强烈感受，于是他在修行中加入了这方面的考量。那位女孩体贴地离开，给他一段冷静考虑的时间，虽然双方都觉得很不容易，但他最终结束了这段关系，她也搬到别的地方。他重新投入教学，并以新的体认在心的修行中加入自身的热情，以及对佛法的热情。几年后，他成为非常著名的老师。

希望这个故事能让你们了解，把生活切割成不同区块会产生多么强大的影响，我们又多么容易用“灵性”的道理来强化这些影响。

分裂与整合

只要有错误的切割，就会造成问题。现代生态学指出了狭小、被切割的生活观造成的后遗症：我们大量使用石油，释放许多碳氢化合物，影响空气质量和整个地球的气候；耕种只求最大效益，让大量杀虫剂和化学肥料流入我们赖以维生的水源和土壤中；雨林和南北极冰原受到的破坏，会影响我们生存的要素。多少年来，我们遗忘了这些交互影响，造成我们的心、生活与灵性修行互相切割开来。

数年前，我和妻子在印度旅行，拜访了一位知名的瑜伽老师维摩罗·塔卡（Vimala Thakar），她的道场在阿布山。她曾投入印度的农业发展多年，足迹踏遍各省，和印度圣雄甘地的追随者在农村一起工作；后来她遇见克里希那穆提，使灵性生活转了个大弯。她紧紧追随他，被他的教诲转化。她在克氏的祝福下成为禅修老师，其教诲几乎等同于克氏的亲自教导。此后，她在世界各地带领密集禅修和研讨会。

我们拜访她时，得知她再度回到农村从事农业发展计划。我问她是否认为禅修的力量有限，所以才停止禅修，转而以服务他人为真正的灵性生活。她对我的问题感到震惊，然后这么回答：

> 先生，我是热爱生命的人。身为热爱生命的人，我不会忽略生命的任何部分。所以当我经过印度的贫穷农村，看见人民因为没东西吃而饥饿，或是因为没有干净的饮水而生病时，我怎能不停下来回应这种苦难呢？我们挖掘新的水井，建造干净的饮水系统，并学习如何使农作物丰收。
>
> 我到伦敦、芝加哥或圣地亚哥时也会看到苦难，但不是缺少干净的水，而是充斥寂寞孤单，缺少灵性滋养或认识的苦难。就像看到农村缺少干净饮水时的自然反应一样，我也会回应西方人缺少心的认识和平静的情形。身为热爱生命的人，我怎能从整体

中切割出任何部分呢？

维摩罗的看法反映出所有生命的整体性和相关性，这是灵性生命成熟的标志。可是，灵性的语言和意象有时缺少这种整体性，而强化了我们自己的切割，误以为某种情形是灵性，某种情形不是灵性。我们以为要超越自我，或努力达到神圣的状态、得到净化、超脱欲望和身体；我们被教导要通过苦行才能开悟，并相信开悟就是超越或外在于自身的某种境界。可惜的是，达到一种纯净神圣境界的想法，正符合我们原本可能拥有的神经质、担心和过度理想化的倾向。只要我们把自己看成污秽不洁、可耻或没有价值的人，就会利用灵性的修行和净化的观点来逃避自己，以僵化的方式遵循灵性的戒律和形式，希望产生一个纯洁而属灵的身份。印度人称之为黄金锁链，它不是铁制的锁链，但仍只是锁链。

藏传佛教老师丘扬·创巴仁波切以“灵性的物化”告诫众人，说明我们会如何模仿灵性修行的外在形式，包括服装、教义、文化和禅修方法，以逃避世界或支撑自我。

分裂的原因：早年的创伤

大部分人都会在生活中经历心理创伤和巨大的痛苦，灵性修行似乎可以作为逃避之道，以摆脱身心的困扰，逃避过去的痛苦和存在的孤寂。灵性的前景愈美好，就愈符合我们不想受尘世干扰的心愿。许多禅修学生在深入的静默中，发现自己早年的生活经验痛苦到根本不希望自己出生，不想活在人身之中，他们期望以灵性来逃避痛苦。可是，所谓净化的观念，所谓超脱或超越身体、世俗欲望和污浊的想法，会把我们带到什么地方去呢？真的能带来解脱吗？或只是强化原有的厌恶、恐惧和限制呢？

哪里能找到解脱呢？佛陀说人的苦恼和开悟都在具有感官和心智

的五尺之躯内。若不在此时此地，还能在何处找到解脱?

印度神秘主义诗人卡比尔说：

朋友，趁你活着时渴望真理。
趁你活着时投入经验之中！……
所谓“拯救”，属于死亡之前的时光。
若不在活着时扯断绳索，
难道要死后由鬼魂来做吗?
有人以为只要身体腐朽，
灵魂就会进入狂喜——
那全是幻想。
现在如何，到那时也就如何。
若你现在一无所获，你的结局就只是
死亡之城的空虚居所。
若你现在与神圣交融，来世
就拥有满足的面容。

我们只拥有现在，日夜展现在我们面前的就是这个唯一的永恒瞬间。看见这个真理才能了解神圣与世俗无法分开，即使是最超越的灵性洞见也只闪现在此时此地，存在于我们行走、吃喝、相爱的生活之中。

要看见这个真理并不容易。我们内心恐惧的力量、批评的习惯，会不断阻止我们接触神圣。我们常不自觉地将灵性拉回好坏、圣俗的两极，重建早年生活的模式。这些模式曾帮助我们度过童年经验到的痛苦、创伤和无能。如果昔日恐惧的策略是躲藏起来，我们可能利用灵性生活继续躲藏，却声称自己已弃绝人生；如果童年遇到痛苦的防卫方式是幻想，我们可能会让自己迷失在灵性生活的愿景中；如果过去试图以好行为逃避责备，现在可能会试图用灵性的纯净或神圣来逃避；如果幼时以强迫行为或自我驱策来弥补寂寞和能力不足的感受，现在的灵性也可能反映出相同的情形。我们会利用灵性继续使生活分裂。

有位学生来自施虐的家庭，他父亲常有突如其来的暴力，他处理这种危险处境的方法就是对任何可能的问题都非常敏感，所以有强烈的偏执倾向。他在灵性修行中重建这种情形，把老师和学生分成好人和坏人、危险的人和同伙的人、他不喜欢的人和他崇拜并试图模仿的人。若有人表现得像他狂野的年轻时期一样，他就会过度批评、不理睬或觉得害怕，就像他害怕自己的这些部分一样。他以这种方式切割周围的团体，结果他对许多人的敌意使他的妄想和恐惧成真——许多人真的对他生气，因此很快就重建出原生家庭里划分好人与坏人的危险模式。他还用属灵书籍的内容来强化分裂，评断哪些人、行为和做法是神圣的，哪些是出于欲望、怨恨、妄想和无知。

若缺少指导，这种人会耗费数年以灵性生活重演早年的创伤。上述例子需要非常小心地引导他注意自己如何对好与坏、对他人作出两极化的不信任和理想化的判断，而建立了如此强烈的感觉，并了解这种情形根源于何种恐惧。一旦能如此检视，就能从外在世界的问题转向自身内在的困扰与悲伤。当他看见是自己创造了生活中的恐惧、妄想、分裂和痛苦，整个旧有的自我感就会脱落，并唤醒新的可能性。

另一位年轻女学生带着极大的不安全感和恐惧来修行。由于童年的巨大痛苦，她退缩到静默和白日梦中求取平静，在沉默中逃避周遭世界的问题和冲突。灵性修行使她得到极大的宽慰，这里的方式认可她的沉默和内向，支持她逃避世界。她的老师起先以为她是很优秀的禅修学生，能毫无困难地接受戒律和禁语的规定，很容易安静，对人生的短暂本质有深入的洞识，知道如何避免执著的危险。她一次又一次地参加密集禅修，却渐渐显示她是以修行来逃避世界，她的禅修只是在重建早年家庭生活的恐惧。就像前面提到的学生一样，她的生活局限在某些区块。请她注意这点时，她激烈地抱怨 ：“佛陀岂不是说要孤独、坐在森林里的树下、过着隐居生活吗？老师怎么建议我有所不同呢？”

她的否认过于强烈，难以突破，因此耗费多年在不同的灵性团体打转。直到十年后，她有强烈的挫折感和不满足，才有动机开始改变生活，打破自身的限制。

分隔的墙是出于恐惧和习性，应该或不应该的观念，什么属灵和什么不属灵的看法。由于我们无法忍受生活的某些特殊部分，于是筑墙隔开它们。我们通常不会筑墙隔开世上普遍而巨大的痛苦、不公义、战争、盲从的行为，却会筑墙隔开自己最直接、最私密的痛苦，因为它最深刻地触动我们、伤害我们，而这就是我们必须检视、了解的部分。只有在我们能觉察这些心墙时，才能发展出向生活全面敞开自己的灵性修行。

相似的近敌

佛教传统有一种独特的教导，能帮助我们了解内心的切割和分裂是如何在灵性生活中重复出现，就是所谓“近敌”。近敌是在心中出现的性质，伪装成逼真的灵性体悟，事实上只是赝品，使人与真实的感受分开，而不是联结。

近敌的例子如下。佛陀描述的四种神圣状态为慈爱、悲悯、喜悦和平等心（慈、悲、喜、舍）。这些状态是心的觉醒和开启的标志，但各个状态都有模拟真实状态的近敌，但是出于分裂和恐惧，并不是真诚的联结。

慈爱的近敌是执著。我们都知道爱的关系很容易在不知不觉中产生执著。真正的爱是一种开放的表达 ：“我爱本来的你，不带有任何期待或要求。”执著则带有分裂感 ：“因为你和我是分开的，所以我需要你。”一开始，执著可能很像爱，但渐渐会显明并不是爱，其特征是黏人、控制和恐惧。

悲悯的近敌是怜悯，也会使我们分裂。怜悯是可怜“那些穷人”，好像自己与众不同，但真正的悲悯是我们的心对他人的痛苦产生共鸣，“我和你共有人生的哀愁”。

感同身受的喜悦（对别人的快乐感到喜悦）的近敌是比较，想知道自己比别人多、少或相同，并未与别人一起欢欣，而有隐微的声音自问：“我的是不是和他的一样好？”“什么时候才轮到我？”这种比较也会制造分裂。

平等心的近敌是冷漠。真正的平等心是在经验当中的平衡，冷漠则是因为害怕而退缩、不关心，这是逃离生活的表现。所以，在平等心的情形下，心是向所有事物开放的，包括喜悦和悲伤之时。冷漠的声音则是退开来说：“谁在乎呢！我才不让它影响我。”

这些近敌都会伪装成属灵的样子，可是当我们将冷漠称为属灵，或是以怜悯回应痛苦时，只会制造分裂。美国文化常教导我们否认自己的感受而表现出坚强、独立的样子，以完美典型和心智的力量为自己制造安全感。如果不认识、了解这些近敌，它们就会成为灵性修行的致命伤。它们所作的区隔无法让我们长时间避开生活的痛苦和意外，却必然会阻碍真实关系中的喜悦和开放的联结。

分裂的实例

就像近敌一样，区隔的力量会使身体和心灵分裂、精神和情绪分裂、灵性生活和关系分裂。若不检视这些分裂，灵性生活就会停滞，觉察力也无法继续成长。

关于这种情形，我以一位决心修行的年轻男子为例。他花了数年在许多日本禅寺和一座斯里兰卡的佛寺修行。他来自破碎的家庭，幼时父亲过世，继父有酗酒的习惯，姐姐对毒品上瘾。他通过非常坚决的意志和强大的动机，学习让心平静，达到深入的专注。他在日本回答许多公案时，曾对空性和万物的相互联结有强烈的体悟，也在斯里兰卡的佛寺学会在禅修中让身体消融于光中。姐姐过世时，他赶回去面对残破的家庭，帮每个人度过这段艰难时期，但过不了多久，他就病倒了，并为此感到害怕。

为了了解自己的状况，他找了一位咨询师，咨询师请他述说一生的故事。在他陈述的过程中，咨询师会间歇打断他，询问他的感受，他都以精确的禅修语言加以描述，如“我的呼吸暂停了一会儿，双手变冷”或“我的胃部紧缩”。他在第二次会谈被问到有何感受时，描述“喉咙跳了一下”和“全身通红发热”。经过数次类似的会谈，最后再问到“你有什么感受”时，他泪流满面，一股以前不知道的巨大哀伤和情绪突然涌现。他过去能觉察身体和心灵，却在禅修中以这种觉察能力筑起一道墙，不让自己感受到一生经历的痛苦情绪。此后，他了解自己的修行方式必须包含感受的部分，结果许多过去的创伤都得到疗愈，他的生活展现出以前不曾有过的喜悦。

一位天主教修女向我描述灵性生活分裂的团体实例。她在修道院生活了二十四年，前十四年保持严格的静默修行。表面上，整个团体有良好的运作，但在梵蒂冈第二次大公会议后，各个修会逐渐开放，于是这位修女所属的修会改变做法，开始交谈。她说，开始说话的头一年，对整个团体来说简直就是一场灾难。不满、琐碎的怨恨和妒忌，以及累积数十年未解决的所有问题，都在这群缺少谈话技巧的人之间不自觉地散播开来。她们花了痛苦而长久的时间，学习在修行中包含说话的部分，这段过程几乎摧毁整个团体。许多修女在这个过程中觉得过去浪费了一段生命，没有处理好彼此的真实关系，因而离开团体。所幸留下来的修女对真理和姐妹般的爱抱持全新的献身精神，而得以改造整个团体。她们引进一些智慧的良师，帮助大家学习如何把冲突和谈话带入祷告生活，团体终于恢复了完整与恩典。

区隔与阴影

制造区隔是为了避开我们害怕的事，但日后我们却会为此付出代价。神圣而充满灵性的阶段之后，会出现相反的极端：暴饮暴食、耽溺性欲等，这是灵性的暴食症。即使是社会也会以这种方式表现，“属灵”的地方有许多人觉察、觉知和清醒，其他地方刚好相反，充满酗酒、杂交和其他潜意识行为。

区隔会制造相反的阴影，阴影是黑暗地带，对我们隐而不显，因为我们全神贯注在其他地方。虔诚信徒的阴影会包藏激情和世俗的渴望，无神论者的阴影可能暗藏对上帝的渴望。每个人都有阴影，它在某种程度上都是外在忽略和排斥的力量和感受。我们愈强烈地相信某件事、排斥其相反面，就有愈多能量进入阴影。正如俗话所说：“正面愈大，背面的阴影就愈大。”当我们试图以灵性保护自己免于生活的难题和冲突，阴影就会滋生。

灵性修行不会使我们脱离痛苦和困惑，只会让我们了解逃避痛苦无济于事。只有认真看待我们的真实处境，修行才有助于我们走过其中。藏传佛教老师耶喜（Yeshe）喇嘛有段痛苦的人生可以说明这点，他是极受尊重的禅修大师，是充满慈悲心、已证悟的老师。有一天，他心脏病发作而住院治疗，一段时间后，他写信给一位情同手足的喇嘛，上面写道：

> 我以前不知道住在加护病房的经验和痛苦，由于效力强大的药物、永无止境的注射、协助呼吸的氧气管，我的心灵被疼痛和昏沉压倒。我了解在死亡阶段很难保持觉知而不变得昏沉。我生病后第四十一天，身体状况恶劣到极点，我变成墓地的领主，心灵像反对神的异教徒，话语像狂吠的老疯狗，背诵祷词和禅修的能力衰退。多日来，我思考该怎么做，以极大的努力觉察而做到

稳定的禅修，结果获益良多。我逐渐培养出心中极大的喜悦和快乐，心灵的力量渐增，我的问题也逐渐减轻而消失。

即使是伟大的老师也无法避免身体的问题，无法避免生病、老迈和死亡。同样地，我们也不能不顾感受和混乱复杂的人际关系。即使是佛陀也要面临难易不同的各种关系，最困难的关系包括想杀害他的敌人、制造麻烦的学生，以及返家拜访时面临双亲的问题。记住这一点，然后要如何修行呢？

真正的灵性

我们必须看见，灵性是远离区隔和分裂、拥抱人生所有面向的持续活动。我们特别要学习的艺术是觉察生活中被封闭的部分，如此做时，就面对了个人过去的模式，过去为了保护自己而有的习性。所谓解脱并不是超越这些模式，这只会制造新的区隔，而是走入其中，经历它们，把它们带入心中。我们必须愿意走入黑暗，感受过去筑墙所隔开的黑洞、匮乏、软弱、愤怒和不安全感。我们必须非常注意自己谈论阴影时述说的故事，看看背后的真相是什么。当我们愿意进入内心的恐惧、匮乏和不安全感时，就会发现这些部分的墙是由谎言、老旧的自我形象、过时的恐惧、什么是纯洁什么是不纯洁的错误观念所组成的。我们将看见这些墙是出于对自我、对自己的心、对世界缺乏信赖而形成的。看穿这些，我们的世界就得以扩展。当觉察的光照亮这些故事和观念，以及其下的痛苦、恐惧或空虚时，更深层的真理就会自行展现。通过接纳和感受这些部分，就能发现真正的完整、幸福和力量。

不论生活中因为恐惧和保护自己而筑墙的力量有多强，我们都会发现另一种无法阻挡的强大力量，足以摧毁这些心墙，这是内心深处对完整的渴望而产生的力量。我们内在有某个部分知道完整而没有分裂的感觉，与万物联结的感受。在困难和修行中，这份力量会在内心滋生，推动我们扩展灵性，从沉默的祷告者变成帮助流浪者的人。当过于活跃的服务使我们失去方向，这股力量也会带领我们回到静默。面临痛苦时，这股力量会帮助我们度过。

面对生活中的不确定、痛苦和危险，真正的灵性不会采取防卫的方式，不会为了逃避未知而做好“预防注射”（这是约瑟夫·坎伯［Joseph Campbell］形容一般宗教做法的用语），而是向整个神秘的生命历程敞开自己。耶喜喇嘛的灵性训练和智慧无法使他的身体和心智在医院里保持完整，但他的心却能将经验的每一部分都当成修行。

如果坚持完美的理想，就会使生活分裂，也使自己和生活分裂。中国的禅宗三祖教导说：“当我们对不完美不会感到焦虑时，就会产生真正的开悟和完整。”身体并不完美，心灵也不完美，我们的感受与关系当然也不完美。所谓不会对不完美感到焦虑，就是了解库伯勒 - 罗斯说的：“我不够好，你也不够好，但这没什么不好。”这种了解能带来完整与真正的喜悦，这种能力可以使我们进入生活的每一个区块，感受每一份感觉，安居在身体中，并认识真正的自由。

我们不需要特殊的知识就能结束分裂的情形，我们需要的是更少“知道”生活应该如何，而向生命的奥秘更为敞开。

我们渴望的净化并不在于使世界完美，真正的净化在于能接触所有事物、包容所有事物的心，以心的慈悲含融一切。爱的伟大不在于我们知道什么，不在于我们达到什么，也不在于我们有什么改变，而在于生活中爱人与自由的能力。

基于这种精神，铃木禅师罹患癌症而濒临死亡时，召集所有学生，对他们说：

在面临死亡的这一刻，如果我在死亡时觉得痛苦，没有关系，这就是受苦的佛陀。不要疑惑，也许每个人都会因为身体或精神的极度痛苦而挣扎，没有关系，这不是问题。我们应该为有限的身体而感恩……就像我的身体、你的身体。如果你拥有无限的生命，就真的有问题了。

虽然物质的身体是有限的，但我们的真实本性使我们向无限敞开，超越生与死，达到与万物不可分的完整。庄子颂扬这种超越时间的认识，谈到古时的真人“睡时无梦，醒来无忧，轻松自在，快乐逍遥”，因为道涵盖了一切。

让你的心保持平和，
观看众生的混乱，
深思他们的回归。

如果你不了解本源，
就会在困惑和悲伤中失足。
当你了解自己来自何处，
自然会变得宽容、
无私、愉快，
仁慈有如祖母，
尊贵有如国王。
沉浸在道的奇迹之中，
你能处理人生带来的每件事，
也为死亡做好准备。

冥想：区隔与完整

舒适而警觉地坐着，闭上双眼，感觉呼吸的自然韵律，让自己安静地活在当下。感觉呼吸的轻柔动作，让全身都能感觉到呼吸的动作。当你觉得平静而敞开时，开始回想生活中属灵而神圣的部分。在你的生活中，神圣的感觉清楚显现出来时，是什么情形、在什么地方？什么活动（如禅修、祷告、在大自然中散步、听音乐）最常出现生动的神圣感？哪些地方最容易让你觉得神圣？什么人、什么情境最常在你心中唤醒这种感觉？如果你活在这种氛围之中，会是什么感觉？

现在回想相反的经验，生活的哪些部分被你视为不够神圣？什么地方让你觉得分裂，灵魂和心尚未觉醒？生活中缺少觉察和慈悲的部分，就是神圣性被你遗忘的部分。可能是身体的任何部位，身为男性或女性的生活，感受和心智的任何部分；也可能是与工作、生意、金钱、政治或社区有关的活动；也许是家庭生活的某个部分，或是与特定人物、家人、同事或朋友有关的部分；也有可能是特定的活动和场所，比如你的创意和艺术天赋、爱情、购物、开车、市区活动、医院或学校，可以是任何场所或任何被你视为与神圣无关的面向。

你要一个一个地看见每一个被你从灵性生活排除的区块，当你感受到每个部分时，轻轻将它拥入心中，仔细思考“把它放入修行会有什么意义”。请想象神圣的感觉会如何滋长，并以全然的专注和慈悲将它涵盖到修行之中，肯定这些人物、场所或活动。一个一个地描绘这些区块，并感觉内心对它们产生尊重与完整感，感觉每个区块会教导你什么功课，会如何带来深刻的专注和慈悲的开启，直到你不再排斥任何部分。一个一个地感受你的灵魂与关爱会重新住进生命的每个范畴。接下来让自己安静，在这一刻感受你的呼吸与完整。让这种尊重的专注与慈悲在每一刻与你同在，你就会在生活的每个部分感受到神圣。

第 14 章　我是谁：无我或真我

> 灵性生活有两个并行的任务：一个是发现无我，另一个是发展健康的自我感。表面上两者互相矛盾，但两者都必须实现，我们才能觉醒。

灵性修行必然会使我们面对身份认同的奥秘。我们生而为人，赋予我们生命、使我们和世界成形的力量是什么？世界上各种伟大的灵性教导都一再告诉我们，我们并不是自己以为的样子。

波斯神秘主义者说我们是神圣源头的火花，基督教神秘主义者说上帝无处不在，还有人说我们是与万有合一者，又有人说世界全是幻象。有些教导解释意识如何创造生命以表现所有可能性，有能力去爱、去认识自己；有些则指出意识如何迷失在自己的各种模式中，失去方向，因无知而轮回。印度瑜伽各派称世界是神圣之舞（lila），很像但丁说的“神圣喜剧”。佛教经典描述意识本身如何创造出有如梦幻泡影的世界。现代关于濒死经验的许多报告提到离开身体的奇妙舒适感、金色的光和发光的生命。这些或许都能证实我们有多么不了解自己的真正身份。

当我们在灵性修行中探索自我和身份认同的疑惑时，就会发现需要了解自我的两种不同面向：无我和真我。以下先谈无我的部分。

无我的本质

佛陀在开悟之夜面临身份认同的疑惑时，突然发现我们并非以独立的生命形式存在。他看见人类倾向于认同局限的存在感，又发现个体小小自我的信念正是造成痛苦的根本错觉，使我们失去生命的自由与奥秘。他将之描述为“缘起”，这是意识建立身份认同的循环过程，包括进入形相、回应感官的接触，再依附于某些形式、感受、欲望、影像和行动，创造出自我感。

佛陀的教导不曾谈到人是以某种固定或静态的方式而存在，却把我们描述成五种变化过程的组合：物质身体、感受、知觉、反应，以及同时经验上述所有过程的意识之流（色、受、想、行、识五蕴）。我们抓紧或认同这些模式时，就会产生自我感。认同的过程就是选择各种模式，我们称之为“我”、“我的”，这是非常隐微的过程，我们通常无法察觉。我们会认同身体、感受或思绪，认同影像、模式、角色和原型。于是在文化中，我们可能会固定下来，认同身为女性或男性、父母或子女的角色。我们可能认为自己的家族史、基因、遗传就代表我们是什么人。我们有时会认同自己的欲望：性欲、美感或灵性的欲望，同样地，我们也可能以智力或占星学的宫位作为身份认同。我们会选择英雄、情人、母亲、无用之人、冒险家、小丑或小偷的原型作为身份认同，以此作为某年或一辈子的生活基础。只要我们对错误的身份认同紧抓不放，就会继续保护和防卫自我，努力实现这个有限又不足的自我，害怕丧失自我。

可是，这些都不是我们的真实身份。我曾跟随一位大师，他常嘲笑我们多么轻易就紧抓着新的身份认同不放，至于他自己，他会说：“我不会这样，我不是这副身体，我不曾出生，也永不会死亡。我什么也不是，又是一切。你的身份认同制造出你的所有问题，如果找到超越之道，就有永恒不朽的愉悦。”

由于身份认同和无我的问题很容易造成困惑和误解，所以需要更仔细地探讨。基督教的经典谈到在上帝面前丧失自我，道家和印度教谈到超越所有身份认同、融入真我，佛教则谈到空性和无我。它们是什么意思呢？空性并不表示事物不存在，“无我”也不意味着我们不存在。空性是指生命和产生所有生命形式的肥沃能量土壤,并不是分裂的。我们的世界和自我感都是各种模式的演剧，任何能被我们抓取的身份都是一时的、短暂的。这个观念很难从“无我”或“自我的空性”之类的名相来了解，事实上，我的老师阿姜查曾说：“如果试图在理智上了解它，脑袋可能会爆炸。”可是，修行中的无我经验却能为我们带来极大的自由。

第 10 章谈到自我的消融，我们看见深入的禅修会如何拆解身份认同感。事实上，有许多不同的方法可以了解自我的空性。当我们沉静而专注时，可以直接感觉到我们无法真正拥有世上的任何东西。我们显然无法拥有外在的事物，虽然和自己的汽车、房子、家庭、工作有某种关系，但不论是什么样的关系，所谓“我们的”都只能持续很短的时间。人、事、物终究会消逝或改变，我们终究会失去它们，没有例外。

我们若注意经验的任一片刻，就会发现自己也无法掌握它。若仔细观看，就会发现思绪不请自来，我们也无法掌握它们，即使想要它们停下来也不行，思绪好像是自己在思想，根据其本性来来去去。

我们的感受也是如此。有多少人相信自己可以控制感受？注意观看，会发现它们比较像天气——心情和感受会根据某些情况而改变，并非由我们的意识或欲望来掌握或指导。我们能命令快乐、哀伤、恼怒、兴奋或不安出现吗？感受是自己产生的，就像呼吸是自己呼吸、声音是自己发声一样。

身体也是根据自己的法则。我们的身体是一袋不受支配的骨头和液体，它会老化、生病或以我们不想要的方式改变，这都是根据它自己的本性。事实上，我们愈仔细观看，就会愈深入看见，不论身内身外，我们都无法掌握任何东西。

当我们注意到每一件事如何从空无一物中生起，从虚空中出现，又返回虚空、回到空无一物时，就面临自我空性的另一面向。我们过去一天所说的话都消逝了，同样地，过去一周、一个月或整个童年都到哪去了呢？它们出现之后，舞动了一会儿，现在都已消逝了。二十世纪，更早的十九、十八世纪，古希腊罗马、埃及的法老王等，都消逝了。所有在当下生起的经验，在完成自己的舞动后，都会消逝。经验只会短暂存在，以某种形式存在短短的时间，然后就结束了，由新的形式取代，每一瞬间都是如此。

莎士比亚在《暴风雨》（*The Tempest*）中如此描述：

> 先生，开心点，
> 欢宴结束了。
> 我们这些演员，
> 正如我预先告诉你的，都是精灵
> 已在空中消散，成为薄雾。
> 这个景象如同没有基础的建筑物
> 耸入云霄的高塔，华丽灿烂的宫殿，
> 庄严神圣的寺庙，伟大的地球本身，
> 没错，其内所有一切，都将消散，
> 就像这个幻想的庆典消逝一样，
> 连一点废墟也不会留下。
> 我们的本质，
> 就像梦的本质，我们短促的一生
> 不过是一场睡眠。

我们已描述过，在禅修中，精确而深入的专注会显示空性无处不在，不论是感觉还是思绪，不论是身心的任何部分，只要仔细专注于其上，就会体验到更多空性、更少的坚实性。经验就像现代物理学描述的粒子波动，会一直变动，并不是坚实的形态。即使是以相同方式观察变化的主体感觉，也是如此，主体的观点在每一瞬间都会改变，就好像自我感在童年、青少年到老年都是不同的。不论我们把焦点放在何处，只要仔细观察，就会发现坚实的表象会在专注之下消逝。

尼萨伽达塔说：

> 真实世界超越我们的思想和观念；我们通过欲望之网来观看它，将之分成快乐和痛苦、对与错、内和外。要看见宇宙的本然样貌，就必须跨出去，超越欲望之网。这并不困难，因为网上充满了孔洞。

当我们敞开自己，放空自己，就会体验到万物间的相互联结，了解一切是相互关联的，每个经验和事件都包含所有其他的经验与事件。老师需要学生，飞机需要天空。

当铃声响起，声响是来自铃、空气、耳中的声音，还是我们的大脑呢？全部都是，正如道家所说："声响来自两者之间。"铃声从这里传到每一处——在我们遇见的每一个人眼中，在每一棵树、每一只昆虫、我们的每一口呼吸之中。

一行禅师以一张纸为例：

> 如果你是诗人，就会清楚看见云飘浮在这张纸上。没有云就没有水；没有水，树就无法生长；没有树，就无法造纸。所以云在这里，这张纸的存在有赖于云的存在，纸和云是如此贴近。容我们想一想其他事，比如阳光。阳光非常重要，因为没有阳光，森林就无法生长，人也无法成长，所以樵夫需要阳光才能砍树，

树需要阳光才能成为树。于是，你也能在这张纸上看见阳光。如果你更深入去看，用菩萨的眼光、用觉醒之人的眼光来看，就不只看见云和阳光，而是看见每一件事物：麦子成为面包给樵夫吃，还有樵夫的父亲……每一件事都在这张纸上。

这张纸没有独立的自我，从这个角度来看，空性意味着纸里面充满每一件事、整个宇宙。这张薄纸的存在就证明了整个宇宙的存在。

当我们真的感觉到这种相互联结及产生万有的空性，就会发现自由和无边的喜悦。发现空性会带来轻松的心、弹性，以及安住于万物之中的自在。我们愈牢固地抓紧自己的身份认同，问题就会愈坚实。我曾请一位常常保持愉快的斯里兰卡老禅师教我佛学的精华，他只大笑着说了三次："无我，就没有问题。"

关于无我的误解

关于无我和空性的错误观念到处充斥，这些混淆的观念会破坏真正的灵性发展。有些人相信他们能通过努力，去除以自己为中心的自我，而达到无我；有人误以为空性的概念就是冷漠、无价值或无意义的内在感受，其实这些感受来自痛苦的过去，被他们带入灵性修行之中。前文谈过，有些学生会以空性为借口，用来逃避生活，指称生活全是幻象，从生活问题中制造出"灵性逃避"。这些关于空性的误解都忽略了空性的真正意义及其带来的自由解脱。

试图摆脱自我、得到净化，彻底根除或超越所有欲望、怒气和自我中心，克服"坏的"自我，这些都是陈腐的宗教观念。这种观点强调禁欲苦修，比如穿上刚毛衬衣、过度禁食、禁欲苦行，许多古老传承都有这些做法。这些方法有时是为了引发超常意识，但更常见的情形却只是造成反效果。更糟的是，这些做法意味着我们的身体、心灵和“自我”都是有罪的、肮脏的、欺骗的，“我（好的部分）必须运用这些技巧摆脱自我（低下、坏的部分）”。这种方法绝对没有用，因为根本没有需要摆脱的自我！我们是一连串变化的过程，并不是固定不变的生命，根本没有自我，只有我们的身份认同让我们认为有自我。虽然净化、仁慈、专注确实能改善我们的习性，但自我否认或自我折磨都无法摆脱自我，因为自我一直都不存在。

当空性被误以为是匮乏和情感贫乏（许多学生把这种情形带入灵性修行），就会以其他方式使原有的问题持续下去。如前所述，灵性修行会吸引许多受过心理创伤的人，他们想借此得到疗愈，这类人愈来愈多。当代文化非常缺乏灵性，愈来愈多孩子在缺乏滋养和支持的家庭中长大。离婚、酗酒、不良的环境、令人痛苦的教养方式、钥匙儿童、由托儿所和电视来照顾儿童，都会使人缺乏内在的安全感和幸福感。这些儿童长大后，虽然有成人的身体，内心却仍像匮乏的小孩。美国社会有许多这种“成人小孩”，当代文化常有疏离和否认感受的情形，又会加深他们的痛苦。

许多学生带着这些问题来参加灵性修行，他们的心灵有许多破洞，有些心理学家称之为“软弱的自我感”或“匮乏的自我”。这种自我的匮乏感已在我们的习性和紧绷的身体里存在多年，也见于自以为是的人生故事和心象之中。如果我们有自我的匮乏感，如果一直否定自我，就很容易误以为内在的匮乏是无我，误以为这是通往开悟的道路。

女性更容易误以为无我是内在的匮乏。在以男性为主的文化中，女性很容易认为自己不重要，在男性世界无足轻重，女性的命运和工作毫无价值。这种强烈的制约产生的身份认同会充满沮丧、害怕，常常觉得自己不够好。

有位女士在禅修中有这种感受，所以认为自己非常了解空性。她曾向一位年轻男老师学习五年，但这位老师也误解空性。她来见我时，谈到自己多么深刻地了解无我和人生无常的教义，每当经行或禅坐时，她会非常清楚地体验到无我。在我看来，她只是个蓬头垢面又沮丧的人，所以我深入询问，请她详述自己如何体验空性，然后请她在我面前经行，并明确说出自己有何发现。她经行时，我指出她的步伐沉重，身体紧绷，她也很快就发现了。在探讨自己的经验后，她才了解那根本不是空性，而是麻木不仁和了无生气。经过一番深谈，她才知道她的身体和感受已关闭多年，她的自我价值感低落，觉得自己没有能力做出有价值的事。她误以为这种内在感受就是深奥的教义：无常。厘清这种混淆之后，她重新开始面对现实生活。

类似的混淆还包括误以为“空性”是“无意义”，这种误解会强化潜在的忧郁及对世界的恐惧，以为自己无力寻求美的境界，因而缺乏积极投入生活的动机。

真正的空性和忧郁的空虚是不同的，可以用两种不同的问候语来比拟。觉醒的人会说：“早安，上帝。”（Good morning，God.）沮丧或困惑的人会说：“天啊，又是早晨。”（Good God，morning.）混淆两者会造成一种被动的情形：“一切都是幻象，只是灵性大梦的展现，我什么也不需要做，我们什么都不用做了。”这种被动状态会造成疏离，这是平等心的近敌（见第 13 章）。了解事物奥秘和空性的人绝不会因此变得被动，真正空性的标志是喜悦，它在每一瞬间从空无向我们示现，使人欣喜地肯定人生的奥秘。

还有一种对空性的误解，就是我们会想象在空性的体验中，就不会受世界影响或超越世界。一位有这种想法的日本武士来到禅师面前自夸：“全世界都是空的，一切皆空。”禅师回答：“哈，你懂什么空性？你只是又脏又老的武士。”然后对他吐了一口痰。武士立刻举起剑，他受到了羞辱，而羞辱武士的代价就是你的性命。禅师镇定地看着他说：“空性一下子就大发脾气了，不是吗？”武士听懂了禅师的意思，于是收剑入鞘。

从无我到真我

自我感的消融或体验到人生的无我本质，只是灵性生活的一面。正如我在本章一开始所说的，灵性生活有两个并行的任务，一个是发现无我，另一个是发展健康的自我感，探索真我的意义。表面上这两者相互矛盾，但两者都必须实现，我们才能觉醒。

一天傍晚，阿姜查谈到这个矛盾。就一个佛学大师而言，他的说法非常惊人。他说："所有关于'无我'的教导都不是真的。"接着又说："当然，所有关于'自我'的教导也都不是真的。"然后大笑。他接着解释，"自我"和"无我"这两组名相都只是概念或观念，我们试图以之粗略地说明一个奥秘的历程，而这个历程既不是"无我"也不是"自我"。

哈佛大学的佛学老师及心理学家恩格勒尝试说明如何了解这个矛盾，他说："你必须先成为重要的某人，然后才能成为无我之人。"他的意思是要有强壮、健康的自我感，才能承受禅修的消融过程，进而认识空性。这句话说得没错，但千万不要以直线的方式了解它；自我的发展和无我的认识可能以任何顺序出现。就像灵性生活的所有面向一样，自我和空性会在修行中以螺旋的方式一起发展，在崭新而愈来愈深入的认识中，两者的发展会交替出现。

有位禅学大师深知这个历程的两面，他在某年访问美国的行程中，发现一位资深学生卡在修行中无我的空性部分。这个学生能在连续数小时的禅坐中保持清明、空无的静默，并能轻易解决许多禅宗公案，但在生活中却被动而沉默，忽视家庭生活。他的居家生活过于安静严肃，子女受到忽视，禁止喧哗，婚姻濒临破碎。他的妻子向禅学大师抱怨，这位学生却说："灵性修行的结果不就是这样吗？"禅学大师知道问题出在哪里。

他请这位学生和妻子一起来参加密集禅修。当其他学生在沉思传统的禅宗问题，比如"一只手会拍出什么声音"时，他给这对夫妻不同的公案："佛陀做爱时是什么样子？"当其他学生在禅坐和经行时，他却要他们一再思考这个问题，并早晚各向他报告一次。

密集禅修的时间愈久，就愈专注、静默。在这种禅修体验中，大部分学生会变得安静、清明而放空，只有禅堂最后面的这对夫妇例外。虽然他们禅坐的时间较少，但一天接一天，这对夫妻逐渐散发出愈来愈强烈美好的能量。老师每天也会向他们谈到完整性，鼓励他们像行动中的佛陀一样找到真正的满足。

密集禅修挽救了他们的婚姻，修复了他们的家庭生活，并教导学生同时了解自我的完满与空性。

自我发展的过程

修行如何能帮助我们发展健康又完满的自我感呢？我们如何能达到真我？这个历程可以从几个不同的角度来了解。正如西方心理学的描述，最初的自我感或正向的自我力量来自早年的发展，天生的气质或业力的倾向会受到童年环境的反馈和镜像的塑造，产生自己是谁的感觉。若我们与父母有良好的联结，受到他们的尊重，就会发展出健康的自我感；反之则形成匮乏或负面的自我感。接下来，这种初期的自我感会被老师、学校、社会状态和之后的家庭生活所强化。通过这种重复制约，在早期的童年模式之上再一层层累积，以及用健康或不健康的方式不断重建，就产生了我们熟悉的自我感。如果是不健康的自我感，自我的灵性功课在一开始就是恢复和疗愈的功课，也就是了解并释放匮乏或受伤的自我感，重新唤起失落的能量，与自己有真实的联结。自我恢复到某种程度时，接下来就是进一步发展性格、智慧、内在力量、技能与慈悲。佛陀的教导中，把这种发展形容为"善巧特质"的培养，比如慷慨、耐心、觉察和仁慈。

接下来，自我的发展就会导向更根本的层次：发现真我，也就是发现灵性生命如此努力培养的各种正向特质，其实早已存在于我们的真实本性之中。从这种真实本性的角度来看，我们也会发现并肯定个人的天命，我们的自我在此生有其独特的模式，借此得以觉醒。只有结合自我的发展与发现及对自我空性的认识，我们才能完全了解真我。

在佛陀的修行中，有一段特殊的经验，可以用来说明这个矛盾。佛陀在追寻解脱时，一开始是跟随当时两位伟大的瑜伽士，却发现他们的方法有其局限，于是佛陀进入长达五年的自我否认与禁欲修行，尝试以其人格力量消除或克服所有缺点。先前谈到佛陀的狮子吼曾提到这一段。在那五年的苦行禁欲中，他试图降伏身体、心灵、欲望和恐惧，由此找到解脱之道。佛陀在这条路上走到最后，却无法成功，于是坐下来省思，忽然有了奇妙的体悟，显示出开悟之路。他想起小时候坐在父亲花园的蒲桃树下，在天真的状态中自然出现一种完整而满足的感觉，其实他在儿时就已体验到他所追求的平静、清明、身心自然合一。佛陀忆起这种深邃的完整感之后，彻底改变了修行方式，开始滋养、看重身体和心灵。并了解觉醒绝不是力量的产物，而是由安住的心、敞开的心灵产生的。

在那重要的一刻，佛陀利用了健康的童年回归自然的智慧，也有人说他还运用了累世修行发展出的耐心、勇气和慈悲。大多数修行的人并没有佛陀的健康童年和强健的自我感可资运用，而是带着软弱或不稳固的自我感；即使能暂时超越匮乏的自我，达到开放无我的状态，仍然无法将之整合，也无力在生活中实现这些体悟。

所以对许多学生而言，自我发展的第一阶段是复原。先前谈过禅修是一种疗愈的过程，复原时，我们全心全意地了解使自我感软弱、匮乏、阻塞的痛苦处境，开始看见自己的防卫和别人的期望是如何遮蔽我们最深经验的真实基础。我们逐渐能不再认同这些老旧模式，而产生比较健康的自我感。当害怕和匮乏的自我被放下，我们必须像小孩一样重新开始，认识并恢复曾受虐待或与自我分裂的身心。我们要恢复自身的感受，恢复自己的独特观点，说出内心的真话。在这个过程中，通常需要经验丰富的人当向导，以他们为榜样来学习爱、诚实和接纳，创造健康的自我。

找回迷失的自我是西方灵性旅程的重要部分，在心理学和女性主义的文献中有许多记载。梅·萨顿（May Sarton）在诗作《我现在成为自己》（*Now I Become Myself*）中如是表达：

我现在成为自己。这需要
时间、许多年和许多地方，
我曾分解、摇晃，
戴上别人的脸，
疯狂奔跑，好像时间
已然老去，大声警告，
"快一点，在那之前你将死去——"
（什么？在早晨之前？
或看清楚这首诗的结局时？
或在围城中安全地爱？）
现在站着不动，在这里，
感觉自己的重量与密度！……
现在有充足的时间，而时间很年轻。
哦，在我活着的这个小时
整个人完全不动
被追逐的我，曾疯狂奔跑的我，
站着不动，站着不动，命令太阳停止！

也许要耗费多年时间深入处理，才能停止奔跑，发出未发出的声音，说出内心的真话。但这是达到完整与真我的必要过程。

自我发展的下一个部分是性格的发展。佛陀常把灵性修行描述成培养心和性格的各种良好品质，包括自制（限制自己不产生会造成伤害的冲动）、仁慈、坚忍、警觉与悲悯。他劝勉弟子要培养开悟的要素，借着不断努力，强化灵性的能力：能量、稳定、智慧、信心与觉察。佛陀身为开悟的榜样，可说是高贵的战士或熟练的巧匠，通过勤奋的训练发展出整合和智慧的性格。我们也能选择发展自己，以耐心处理心灵和心智的模式，逐渐形成意识的方向。

重复的练习是大多数灵性和禅修道路的基本原则。先前谈过如何专注练习训练小狗，而我们也可以常常重复诵念祷词，借此强化信心。持续禅修能使我们学会善巧地放下可怕和狭隘的身份认同，平息我们的心，倾听而不是反应。我们若能有系统地把注意力放在慈悲的反省上，净化每个行动的动机，就能逐渐改变自己。佛陀说："就像师傅把箭造得又直又正，有智慧的人也使自己的性格又直又正。"不论用哪一种方法修行都是如此，所以我们必须信赖自己，佛陀说："自我才是真正的避难所。"了解这点，我们就能作出选择，愿意强化自己的勇气、慈爱和悲悯，通过反省、禅修、专注和重复的训练，在内心唤起这些特质。我们也能选择弃绝骄傲、怨恨、惧怕和紧缩，以弹性和开放作为健康发展的基石。

本自具足的真我

当自我的发展逐渐成长，心愈来愈少纠结，就能开始发现与自我有关的深层真理：我们不需要改善自己，只要放下让心受到阻碍的障碍物。心不再因恐惧、愤怒、执著、困惑而紧缩时，我们试图培养的灵性特质就会自然展现。这些性质是我们的真实本质，每当我们放下僵化的认同结构，这些特质就会自然在意识中闪现。

一旦唤醒灵性的能力，如信心和觉察，它们就会自行发展，成为充满我们的灵性力量，不假外求地在我们内心运行。意识纯粹而清明的空间自然会充满安详、清晰与联结。充满害怕的自我感被释放时，伟大的灵性特质就会闪耀光芒，这些特质显示出人根本的善与真正的家。

一位总是板着脸的老工程师，多年来的呼吸都很紧绷，他带着紧绷的身体来参加内观。禅修时，他体验到紧绷与恐惧愈来愈强烈，而得以看见童年的影像与被抛弃的痛苦感觉，其实他多年来一直带着这种感觉而不自知。他能感觉自己如何用紧绷的身体勇敢面对生活之苦，而这种防卫的背后其实是可怕的无力感和脆弱感。经过数天允许自己感受软弱和无能后，他的整个生命得以敞开，进入广大而平静的空间。

起初他有点害怕这种不熟悉的感觉，但深入体验后，就觉得愈来愈容易，并在其中发现极大的平静与安详。当他安住在这个空间里，就能在其中发现与生俱来的完整性，这是它的巨大力量。他确切知道这种幸福与力量是他的真正本质，也是他多年来追寻的目标。一旦接触到它，它就会通过觉察和放下的过程在他内心成长。由此，他的生活特质从试图补偿软弱和不足的挣扎，转变成享受与安住于归属感和完整感。

波斯诗人鲁米用爱与幽默提醒我们拥有这种可能性，他说：

> 突然遇到危险时，大部分人会大叫“哦，上帝啊”，
> 如果没有用，他们为什么一直这么说呢？
> 只有愚人才会一直重复无用的话。
> 全世界都住在安全的护卫里，波浪里的
> 鱼，天空中的鸟，大象、
> 野狼、猎食的狮子，龙、蚂蚁、
> 等待的蛇，甚至大地、空气、
> 水、火里摇曳的每一粒火星，
> 所有活着的、存在的，都在神圣的支持中。没有一物
> 曾有一刻是孤独的。

所有礼物都来自那里，不论你
以为张开手迎向的是谁，
他就是那给予者。

在我们的挣扎之下，在发展自我的任何渴望之外，都能发现我们的佛性，这是本自具足的无畏、联结、完整和归属。这些基本特质是我们的真实本质，就像地下水一样，每当我们放下局限的自我感、无价值感、匮乏和渴望，就会自然涌现那些特质。真我的经验是明亮、神圣的，且有转化的作用。真实本质的宁静与完美是意识伟大的神秘回映，数百种古老传承曾优美地描述过，如禅宗和道家，美洲原住民宗教和西方神秘主义，等等。

真我的独特表现

要唤醒佛性，还需要了解自我的另一面：实践个人天命的需求。这种发现是很基本的任务，对西方人而言更是如此。传统佛教故事常谈到个人可能立下重大的誓言，愿意耗费许多世以成为佛陀的首席侍者，具有无比精神力量的瑜伽士，或无限慈悲的菩萨。持续许多世的意图能让每个人根据自己的业力产生特殊的性格和命运。大家必须认识这一点。

就如玛莎·葛兰姆（Martha Graham）所说的：

有一种活力，一种生命力，是通过你得到实现的。因为只有一个你，所以这种表现是独特的；如果你阻止它，它就永远无法通过任何其他媒介而存在，这个世界就失去了它。

佛性的普遍性必须通过每一个人才能展现，从每个人的个别模式中展现出来。这种独特的模式就是我们的性格、天命、个别的实现之路。若要找出我们的天命，就要以智慧来认识个人的潜能，并了解实现潜能所需的任务，如此就能开启个人转世的奥秘。

我们虽然无法知道过去的业力，却能认识自己的深层模式与原型，我们的个体性就是由此塑造出来，然后就能在修行中实践这些独特的模式与性格形态，并由僵化的认同转化成透明的珍宝，使开悟的性质闪现于个人独特的表现。批判的智力转变为分辨的智慧，拥有美的欲望转变成给环境带来和谐的力量，直觉力变成敏锐的照顾能力和疗愈的恩赐。了解我们拥有的模式与恩赐，并加以实现，这是自我发展最奇妙的部分，使我们的潜能和独特的天命得到肯定。借此，我们可以把修行、家中和社区里的特殊任务，以及实现自己的能力、恩赐和我们的心，结合成一个独特的个体，如此做时，个体的本质就反映出普遍的性质。

当佛性和这些个人性质结合了自我空性的深入体悟，就能彻底发现自我的本质。这种真我既是独特的，也是普遍的；既是空无，也是完满。

曾有一位中国皇帝询问佛学大师，是否能以可见的方式描述自我的本质。这位大师制作了一间有十六面墙壁的房间，每一面墙由地板到天花板都镶上镜子，房间正中央点燃一支蜡烛。皇帝进入时，看见一根烛火以千万种形式展现，每一面镜子都由近至远展现无数烛火。大师接着以一块水晶取代蜡烛，皇帝看见水晶在每个方向的反射。当大师指着水晶，皇帝看见房间里的千万颗水晶都反射在水晶里面。这位大师指出：最小的粒子也包含了整个宇宙。

真正的空性不是空无一物，而是包含万物。奥妙而丰富的“空”能创造并反映出所有可能性，由此产生个体性。个体性可以被探索、发展，但无法被拥有或固定不变。自我在无我之中，就如烛火被广大的空性所容纳。爱的巨大能力、独特的天命、生命和空性都交织在一起，闪现、回映出生命的真实本质。

《易经》谈到一口精心打造的水井，周围铺满石头，其中总是充满纯净的水。这种纯净就是我们的真实本质，可以在自我的所有影像和空性之下被发现，存在于生命的伟大寂静之中。我们发展的特质是无法命名或拥有的，一旦我们试图使之固定不变，这些特质就被扭曲了。其实心灵的发展与释放是同时进行的，这是有相与无相的奥秘。就像井中的水一样，都是清澈、可以饮用的，天上地下，每个地方都可见到清澈的水。

冥想：我是谁？

许多灵性传统促使人觉醒的主要做法，就是不断自问："我是谁？"或是以不同的方式询问，如"拥有这副身体的是谁"。许多老师如马哈希和中国、日本的伟大禅师都曾使用这个方法，重复这个简单而深奥的问题，引导学生发现自己的真实本性。这是一个我们终究必须自问的问题，若不觉察它，就会把许多事物视为自己的身份，比如你的身体、种族、信念、思想。若能真诚地提出这个问题，很快就会感受到更深层的真理。

询问"我是谁"，可以在独自禅修时提出，也可以找同伴一起进行。最有效的方法是和另一个人一起，然后一再提出这个问题，在持续进行中得到愈来愈深入的答案。

做法如下：轻松舒适地坐着，面对同伴，准备好一起冥想半小时。先决定谁在前十五分钟提出问题，然后放松地看着对方。提问者开始发问："你是谁？"让对方自然地回应，想到什么就说什么。得到一个答案后，稍等一会儿，提问者再问："你是谁？"如此一再重复提出这个问题，持续十五分钟，然后交换角色，也进行十五分钟。

重复提出这个问题时，可能会出现各式各样的答案，你也许会先说，"我是男人"或"我是女人"，"我是父亲"，"我是护士"，"我是老师"，"我是禅修者"，接下来的回答可能愈来愈有趣，如"我是镜子"、"我是爱"、"我是笨蛋"、"我是活人"都有可能。答案本身不重要，它们只是逐渐深化的历程的一部分。每次被问时，只要温柔地倾听答案即可。若未浮现答案，就停留在那段空当，直到浮现出答案。如果浮现困惑、害怕、笑声或眼泪，就留在这些感觉里面，但无论如何都要一直回答。请你自然地融入过程，让自己享受这种冥想方式。

虽然只有短短半小时，但你的整个观点都可能改变，可能会更了解自己的真实身份。

第 15 章　慷慨与慈悲

成熟的爱和健康的慈悲并不是依赖的关系，而是相互交融的关系，出于对自己和他人的深度尊重。

慷慨布施的精神

印度菩提伽耶（Bodh Gaya）有一座坐落于佛陀开悟之处的寺院，附近有一长排乞丐想从朝圣人潮中得到施舍的金钱。多年前，我到菩提伽耶拜访过一个月，第一天就天真地把钱给了乞丐，结果每当我从市场走向寺院，就会有一群乞丐围着我喊叫，拉扯我的衣服，甚至大声要钱，因为他们知道我会给钱。这件事使我整个月都很难受，我确实想帮助他们，但用错了方法。

第二次去时，我拟定了一个计划，决定等到离开时再把剩下的钱全部给他们。离开的那天早上，我把四十美元全部换成卢比，打算以恭敬的方式给每一个乞丐四卢比。我走到寺院前长达一百五十人的乞丐行列，在每一只手上放上钱，并为这种明智的做法感到高兴。可是当我走到一半时，整列队伍已乱成一团，远处的乞丐担心我的钱会用完，都挤到前面来，伸出手，愤怒地抓我的身体、衣服和钱，碰到什么就抓什么。我为了避免被他们抓到，立刻转身跑开，把剩下的钱撒向空中。

我跑到足够远的安全距离后，回头看见一幕痛苦的景象，完全不同于我原先的期望。所有乞丐都用四肢在地上爬行，彼此抢夺掉落地上的卢比。我知道自己还必须好好学习布施的技巧和给予的艺术。

各种宗教传统都充满慷慨布施的崇高精神。耶稣要门徒散尽家财跟随他，特蕾莎修女告诉为最贫穷的人服务的修女："让他们把你消耗光。"有个故事提到佛陀的前世，他看到生病又饥饿的老虎妈妈无力为两只幼虎觅食，心中充满慈悲，于是跳下悬崖，成为它们的食物。

十六世大宝法王(His Holiness Karmapa)是藏传佛教的领导者之一，曾到美国开示祈福，据说他是观世音菩萨的化身。他在一场法会中向上千位参与者传授培养慈悲心的传统方法：吸入世界的痛苦，呼出慈悲。结束时，一位资深的心理学家询问："一定要全部吸入吗？如果对方有癌症怎么办？"大宝法王慈祥地看着他，说："你要全部吸入，让世界的痛苦碰触你的心，将之转化成慈悲。"在场没有人知道大宝法王刚被诊断罹患癌症，但他的教导却非常坚定：全部接受，将之转化成慈悲。他在一年后过世。

我们要如何了解极度慷慨和慈悲的伟大教诲呢？慈悲的布施是真实灵性生活的基础，因为这就是放下的实践。慷慨布施的行为会打开我们的身、心、灵，使我们更接近自由。每一个布施行为就是体认到人与人的相互交融，这是佛性的表现。但对大部分人而言，慷慨布施是一种需要发展的特质，我们必须尊重这项特质是逐渐成长的，否则所谓灵性就会被理想化而变成模仿，在慷慨的特质成真之前，就表现出慷慨的样子。捐出全部财产可能是件好事，但若是无意识而重复地做，就是不健康的。不论是慷慨付出时间、财产、金钱还是关爱，原则都一样。真正的慷慨会在我们的心开放时成长，随着内在生命的整合与健康而成长。

传统的教导指出慷慨布施有三种层次。

第一层是犹豫的给予。起初的布施会带着踌躇不安，担心自己以后会需要现在给出去的东西。我们想把东西储存起来，但又认为现在是该给出去的时候。度过这种勉强的过程之后，就能体会到快乐和自由，这是给予的喜悦。

第二层是友爱的给予。这是开放、平等的分享，提供能量和物质支持，好像给予所爱的人一样。“我有这样东西，大家一起享用。”这是毫不犹豫的给予。大方自在的精神会促进这种慷慨布施，由此让内心滋生喜悦、友善与开放的精神。

最成熟的层次称为高贵的给予。我们非常乐于别人得到幸福快乐，而有自发、直接的慷慨布施，不只是平等的分享，而是非常乐于看到别人幸福，把最好的给别人，让别人享用。自己因为这种慷慨布施而得到更大的快乐，好像我们成为别人快乐的源泉，而在内心找到国王和皇后般的富有感。

我们可以感觉这三种层次的慷慨各自会如何在生活中带来更多喜悦和亮光，但我们展现真正慷慨布施的能力常受限于仍未完整发展的自我，也就是上一章所谈的主题。生命的健康与完整感会自然涌现大量的慷慨布施。在最好的传统文化中，人在身体和精神层面都得到照顾和滋养时，就会产生使内在和外在更为丰富的资源，慷慨、分享和彼此交融都是自然的生活方式。许多部落文化都绝对不会拒绝敲门的陌生人，必然会邀请对方进入、分享饮食。有一种美洲原住民仪式是把大量食物、饮料、衣服给予小孩，然后族人大喊：“我饿了，我渴了，我好冷！”再由小孩把丰富的物品分给需要的人。

慷慨的假象：相互依赖

如前所述，许多人没有丰富感，缺少强壮的内在自我感，当匮乏和创伤的情况没有得到疗愈时，就很难了解真诚的给予是什么感觉。当内在的感受仍充满需求时，给予常常隐含着得到回报的期望。在自我得到复原之前，就表现出崇高慷慨行为的企图，往往只是在不健康的依赖之外作出一层修饰罢了。

慈悲和慷慨的典范被曲解时，反而会强化紧绷、恐惧的自我感所产生的依赖和执著。在这些情境中，慈悲和慷慨都被误用，使我们在别人不当的支持中失去自我。匿名戒酒会和其他运用十二步骤的团体都用“相互依赖”来描述这种情形。在这种情形下，我们会以不当的方式协助别人逃避，不去面对生活中真正的困难，最典型的例子就是酗酒者的配偶为了“保护对方”而说谎掩盖伴侣喝酒的事实。以这种方式“帮助”，只会让伴侣继续喝酒，无法从酗酒的痛苦后果中有所学习。这种“相互依赖的帮助”都是出于自己的恐惧和依赖，我们不敢面对伴侣酗酒的痛苦事实，或怕公开真相会破坏关系、失去对方。

就像酗酒的情形一样，相互依赖会使灵性团体的学生掩盖老师的不健康行为，以捍卫安全感和归属感的神话，避免揭发这类事时可能产生的冲突。

在许多关系中，我们的恐惧和依赖都会使我们不敢说出真相。我们可能无法设定界限，不敢拒绝对方。慷慨在一开始也可能是健康的，后来才恶化成强迫行为。例如有些女性多年来花许多时间支援公益团体、灵性组织或非营利机构（其工作可能永无止境），却在这段时间忽略自己的身体、健康、发展和自我价值感；有些男性不论遇到什么要求，都很难拒绝，多年后才发现自己充满怨恨，却不了解它从何而来。

在修行中必须面对的问题就是如何知道自己的行为是出于慈悲还是相互依赖。佛陀的故事给出了一个答案。佛陀谈到一个特技表演家庭，祖父和孙女四处旅行，靠高空平衡表演维生。因为彼此都很关心对方的安全，于是找佛陀探讨什么是最好的防护方式。祖父提出的观点是彼此关注对方，所以他要注意孙女的平衡，孙女则要注意他的平衡，他们就能保护彼此。孙女则说：“如果各人先照顾好自己，由此来保护对方，难道不是更好的方法吗？”听了小女孩的说法，佛陀说：“虽然她年纪还小，却很有智慧。如果祖父照顾好自己、注意自己的动作，就也保护到了孙女的安全；如果小孩以觉察、关心和尊重保护好自己，也就保护了身边的人。”

人与人的关系是需要平衡的，如果忘记自己的角色，或忽视周遭的人的行为对我们造成的真实后果，就会产生相互依赖和不健康的慈悲。上一章谈到内在创伤、低落的自我价值感，这些都是相互依赖的根源。当我们低估自己的直觉和情绪（出于低自我价值感或害怕别人的否定），也会产生相互依赖。

许多人碰触不到自己的内心，很容易失去判断力，不知道在某个情境中的适当行为。我们可能急于照顾别人，或是要讨好别人、安抚别人，或是想避免与人发生冲突，而无法清楚地面对自身的需求与处境。有个笑话谈到这种现象。两位接受“客观训练”的科学家，必须学习跳出自己的感觉。他们做爱后，一位转身向另一位说：“你的感觉很好，我的感觉怎么样呢？”

无法接触到自己和缺乏自尊心，也是在修行中像上瘾一样依赖的根源。灵性生活有许多关于不健康依赖的故事，学生有时会把灵性修行和药物成瘾结合，比如酗酒的牧师、交替运用禅修和药物的禅修学生，借此保持快感，并以灵性用语来辩解不健康的生活方式。有时，灵性本身的作用就像上瘾一样。

我们已看见某些禅修方法会使人得到快感，以此避免处理现实生活。一名护士和一位把生活完全投入灵性修行的男子结婚，他想“开悟”，然后教导别人。于是她白天照顾病人，回家后照顾他。他常常参加密集禅修，阅读灵性书籍，吸食迷幻药，与朋友高谈灵性，而她却一直工作来支持他。有一天，她想要有自己的家庭和孩子，却对自己的渴望有罪恶感，因为她的期望可能会迫使他无法修行。

长久以来，她支持他，为他说话，认为这一切都是正确的，但又不自觉地感到怨恨，却不敢说出口，她不知道如何拒绝。最后，她来找我，我建议她诚实说出自己的感受，于是她的痛苦感觉倾泻而出，最后把丈夫赶出家门。经过几次密集禅修，他感觉自己很可悲，于是回家，找到工作，开始把妻子、家庭、将来可能有的孩子都纳入灵性生活之中。

学习分辨

正如佛陀与特技表演者的对话指出的，当我们脱离慈悲的层面，就会产生虚假的安全感和缺少智慧的慈悲。所有不健康或过度理想化的慷慨布施都起于这种错误，这表示缺乏对自己的深度尊重。当自我价值感仍然低落时，就无法表明限度、设定界限或尊重自身的需求，于是看似慈悲的协助就会混杂依赖、恐惧和不安全感。成熟的爱和健康的慈悲并不是依赖的关系，而是相互交融的关系，出于对自己和他人的深度尊重。可以说“是”，也可以说“不”，就像明智地养育孩子的父母一样，知道要在什么时候设定界限，什么时候说“不”。他们很爱孩子，为孩子好，但也尊重孩子为自己学习的需求。有时候，一句坚定的“不”、“我不能”或“我不答应，因为超过我的限度”，是我们所能说的最属灵的话。

设定界限和限度，从依赖、纠结的爱转成互相尊重，学习在给予时仍尊重自己的需求，这些做法都需要在自我价值感和自我觉察上有深刻的成长，这些都是自我健康发展的要素。有些学生在练习设定界限的艺术时，必须暂时停止给予；有的人觉得自己过于贫乏，完全无法给予，便可以从微小的慷慨行为开始自自然然地练习。不习惯给予的人愿意练习给予，这种意愿本身就是一种高贵的能力。我们可以学习培养有智慧的慷慨，能敏锐地了解自己和他人的需求。

佛陀在指导觉察的练习时，建议我们仔细注意心的状态，因为行为是由心产生的。如果期待我们总是只想行善，就过度理想化了；我们必须倾听，才能知道心在何时有所执著，何时感到害怕，何时产生依赖。通过深入的倾听，就能开始区分依赖与爱的不同。同样地，我们也能辨认心在何时开放、何时没有执著、何时是互相尊重与关怀的。以此为基础，我们的行为就会充满智慧与慈悲。

通过对自己早年经验的了解，可以学习分辨智慧与依赖的不同。我们可以思考自己在早年的家庭中如何满足需求，如何设定界限，如何对待不安全感。如果没有这些觉察，就会在灵性生活中不断重复这些家庭模式。十二步骤的团体聚会方式为成员提供了机会，可以听到其他成员的个人故事，这种诚实述说家庭故事的经验是强而有力的，可以用来分辨健康与依赖、尊重与恐惧，并找出智慧而真实的慈悲。

家庭模式的辨认也可以是禅修的一部分。在一次密集禅修的团体面谈中，有位学生无法停止自己对关系的强迫性思考。吉姆白天经营一家食品合作商店，晚上从事一项艾滋病研究计划。他和另一位男子（他的情人）住在圣塔克鲁兹山中。他一直挂念自己的客人和案主，又担心少了陪伴情人的时间，总是觉得参加十天禅修可能太自私。我询问他成长的情形，他告诉我，父亲在他出生后便离开妻子和三个小孩，再也没有回来；母亲整天工作以维持家计，偶尔喝点酒。吉姆五岁就开始尝试帮助家庭保持和谐、让母亲有好心情。他一生都在照顾别人，这都是出于责任感和罪恶感，他为此感到非常疲惫。

他述说自己的故事时，为了如此依靠别人来衡量自己的人生而流泪，团体的人也跟着流泪。我问他觉得自己像几岁，他说："五岁。"我问他能否拥抱这个内在小孩、倾听他的需要；他能否为自己找到慈悲心，就像他为别人做的一样。这样做了一段时间之后，他逐渐对自己的生活发展出关怀的态度，他的禅修、关系和工作都得到改善。

真正的慈悲

灵性修行常使人忽略要对自己慈悲。我带领密集禅修的前几年，发现自己每隔一段时间就觉得筋疲力尽。在三四次密集禅修、数百次个别会谈之后，我就会逐渐枯竭，对学生和同事感到烦躁。最严重的时候，我会觉得油尽灯枯，完全不想再听到学生的问题。在这段期间，我有机会向敦珠仁波切（Dujom Rinpoche）请教，便提出这个问题。他是知名的密宗大师，我期望他会提供一种特殊的观想或咒语，使我能被光明包围，背诵神圣的语句，不会因为学生太多而受干扰，并能处理他们的问题。他详细询问我如何修行和教学的细节，然后说：“对，我能帮助你。”我等待他说出高超的密宗教法，但他接着说：“我建议你指导较短期的密集禅修，放更长的假。”我现在认为这句话确实是很高超的教导。

慈悲的基础为建立对自己的敏感度，真正的慈悲起于健康的自我感，了解自己是谁，肯定自己的能力与恐惧、感受与完整，以及其他部分。慈悲绝不是出于恐惧或同情，而是基于每一个生命的尊严、完整和福祉，由心产生的深刻支持反应。这是我们看见苦难与痛楚时所产生的自发反应，是我们面对普世的失落与痛苦经验时，因为彼此共鸣与自然联结而产生的感受。当我们的心得到开启与疗愈，自然会为心所接触到的一切寻找疗愈。对自己慈悲能引发极大的力量，在面对众生时，能把怨恨转化成宽恕，把仇恨转化成友谊，把恐惧转化成尊重。它让我们能以诚实真挚的方式，把温暖、敏感与开放散播给周遭不幸的人。

慈悲有时能引发行动，有时不能。慈悲的生起并不是为了解决问题，但在有需要的时候，慈悲会激发出行动。真正的慈悲起于一种感觉，就是心毫无所惧，能拥抱一切、接触一切，和一切建立关系。丘扬·创巴仁波切称之为灵性战士哀伤的温柔之心，他说：

> 当你把心唤醒，会惊讶地发现你的心是空的。你向外界寻找，你是什么？你是谁？你的心在哪里？若你真的去观看，不会找到任何有形或实体的东西……如果你寻找觉醒的心，如果你用手穿越肋骨去感觉它，将发现那里一无所有，只有温柔。你觉得酸楚、柔软，如果你张开双眼看着世界的其余部分，就会感到巨大的哀伤。这种哀伤不是因为受到不当的对待，你不会因为某人侮辱你或自觉穷困而觉得哀伤。事实是，这种哀伤的经验是无条件的，只要

心完全打开、暴露，就会有这种感觉。这是纯粹、自然的心。即使一只蚊子停在其上，你也会非常感动……这是战士的温柔之心，具有疗愈世界的力量。

真正的慈悲所具有的非凡力量，可以转化我们遇到的痛苦。

我最近读到一篇文章，谈到一对不孕的夫妇，他们决定从贫穷的国家寻找小孩来收养，并认为这是伟大的服务。他们从印度收养了一个两个月大的漂亮男婴，但第一年就发现这个小孩有严重的健康问题。首先，他有严重的听障，无法听到声音；其次，他有大脑麻痹，虽然不影响智力，却会阻碍身体的发育。这对夫妇教他手语，以便与他交谈；当大到能走路时，为他准备了一个小轮椅，让他能四处移动。接下来，他们为领养残障儿童的父母建了一个支持性网站。之后他们担心儿子会孤独，做了一件最令人惊讶的事，就是写信给印度政府，询问能否再收养一位听障儿童。这个新闻故事附了一张照片，两个笑容洋溢的孩子互相拥抱。请把你自己想象成这个故事的主角，收养一个小孩后，发现他既聋又跛，然后想象自己毫无自怜或恐惧地说："我有一个这样的小孩，请再给我一个。"

无畏的慈悲会带领我们直接进入人生的冲突与苦难。无畏的慈悲能认识人生无法避免的苦难，以及我们面对苦难、从中学习的需求。有时候，只有苦难之火和我们行动的结果，才能为我们带来更深入的认识，对所有生命感到慈悲，得到解脱。

学习无畏的慈悲

当我正式请求加入阿姜查的寺院时，他的回答是："欢迎你，只要你不怕吃苦！"伟大老师的角色就是帮助学生学习面对苦难，这种无畏的慈悲所产生的力量，不但是仁慈的力量，也可能是冷酷的力量。公共电视的大自然影集就将这种情形展露无遗，母狮和母狼有时会为小宝宝牺牲一切，尽全力保护它们；但到了不同的时期，这些母亲可能完全不理小孩，独自离开，留下它们或把它们赶出洞穴。母鸟到某个时候会把小鸟抛出巢穴，即使小鸟哭叫："我还不会飞！"但母鸟有更深的了解："这是对的，你要开始学习，今天就是学习的日子。"

对自己或他人的慈悲，有时需要设定清楚的限度和界限，学习说"不"，但也并未将别人赶出我们的心房。我有位女性朋友曾在印度学习，她同时修习内观和慈悲观已有数个月。有天晚上，她和一位朋友要去一所禅修中心，突然有个人跳上她的人力车，想把她拉下来。她和朋友极力把那人推开，惊慌地赶到火车站。她把这个故事告诉老师时，老师关心地说："噢，亲爱的，你要在心中充满慈悲，然后用伞敲他的头。"

慈悲的练习是没有公式的，就像所有伟大的灵性艺术一样，需要我们倾听与注意，了解自己的动机，然后问自己什么是真正有帮助的行动。慈悲会展现出灵活性，好像竹子会随着环境的改变而弯曲。所以，要在必要时设定限度，同时也要有弹性。

慈悲让我们的心经历人生的矛盾、爱、喜悦与痛苦，内在的慈悲开启时，就能产生行动来停止战争、疗愈环境、照顾穷人、关心艾滋病患者、拯救雨林。但真正的慈悲也包括爱自己、看重自己的需求、尊重自身的限度与真正的能力。

即使是佛陀也必须面对这种限度。他有一个头衔是"愿意教导的老师"，他通常都能为身边的人带来极大的利益，但也有例外。有一次，在建立寺院秩序、订立男女僧侣的规定后，有一座森林寺院发生了激烈的争执，某些僧侣谴责其他人违反规定，但对方否认，并说那些谴责者因错误的指控而违反规定。

佛陀前来与他们谈话，建议大家要互相道歉，但僧侣不接受。佛陀试了各种方法，希望大家能听他的话，但最后了解自己不能做什么，只能离开，让他们承受自己造成的后果。他离开不守规定的僧侣，到森林深处度过了一段平静的雨季，与动物同住。他做了自己所能做的，不勉强多做什么。

真正的慈悲与智慧一起出现时，我们会肯定、喜爱、称赞自己和他人。慈悲并不是紧抱着一种完美的理想，认为我们应该无止境地为“我以外”的一切生命付出，慈悲的对象是包括我们自己的一切生命。于是自我与他人的分裂消融了，就像太阳升起一样自然，慷慨和慈悲的力量会在修行中成长，并发现这就是我们的真实本性。就像冲向小孩的汽车被父母推开的画面一样，我们会发现爱的力量在某些时刻会增长到非常强大的程度，远超过我们面临的物质世界。这种慈悲出现时，就像穿透我们的恩典，同时带着一种温柔和无畏的力量，这是其他方法都无法达到的结果。

一位单亲妈妈告诉我，她如何在没有钱、没有多余时间的情况下，独自努力抚养四个小孩。她似乎已用尽了一己所能，但当最小的女儿在十四岁因意外而瘫痪时，她不自觉地产生了一股伟大母性的慈悲能量。她女儿无法说话、移动，医生不认为她还有恢复的机会。但母亲知道女儿的内在仍是清醒的，她就像所有母亲一样，深深相信女儿一定会恢复。于是这位母亲搬入病房，每天帮助女儿。先是在医院花了一年，然后回家又花了两年，几乎每天陪着女儿，不断举起女儿的手，然后放下，或在她眼前摇晃一些东西，日复一日，直到女儿的手和眼睛开始移动。三年后，这个女孩恢复到足以回到学校的程度。现在她已长大成人，从法律系毕业，即将结婚。这种忠诚的慷慨是无法强迫的；当我们深深联结又能放空时，它就会穿透我们。于是，我们的心自然流动，有如流向神圣的音乐。

冥想：将哀伤转化成慈悲

人心有绝佳的能力，可以拥抱生活的哀伤，并将之转化成慈悲的水流。佛陀、耶稣、圣母玛丽亚、观世音菩萨等伟大人物的能力，就是在面对世上一切苦难时，拥有这种温柔、仁慈的心所散发出的力量。每当你的心开放、不再隐藏时，慈悲的水流就开始从内心觉醒。当你愿意让你的心被别人的痛苦和需求碰触，就会产生慈悲。

要培养这种特质，可以练习传统的慈悲观，以及用心中之火转化哀伤的方法。

以稳定、安静的方式坐着，轻轻呼吸，感觉自己的身体、心跳、内在的生命力。感觉你如何珍惜自己的生命，面对哀伤时如何保护自己。一会儿之后，想着某个你深爱而亲近的人，想象他的脸孔、你对他的照顾，注意你如何让他留在心中，然后让自己体会他的哀伤、他在人生中的苦难。感觉你的心自然打开，转向他，希望他安好，为他提供安慰，分担他的痛苦。

这是心的自然反应，除了这种反应之外，开始积极地祝他安好，重复诵念传统的语句："愿你没有痛苦和哀伤，愿你安详。"并在你慈悲的心中拥抱他。继续以这种方式重复诵念这些语句数遍。

当你学会感觉内心深处对这个亲近的人的关怀时，接下来可以把这种慈悲扩展到其他认识的人，一次一个人。逐渐地，你可以进一步向邻居、向所有远方的人，最后是对所有生命开启自己的慈悲，他们都是我们的手足。让自己感觉到每一个生命的美丽如何为你带来喜悦，每一个生命的苦难如何使你落泪，感觉你与所有生命之间的温柔联结，并以慈悲心拥抱他们。

接下来，让你的心成为世上哀伤的转化者。感觉你在心的部位的呼吸，好像你能以轻柔的呼吸进出你的心。感觉心的温柔，并想象你能吸入痛苦、呼出慈悲。开始在所有生命的哀伤中呼吸，每吸一口气，就让他们的哀伤碰触你的心，并转化成慈悲。每呼出一口气，就愿所有生命安好，把你的关怀和仁慈之心扩展到他们身上。

呼吸时，开始想象你的心有如净化之火，可以接收世上的痛苦，转化成慈悲的光与温暖。这是强而有力的观想，需要一些练习。对自己要温和。让心中的火在胸中温和地燃烧，吸入饥饿者的哀伤，吸入陷入战火之人的哀伤，吸入无知者的哀伤。每呼出一口气，就想象所有的生命，并呼出疗愈的慈悲安慰。每一口轻柔的吸气要一次又一次地让每一个生命的哀伤碰触到你的心，每一口呼出的气也要一次又一次地扩散慈悲的疗愈力量。就像世界之母一样，把世界带入你的心，在每一口吸气中邀请所有生命碰触你，在每一口呼气中以慈悲拥抱所有生命。

一段时间之后，静静坐着，让呼吸和心跳自然平静下来，有如世界的慈悲核心。

第 16 章　你无法独自完成：寻找老师的带领

老师最伟大、最纯粹的力量就是以自己的自由和喜悦形成的氛围。

为什么需要老师

在灵性生活的成长过程中，在某些时候，与老师或灵性向导建立关系是非常重要的。不论你曾经接受老师的带领还是正考虑找一位老师，都有必要仔细思考这个重要的关系。虽然美国人最重视的是靠自己来满足需要，但拓荒和牛仔的精神不见得适合灵性生活。先前已经谈过，禅修会产生深刻的疗愈过程：必然出现的障碍，处理强迫性行为所需的技巧，体内脉轮和能量系统的强大开启，暗夜和死亡——重生的经验，还有灵性生活的各种周期。在这些领域中，我们要如何凭自己找出道路呢？即使我们在生活中有自发的觉醒（如遇到巨变或濒死经验），但若没有老师和一套系统化修行方法的支持，就会发现这些痛苦或狂喜的经验与洞见往往会逐渐消退。

从灵性书籍和经典取得地图和指引仍然是不够的。我们不知道灵性生活会带领我们到何处，它却又总是要求我们走入困难与未知。试图独自修行的人和接受有经验的老师指导修行的人比起来，前者几乎必然都会陷入混乱或缺少深度。

灵性生活的基本原则就是在未知的领域学习最深入的功课。我们觉得最困惑或陷入最大的困难时，常常是即将有某种全新开启的时刻。我们最软弱的那一面，最容易让我们对生命的奥秘觉醒；我们最大的优点（最能胜任、最明了易懂的部分），反而使我们远离奥秘。要进入这个超越自我的领域而没有向导，实在是很勉强的做法。

鲁米用一个故事警告我们这种情况的危险：

> 有人抓到一只鸟。
>
> 这只鸟说："先生，你一生吃了许多头牛和羊，却仍觉得饥饿。我这身瘦骨头没什么肉，一定无法满足你。如果你放我走，我会给你三句智慧的话：第一句会站在你手上说，第二句在你的屋顶上说，第三句会从树枝上说。"
>
> 这个人大感兴趣，就松开鸟，让它站在手上。
>
> "第一句：不论是谁说的，都不要相信荒谬的事。"
>
> 小鸟飞到屋顶上，"第二句：不要为失去的哀伤，它已经过去了。永远不要为已发生的事懊悔。"
>
> 这只鸟接着说："附带一提，我体内有一颗大珍珠，重量相当于十个铜钱。这表示你和你的子孙原本可以拥有一笔财产，但你已失去了它。你原本可以拥有这颗世上最大的珍珠，但很明显，现在已经不是你的了。"
>
> 这个人像女人生产般号啕大哭。
>
> 鸟儿说："我不是才说过，'不要为过去的事哀伤，也不要相信荒谬的事'吗？我全身上下还不到十个铜钱那么重，体内怎么可能有那么重的珍珠？"
>
> 这个人恢复理智说："好，请告诉我第三句话。"
>
> "好，你已很好运用了前两句话！第三句：不要给酒醉和昏睡

的人任何劝告，不要把种子撒在沙子上。

鲁米希望我们了解人多么容易受骗。

即使我们接受了美好的劝告，还是很容易忽略或误解它。我们在许多地方卡住，包括恐惧和执著造成的层层困难，还有自欺和缺乏自我价值感。它们会出现在每个人的修行中，愈是自以为受过良好教育、拥有足够能力的人，便爬得愈慢、摔得愈重。

如同雷·布莱德伯利（Ray Bradbury）嘲讽地说："你在人生中学到的第一件事就是你是笨蛋，你在人生中学到的最后一件事就是你仍然是这个笨蛋。有时我自以为已经了解每件事，不久我又会清醒过来。"

世俗的教育对禅修没有帮助。

有次在波士顿，一家新设立的安宁病房主任（他是灵性相当深厚的医生）请我为所有员工带领密集禅修。在第四天密集的打坐和经行后，这位医师来找我讨论。他因为心脏部位的剧痛而非常担心疼痛会转到双肩。痛得厉害时，他发现更难处理的是恐惧。所有症状都让他相信自己是心脏病发作，他问我是否要叫救护车或请人送他去医院。我问了好几个重要的问题，包括身体的感觉、充满能量的经验和他的心境。仔细听他回答后，我告诉他这些症状其实是心轮开启的迹象，这种情形是心脏附近的肌肉放松下来（放松身体的盔甲），以及情绪和灵性开启的结果。我自己也经历过，并见过许多人有这种经验，我接着说："此外，你刚开始经营一家全新、以灵性为取向的安宁病房，不是吗？若真是心脏病发作，也许这次密集禅修来得正是时候，能让你确实面对自己的死亡（我非常确信并非如此）。你来这里不就是要学习死亡和临终吗？还有什么地方是比密集禅修更好的死亡地点呢？"说完后，就送他回去打坐。如果没有老师，他很可能会一直对自己的经验感到困扰，也很可能会去医院治疗（如果你正经历严重的疼痛，又没有老师指导，当然还是要去医院）。

关于老师的迷思

灵性的历程不是随机发生的，所以在我们迷路时，古老传承的向导和老师能了解我们的旅程，并加以协助。问题是即使我们体认自己需要老师，也不知道该找谁。西方文化很少有如何寻找灵性老师、上师或向导的榜样，当代已找不到古老而美妙的学徒精神，大部分教育都出自非个人的大型机构，甚至愈来愈常通过录影带和电脑来教学。但我们都听过上师和禅师的故事，当我们初次想象自己与这种人建立关系时，常会扭曲或夸大向老师学习的实际情况。有些学生对灵性大师有过度膨胀的想法，想象自己的老师有如全知全能的神，许多灵性团体也会提倡这种夸大的观念。这些学生谈到老师时，好像他们无所不能，“老师帮我得到工作。”“老师让这件意外发生，来教我学习人生的功课。”“老师用法力制造出我现在的处境。”“大师指导每个人，并为每个人负责。”“大师会让我在适当的时机开悟。”

有些学生过度谨慎，很难以任何方式尊重或重视其他人，这种学生会对老师产生与上述相反的夸大观点，因为他们很难接受别人可能真的知道得比自己多，很难接受别人的教导。这种人听了假上师或老师堕落的故事后，就觉得不需要老师，并认为没有可以信任的真正道路。这种态度多半来自个人过去与权威人物之间未曾解决的问题，也显示自己无法自在地扮演不同的角色，不能一方面当学习的学生，另一方面又当别人的老师。即使没有这些问题，也可能只是因为不知道如何与老师相处，不知该如何回应老师而尴尬害怕，不敢找老师。从长久来看，我们在其他关系中的任何问题，最终都可能出现在我们与老师的关系中，包括信任的议题（轻信或无法信任），以及界限、害怕、怀疑和需求的议题。

学生与老师之间的各种问题，背后大多是我们每个人最深的渴望：被人以完整而全然的方式来爱与接纳。很少有人以这种方式被爱过，但我们也害怕被这种方式来爱，因为过去的失落和遗弃造成的痛苦，仍然烙印在心里，让我们既困惑又害怕。这种恐惧一方面可能会使我们低估老师的价值，以保护我们不会因为强烈的渴望而受伤害；另一方面也可能让我们自我膨胀和理想化，只寻找最完美的大师——永远不会伤害我们、让我们失望的大师。但我们真正需要的是学习如何去爱、如何被爱。师生关系的核心就是这种爱，也只有在这种爱的容器里，才能往前学习其他的教诲。

最好的老师都知道这一点，并能教导我们如何去爱和信任自己，还能教导我们如何去爱真理、爱人生。他们本身就是榜样，为我们带来真诚无惧的关系。有经验的灵性老师与我们建立的关系，不论是短暂的相遇或终生的相连，往往成为非常亲密、重要的精神交流。老师与其教诲的真诚性是神圣的器皿，可以护持真理，由此带领我们的心得到觉醒。

备受敬重的禅学大师铃木禅师的学生卓迪·迪克森（Trudy Dixon）如此描述他："由于他就只是自己，所以成为学生的镜子。和他在一起，不需要他的称赞或批评，就能感觉到自己的长处与缺点。在他面前，我们看见自己原初的面貌，我们看见的超凡入圣其实只是自身的本性。"

各种风格的老师

每当有人问我该如何找到老师，最诚实的回答就是"这是个神秘的过程"。最常见的情形就只是遇见他们、听见他们，或是出乎意料地被带到他们面前。我们常在看到一张照片、读一本书或听某位朋友谈到一个老师时，发现这个人能启发我们、呈现出伟大的可能性、使我们感动、唤醒我们某种渴望或愿景。这种启发会以强大、神秘的方式拉动我们，甚至使我们心不甘情不愿地来到老师面前或加入灵性团体。我们可以参访不同的灵修中心，尝试他们的教法，听演讲或参加法会，在其中为自己找出某位老师。现在甚至有指南手册介绍西方世界中各种佛教、印度教、基督教和犹太教的修行中心，这些书也能帮助我们寻找老师。

有许多美妙、奇特的故事谈到寻道者与同伴找到老师的经历。我认识一位男子，他到印度最重要的寺院，想在佛陀开悟的菩提树下服用迷幻药，却在路上“不经意地遇见”一位很棒的老师，因而丢弃迷幻药，跟随这位老师修行了十年。另一个人只是在电话簿中看到“禅”的类别，就打电话询问能否与当地禅修中心的老师谈谈。我还认识一位中年妇人，她的老师在研讨会中直接走到她面前说：“我要你跟着我学习。”还有一位年轻的美国男子，原本完全不知道什么是灵性生活，却在生病住院时梦见一位西藏喇嘛。两年后，他到尼泊尔旅行时遇见曾在梦中出现的喇嘛，这位喇嘛微笑着说：“我已经等你很久了。”

灵性老师有各种不同的风格。在佛教传统中有两种极端不同的类型：上师和同修。同修的梵文意指我们在灵修道路上从别人身上得到友好的指导和支持。有些老师较喜欢这种角色，没有奉献、臣服或传统师生阶级关系的负担。在泰国森林中的大师佛使比丘就不愿学生向他鞠躬，虽然这是当地遇见任何出家人或大师的习俗。他反而要学生坐到身边，把学生当成“同修”，一起加入热烈的对话和询问，鼓励学生尊重自己和自己的见解。

传统上师的作风与此相反。有些佛教老师、喇嘛、禅师、印度教上师、哈西德（Hasidic）和苏菲教派的大师，都是通过这种角色传法。上师是伟大而智慧的大师，本身就是灵性修行的化身，通过特殊的教法指导我们，我们要向他臣服，放弃自己的自由。对待上师的方式是聆听和服从，而不是讨论和发问，有时还要把上师当成神的化身或完全开悟的大师来礼敬，因为他已全然觉醒，每一个动作都是有意义的。我们与上师相处时，会经历臣服的过程，去除自我中心，成为充满上师精神的载体，在其中发展开放和无我。

在同修和上师这两个极端之间，还有许多不同的风格，老师的教导方式会结合他自身的人格特质和让他得到觉醒的方法。佛经有一段著名的对话，佛陀带领访客参观森林寺院中群聚的师生，他说："喜欢提问的学生，就会到我最有智慧的门徒舍利弗（Sariputtra）那里；重视持戒的学生就会找优婆离（Upali），他是最能持守僧侣生活的人；想要学习神通的人就会找神通第一的目犍连（Mogallana）；被禅定的专注吸引的人就会到大迦叶（Mahakassapa）那里。"

第 9 章谈到有些传承和老师会强调神秘的异象、狂喜或强而有力的超常意识状态，有些人则寻求在日常生活中实现神圣。有些学派强调身体的修行，如哈达瑜伽（hatha yoga）、拙火瑜伽或苏菲教派的呼吸法；有些学派强调行动，通过服务带来慈悲和鲜明的神圣感；还有些强调通过禅修、祷告、异象和专注，直接开启或转化心灵；有些学派着重于强而有力的超常意识状态，深入探究我们是什么人，意识与生命的本质到底是什么；其他还有臣服的道路、奉献的道路、在每个当下放下渺小自我的道路，告诉上帝或宇宙："不要照我的意志，要照你的意志。"

令人惊讶的是，教学风格的多样性无法根据其传承清楚分类，在每个伟大的传承中，都能找到强调不同方法的老师。有些禅师充满爱心地奉献自己，有些要求激烈的训练和破除人心的质问；有些严谨的哈达瑜伽老师只强调身体，有些把哈达瑜伽当成工具，通过身体得到神圣的觉知。

每个传承中都有某些老师像捣蛋鬼一样，出其不意地戏弄学生；有些是严格的老师，会指出学生的每一个错误，试图削弱其自我和骄傲；有些老师通过肯定和鼓励来教导，培育学生的优点；有些老师像教授一样教导；有些老师以爱和慈悲，或在各方面展现足够的空间和幽默感，使我们在其中融化、敞开自己。

如何选择老师

老师应该是其修行传承的典范和大师，最好对各种学派也有足够的认识，才能对形形色色的学生因材施教，否则就会发生下述事例。一位在印度认真修习拙火瑜伽的学生，却愈来愈紧张、激动、散乱，绝望之余，他询问一位著名的西藏喇嘛出了什么问题。仔细讨论后，这位喇嘛回答："很简单，你的老师给了你错误的方法。"这位学生非常惊讶地说："但我的老师只教这一种方法！"

如果已经有了老师，就可以反省是什么因素吸引我们找这位老师和他的特殊修行方法，我们带着什么期望，结果又如何？我们学到了什么，又有哪些地方感到失望？我们是否想继续采用这种方法？

如果要寻找新的老师，就应该直接询问他如何教导，他如何看待修行之路，目标是什么？他的修行采用什么方式？他如何指导学生？考虑清楚我们能否花时间跟随这位老师？详细了解是否真的能得到他的亲自指导？这位老师会给学生什么样的支持来度过灵性旅程的困难阶段？如实面对老师周围的团体让你有什么感觉？接下来要看看他对我们有什么要求，这种要求是否健康而适当？有哪些必要的承诺？老师期待什么样的师生关系？要花多少时间？费用是多少？

寻找老师时，我们必须倾听自己的心，必须诚实地观看自己。我们到底在寻找什么？这位老师和这种修行方法能不能提供我寻找的东西？是什么因素吸引我们找这位老师？老师和修行方法是否适合我的性情、对我有帮助，或反过来说，是否会强化我的恐惧感和神经质？如果我是非常羞怯、封闭多年的人，它能帮助我进入一个大型而外向的团体，还是反而让我不知所措，更加羞怯？我是否需要接受严格禅师的训练（老师会用棍棒要求学生坐正）；或者我从小就是受虐儿童，这种做法只会重现、强化痛苦而负面的自我感？我现在的灵性周期处于哪个阶段——静默或服务，打坐或研读？

我们不一定能回答这些疑问，但光是提出这些疑问，就有助于我们避免最明显、最笨拙的错误。开始修行时，最好给自己一段尝试错误的时间，尝试期可能要一个月，一两次密集禅修，甚至一年。不管要花多久时间，重要的是能了解老师、了解他与我们和其他学生的关系，以及了解这个修行方法。

不论是正在选择或回顾以前的选择，都必须对老师所代表的完善与智慧有信任和尊重的感觉。我们寻找的老师要具有灵性和私人生活上的成熟感，能整合身体、世俗、情绪和神秘的各个面向。最好寻找有幽默感的老师，即使是严格的纪律执行者也应该在自身的生命中展现出喜悦、自在、慈爱的精神。选择老师就像择偶一样，对自身的内在认识要有深入的尊重，并愿意在适当的情况下作出承诺。

几年后，我们与老师的关系可能会发生变化。老师也许会扮演许多角色，他们可以是良师与放牧者，是听告解的神甫与旅程的向导，是灵性的接生婆和评论家，是光明存在的镜子与模范。我们可以从经验丰富的老师那里学到勇气、自信、力量和清晰，利用他们的指导、能量和爱来唤起自己的爱与力量。我曾有幸跟随两位年长的女性大师，她们在教导中融入了大量喜悦和爱的精神，和她们在一起时，我整个人都被这种精神洗涤、充满，一个大大的拥抱就能使我狂喜数天。她们两人都很长寿，生活中有各种哀伤与欢欣，拥有许多子孙和学生。她们的教导对学生有很高的要求，没有妥协的余地，但她们的态度却充满智慧与了解。

我的另一位老师经常让人感到意外，他总是带来惊奇，观看事情的方式有时令人震惊。他具体展现出勇气，若能将真理带进生活，他愿意将生活扭转一百八十度。他的整个生命是如此愿意在佛陀的精神感召下投入心灵的觉醒，所以他能让周遭的人也去质疑、改变和觉醒。

老师与传承

请记住，当我们选择一位老师时，也同时加入了一种传承和世系。世系是古老智慧的媒介。在每一个伟大的传承中，不论是巫师、疗愈者、瑜伽士、神秘学派的女智者、伟大的拉比还是沙漠教父，都活在他们的世系中。世系与传承是神圣的容器，保存以前发现和世代累积的修行方法与智慧。世系是觉醒之光代代相传的形式，包括正式的经典、古老的吟唱、仪式、禅修技巧和教诲故事，都是唤醒心与灵魂的媒介。有经验的老师用世系的修行方法和仪式创造神圣的空间，以唤起虔诚和智慧，使意识超越平常的限度。

选择一位老师时，我们便被拉进一个世系的强大潮流，接受它的世界观、愿景、可能性及限制。在各种最有智慧的传承中，较高层次的教导会引导成员体认并超越自身传承的限制，发现自身内在的神圣是超越所有形式的。所以在献身于一位上师时，学生最终必须看见自己内在的上师，以禅宗公案来说，就是学生必须超越所有疑问和解答。

选择一个世系或一套修行方法，就像选择老师一样，是个神秘的过程，我们受到其中某个灵性之流的吸引。同样地，要信任你自己，并寻找整合、喜悦和成熟的团体。我通常向学生建议要选择“品牌”，那些有千百年历史的传承，不论是教诲、训练还是愿景，都是许多世代的老师和学生用智慧之心淬炼而成的。

当我们考虑选择一位老师时，要看看他在该世系或传承中的位置。其他灵性领导者如何看待他？他在他的传承中是否受到尊重，具有影响力？这些考虑好像是在美国的灵性市场购物。不幸的是，从某个角度来看确实如此，但这不是在选购自己喜欢的颜色或符合自身形象的汽车，而是深入寻找一条真诚的道路，以跟随自己的直觉和灵性的渴望。当我们专注、诚实、努力地看重自己和遇到的人，必然会有好的结果。

如何跟随老师

一旦决定跟随某个老师，要如何好好跟随呢？一开始可能不容易，我们会遇到陌生的习俗和做法，新的语言、祷词、唱颂和观点，也必须应付进入新团体时的笨拙感。除此之外，还常常要面对入门的仪式。有些禅寺收学生之前，学生必须在门外坐上一整天，甚至数天（在日本某些地方，要坐在雪地上），这是为了证明真诚接受教诲的精神。多数传承都有初阶的密集禅修、仪式和程序，让新来的人有入门的方法。为了回报灵性的教导，我们常被要求展现尊重之意。

跟随灵性老师，要具备两种最重要的特质，就是一般常识和发自内心的承诺。若具有一般常识，就不会把老师和方法过度理想化，也不会违背自己或自身的良好判断力。常识是对自己的尊重，也表示愿意看清事物的真相。

发自内心的承诺是跟随老师的第二个关键，不管他的修行风格如何，这是老师最看重的部分。有了承诺，就能用所有能量来追随一条道路与其上的训练（如祷告），而通过必然存在的困难和疑惑。在老师的经验指导下，以真心诚意的承诺来修行，我们遇到的喜悦与困难就会持续照亮我们的道路。

跟随老师学习灵性修行时，也会和老师建立关系，这也需要我们的承诺，我们在其中学习以愈来愈深入的方式信任老师、方法和自己。我们会一再被要求坚持下去、留在其中、献身其中，全心全力投注于修行和老师。我们可以提出任何必要的问题，然后全力以赴，看看自己在几年的全心修行后是否有所不同。

有位妇女夸耀儿子已经完成学习，纳斯鲁丁说：“夫人，上帝一定会给他更多功课！”在坚持和承诺之下，才会有真正的灵性成长。

最重要的学习：平衡的能力

我们如何从师生关系中得到最大的收获呢？在亚洲和传统的西方灵性文化中，大家都知道外在该有的行为举止：如何鞠躬、礼敬的形式、奉献什么东西、可能得到什么回报。大家知道最好向老师或上师提出什么问题，也知道从他们的指导中能得到什么收获。那些文化对灵性传承的规则已有常识，但美国的学生并不知道可以期望什么收获，所以要直接询问老师和资深学生，借此了解进入该团体的最佳方式，老师和学生平常接触的方式，何时可以请教老师，遇到困难该怎么办。我们想从老师身上获益时，会想知道如何让老师好好了解我们，可以在什么时间和地点与老师谈话，好让他指导我们个人的道路。我们必须准备好接受老师的指导，在我们卡住或恐惧的地方得到回馈和帮助，在失去平衡时得到平衡感。

让学生重新得到平衡的能力，是有经验的老师所具备的才能之一。我的老师森林修行大师阿姜查曾说，这是他身为老师最常做的事。有一天，我问他对不同的学生、在不同的时候，为什么会给出彼此矛盾的开示，看来好像既不一致又不明确，我觉得不像真正的开悟。阿姜查大笑着回答：“道路不像你想的那样，我是这样为人指路的：我看着自己熟悉的道路，这条路可能很黑又有浓雾，我看到有学生快要掉进右边的深沟或走上右边的歧路时，会大喊：‘往左边，往左边。’同样，有学生快要误入左边的深沟或歧路时，我又会大喊：‘往右边，往右边。’每当他们偏离道路，我就会提醒他们。这就是我所做的。”

在修行中，有经验的指导者能让我们活在当下、开放自己。有智慧的老师能唤起学生的力量与智慧，他能慈悲地指出学生性格中最大的问题，要求我们做困难的事，并以足够的关怀唤起我们内在的伟大。

阿姜查时常要求学生做困难的事：传统的苦修训练，艰难的闭关活动，日复一日的辛苦练习，不管那是不是我们想做的事。他会在寺院四处走动，如果有人看起来像遇到了困难，他就会走过去问："你今天痛苦吗？"如果他们说不会，他会说："好，祝你今天愉快。"如果他们说会，他就说："我想知道是谁的错。"然后微笑着离开，他也可能说："不知道是不是有人在执著什么。"然后走开。他一直引导我们回头了解自己的内在经验，发现自己是怎么陷入纠结之中，也发现自己如何能学会解脱。

好老师会通过自身的存在，带来觉醒的精神。阿姜查指导泰国丛林和森林中的六十座寺院的僧侣长达三十余年，我跟随他的那几年，最温暖也最感动的记忆就是他在我们陷入自身问题时，与我们同在。我们彻夜不眠地打坐时，他也和我们一起打坐；我们打扫森林步道时，他教我们制作竹扫帚，以及让清扫成为美妙的禅修；我们在节日庆典前清扫整座寺院时，他也与我们同在；一位富有的人捐钱在山顶盖了一间巨大的禅堂，即使是这么遥远的洞穴寺院，阿姜查也带领我们一起清理通往禅堂的路。在泰国冬季最寒冷的地方，我曾和他及其他僧侣一起在森林中光脚走了五里以上的路，只为了接受附近一个贫穷村落供养的粗食。因为非常寒冷（将近摄氏零度），我牙齿打战，光秃的头顶快要冻僵了。我在棉质僧袍里又裹了一层毛巾，以抵抗寒风。我们抵达村落时，阿姜查转身微笑着问我："冷吗？"我说："是的，我冷死了，不知道能不能撑下去。"他微笑着对我说："对，真的很冷，真的很冷。"我很庆幸他就在我身边。

同样的精神也见于一位临济宗老禅师身上，我曾跟随他学习。我参加过许多严格的禅七训练，每天从清早开始就坐着不动，参公案，直到半夜，只有短暂的休息时间可以走动、吃饭。起初我非常失望，因为这位大师没有与我们一起打坐，但我后来发现了原因何在。他坐在禅堂旁的房间，每天和五十位学生分别进行四五次个别会谈。虽然他每天要进行两百次以上的会谈，但每当我看见他，都觉得他比我更清明、更活在当下。他确实与我们同在。

在付出中学习

当我们通过这种方式得到支持和教导时，就会了解成长的力量能产生非常多的灵性生活。我们可以用一种充满智慧的眼光看待自己想加入的灵性修行和老师,就是看我们能为他们提供什么。在灵性生活中，最终能使我们快乐的，并不是我们能得到什么，而是我们能给予什么。当我们丢弃旧有的观点、恐惧、限制、长久紧抓不放的障碍，就会把自己给出去，并发现一种非常基本而又崭新的存在方式，让自己像灵性的小孩一样重生。当我们带着能量、创造力和我们的心趋向完整时，就把自己给予了团体。

当我们给出自己，团体会产生一股强烈的喜悦。美国人的传统也有这种精神，这是村民一起兴建谷仓的精神，是一百个人合唱《弥赛亚》的美感，大家一起为更大的目标努力。加入灵性团体既美好又能实现自我的体现，就是服务、付出自己的精神。这种给予和接纳的心，对神圣的尊重，就是僧伽（sangha 或 satsang）的精神。僧伽的特征就是以佛陀神圣之名聚集起来的一群人。团体并不是以宗教之名聚集的人所创立的，而是大家一起带着诚实、尊重和善意来支持神圣的觉醒。真正的团体在于我们能根据真理和慈悲来说话，这种灵性团体的感觉是非常奇妙的，能让我们在灵性道路上得到疗愈与转化。

当我们考虑加入一个团体时，想知道我们能付出什么，以及团体让成员觉醒的方式，就必须看一看资深的学生。这个团体的学生是否愈来愈成熟？他们是否受到尊重，是否接受更深入的修行方法，有没有机会服务或教导别人？学生是否有办法像老师一样实践所学？资深的学生是否快乐而有智慧？

读者会发现，讨论老师和团体时，我会谈到喜悦、技术、慈悲，却不谈本领和奇迹。有些老师具有强大的力量，我们可能在他们周围看到异象、感到狂喜，或身体的能量被唤醒，甚至暂时转化意识，这确实都有可能发生。若这种力量不是出于伪装，可以很有帮助，但也可能使人入迷或造成困惑，这取决于力量是如何运用的。可是，这种力量绝不是必要的。除了这种力量被误用所造成的问题（稍后会谈到这点），更重要的是能了解一项基本事实：没有人能使我们开悟，没有人能帮我们成熟，没有人能替我们放下，绝对没有人能为我们做这些事。别人只能为我们提供指点、激发灵感、让我们有所感动，甚至使我们觉得走上了真正的道路，但最重要的是，老师能为我们创造出神圣的空间，让我们在其中觉醒。

我曾有幸向一位八十岁的瑞士女灵性大师学习，我们谈到需要有真正的老师来创造自由而受保护的环境，让心与灵魂得以在其中敞开、绽放，正如开始修行时所渴望的。如果老师创造这种神圣空间的能力、将信赖感与行动转化成慈悲容器的能力够强大，便足以让我们老旧的部分死去，崭新的部分重生，这是非凡的才能。我们不只借此得到世系的古老智慧，更能得到自身的真我。老师最伟大、最纯粹的力量就是以自己的自由和喜悦形成的氛围。

我曾花数年向一位印度年老上师学习，他很有智慧，充满喜悦的精神能量。他对我们有许多要求，要深入探索、要打坐、要臣服、要深刻地信赖，但最棒的是他对我们全然的爱，不求任何回报，完全不想从我们身上得到一点点东西。在他身上完全没有执著，对学生没有期望，甚至不期望我们觉醒，他就只是一个清澈、喜悦的空间，不论我们遇到什么情况，都能使我们敞开，带来真理。以那种方式被爱是非常特别的经验，我的整个身、心、灵都进入了开放、安详的空间。

当他觉得学生已真正了解了他教导的真实内涵，就会请学生回家。有些人需要几星期，有些人需要几个月，他会说："回家吧，把这种精神带进生活，你不需要一直留在外在的上师身边。"

知道自己可以离开的时机，是非常重要的，就像留在老师身边一样重要。离开的原因有时是因为已学完适合我们的功课，有时是环境显示那里不适合我们，或是时机不对；我们常需要老师所不能给予的额外或不同的教导。

不断更新

我们对老师的义务和长久的承诺，并不代表余生都必须遵循他们的方式。我们终究必须选择一位老师，加入一个团体，然后看看是否适合自己。即使老师和团体可能期望我们宣誓效忠、发下誓愿、终生加入，但我们不需要立下一辈子的灵性誓言；即使是一辈子的誓言，也必须更新。没错，我们必须有耐心、有承诺，但真正的属灵誓言在乎的不是外在环境的变迁与要求，而是自身的完整、觉醒和慈悲。

我所知道的最好的西方老师在完成初阶训练之后，大部分都会再四处跟随许多不同的大师。如果曾作出长期的承诺，就很难从一位老师换到另一位老师。许多曾找我讨论的学生都觉得受到誓言的困扰，他们或是接受过西藏喇嘛的教导，对方要求他们承诺一辈子修行这种法门；或是曾发誓终生追随一种特殊传承，永远遵循某种方式。可是他们有时会走到一种地步，誓言似乎成为灵修发展的障碍。和这些人讨论时，要谨慎地确定他们并非下意识地违背自己的承诺。如果一同探讨之后，确实发现誓言的修行体系已经不适合他们，或是他们的生活环境已经改变，使以前的承诺不再能帮助灵性的成长，我就会带他们回到喇嘛或老师面前，要求用仪式解除先前的誓言，然后他们就能继续往前走，追求灵性生活所需要的道路。

即使留在自己立下终生承诺的传承中，仍须根据个人的福祉定期检视承诺，并加以更新。某些佛教传承要求学生保证在开始时花五年跟随一位老师，对这个传承有某种程度的了解后，就鼓励学生寻访其他大师，以扩展自己的认识和修行方法。

跟随老师的真正目的，是为了指导我们发现本自具足的心的自由。所有灵性教导都有这个目标，每一位有智慧的老师的天职就是鼓励学生找到自己内在的佛性——所有生命内在的自由、独立和喜悦。

无论我们跟随一位老师多久，不管是几个月、几年或几十年，能遇到一位真正的灵性贵人、良师与向导来追求自身的自由，都是一种祝福。我们因他们的存在而得到祝福——他们的存在提醒我们可能达到什么境界，我们因他们的直接指导而得到祝福，我们因他们提供的训练和修行方法而得到祝福，我们因他们有技巧地教导如何运用灵性修行来培养自己所需的耐心进而能运用耐心而得到祝福，我们因他们深刻的爱而能面对创伤——因他们在心中为我们的最高益处着想而得到祝福。

当我们找到有经验的老师与可以信任和尊重的世系时，就找到了可以照亮内心道路的灯塔，让我们有机会发现真诚与永恒，并把光明带给全世界。

第 17 章　心理治疗与禅修

现代心理治疗最擅长的部分，很像共同禅修的过程，治疗师和案主坐着，一起学习专注于案主无法碰触的自我部分和层面。

佛法与心理学的交会

每当佛法传入新的国家，如中国和日本，就会受到本土文化和宗教极深的影响。在这种交会中，就发展出崭新的修行方式，比如禅宗和密宗。现在的西方正经历着这个过程。西方的“内在修行方法”中，对佛教和所有当代灵性生活产生最重要影响的就是西方的心理学。在西方世界，许多认真走上灵性道路的学生和老师，都发现转向心理治疗来帮助自己的灵性生活是必要而有益的，而许多尚未这么做的人，其实也可能从中获益。

什么是西方心理治疗能做而传统灵性修行与禅修不能做的呢？我们常看到西方学生内心深处的伤口，起因于西方家庭系统的崩解、童年的创伤、现代社会的混淆，心理治疗以直接而有力的方式处理疗愈的需求、重建健康的自我感、消解恐惧和分隔，并寻找具有创意、关爱与完满的方法来活在世上。

我们谈过这些议题无法与灵性生活区分开来，我们并不是为了得到涅槃才要得到心灵的归宿。身、心、灵得到开启时，每遇到一个新的层面，一方面会展现出更大的自由和慈悲，另一方面又会呈现出背后更深、更细微的妄想。深入的心理治疗和禅修必须一起进行。我们必须承认美国人修行时，在灵性层面揭露的许多深层议题，是无法单靠禅修得到疗愈的，比如早年受虐、成瘾、爱和性方面的困扰，都需要有经验的疗愈者以亲近、自觉而持续的支持来解决。在大型灵性团体中，上师、喇嘛或老师很少有时间通过这种过程仔细指导我们，许多灵性老师也不擅长处理这些问题，有些人甚至不曾处理过自己的问题。

相反，现代心理治疗最擅长的部分，很像共同禅修的过程，治疗师和案主坐着，一起学习专注于案主无法碰触的各个自我部分和层面。心理治疗不但拥有多数禅修方法所具有的专注性质，还有研究和探索的性质。在这种共同禅修中，治疗师投入倾听、了解和感受，或许能引导案主更加正视自身痛苦、纠结与困扰的根源。我曾接受数位优秀治疗师的治疗，从中获益良多，他们帮助我了解心灵的各个层面，并得到疗愈，而这些是多年禅修一直没有碰触到的。

即使是缅甸最著名的禅修大师——伟大的马哈希禅师，也承认西方学生必须面对这些新的问题。他第一次到美国教学时，就声明有许多学生因为各种在亚洲很少见的问题而痛苦，他称之为“心理学的痛苦”(psychological suffering)。这些问题都必须受到重视。

错误的灵性观念

有一种错误的观念，认为只要有足够认真的祷告或禅修，就能转化生活。这种观念常常妨碍老师和学生运用西方心理学的有效方法。不幸的是，许多东方和西方灵性传承的学生误以为自己若经历困难，就只是因为修行不够久，或没有根据正确的方法修行。

第二种错误的观念就是好学生必须能独力面对整个灵性道路，若转向外界求助，就表示自己无能或失败。有些团体认为转向外界的方法（如西方心理学）就等于承认自己的体系和老师不具备对一切问题解答的能力，因而觉得受到威胁。在修行中，对心理治疗的位置感到困惑，主要来自一个错误的观念："灵性"和"世俗"是不同的范畴，灵性比较"高明"，而世俗比较"低下"。我们可能曾受到教导，认为禅修时"灵性"层面的经验就好像魔术一样，具有转化所有其他层面的能力；以为在佛教修行中的巨大"觉醒"，或在基督教、印度教的奉献中体验的神圣合一，就足以改变自己的识见、疗愈我们的心、达到与生命最深层的真理和谐一致的境界。

产生这种信念是有原因的，因为在这种经验中会感受到极度的和谐，而且会有持续很长一段时间的回响。但灵性旅程的这种经验只代表初步的成功，经验必然会盘旋回来，我们要学习把每一个新的洞见全然整合到生命历程之中。在这个过程中，并没有高明和低下的层面，没有哪一个领域比其他领域更神圣，都是使我们面对每一种使我们痛苦的紧缩、恐惧和认同的模式，并从中找到觉醒与自由。

事实上，在灵性修行中处理个人情绪问题的需要，比一般认为的重要许多。在我们每年长达三个月的密集禅修中，至少一半以上的学生发现自己无法作传统的内观禅修，因为要面对许多未解决的哀伤、恐惧与创伤，使得过去未解决的问题成为禅修的内容。在每一种传承中，即使是最成功的西方寻道者，在精进的禅修和深入的洞识之后，都要重新面对生活中的痛苦、恐惧和潜意识。我们可能在禅修中体验到了解和安详，但回到日常生活的问题，探视家人，甚至谈恋爱时，旧有的痛苦、神经质、执著、妄想的模式都会突然像以前一样强烈。我们必须找出方法，让这些议题融入我们的道路。

有一位在大型印度教团体里做得很成功的西方老师，最近把教学责任交给两位资深学生，没多久就产生了极大的混乱和冲突。一位资深学生开始滥用自己的角色，另一位则疏离和迟钝。经过数次激烈的集体讨论后，发现不只这两位资深学生有问题，许多忠诚的学生也不得不承认老师本身虽然没有滥权，却迟钝、疏离、无能得令人痛苦。

这位教学三十年、七十四岁高龄的老师非常诚实地决定开始接受心理治疗，以处理自己生命中的这些议题。

东方修行方法在西方进行了数十年，我们现在非常清楚地看见，不将个人心理问题融入修行会产生何种结果。下一章《皇帝的新衣》将有许多讨论，检视老师和团体的关系何以产生这种失败，某些例子甚至有非常悲惨的结果。个人生命的议题通常是自身最大的痛苦与神经质、最深的执著、最巨大的妄想的来源，所以我们会害怕面对它们，可能不自觉地以灵性修行来逃避它们。当某些学生离开佛教或基督教的聚会所和寺院，发现自己在十年或十五年的追求之后，仍不能真正面对自己的人生及使自己受限而纠结的根本恐惧和痛苦时，是多么失望啊！

心理治疗的效用

有经验的心理治疗师能以特殊的方法和工具来处理生命中最痛苦的部分，为问题或困难提出知识理论，找出共通模式、特殊发展过程和有害的防卫方式，这些是西方文化主要的痛苦来源。治疗师熟悉问题背后的家庭系统、信念、故事和身份认同，有可能在安全的定期会谈中讨论这些因素，而心理治疗会谈就是全心处理生活中造成难题的部分。许多实例都显示了心理治疗如何帮助进行灵性修行的人。

一位在灵性团体修行多年的学生，对自己在团体外维持生计的能力缺乏自信，对金钱也感到担心和困惑，认为金钱是危险而没有灵性的，直到许多朋友建立事业和家庭，他才知道自己需要协助。他一开始寻求咨商只是为了知道自己应该留在团体中，还是要离开并接受职业训练。但咨商使他面对深层的恐惧和不安全感，对过去的生活方式感到懊悔。治疗使他了解自己的生活其实受到他对冷酷的商人父亲的反应的支配。他看见自己一生逃避金钱和成功的模式，以及这种模式如何使灵修生活产生困扰，这种情形已经持续多年。最后，他面对这些恐惧和反应，进而看见自己有许多未加运用的才能和选择。于是他离开团体，进入艺术学校，成为非常成功的设计师。他仍持续禅修，并在以前团体的董事会服务。他现在能为团体和修行带来新的力量，而不是像以前一样充满不安全感。

另一位学生耗费十年在印度和日本旅行与禅修，经历一连串痛苦的关系后，决定尝试接受治疗。他的治疗是一段解开童年受虐、对性感到害怕与着迷、深度羞愧与愤怒的长期过程。在禅修的数年间，他成功地逃避这些议题，但每当他试图建立亲密关系，就被这些问题淹没。他了解自己的人生，甚至是禅修生涯，几乎都是对早期受虐的反应。在治疗中，他开始聚焦于内心深处对爱的渴望、他的羞愧感、对性的困惑。对他而言，学习信任治疗中的亲近关系是一段缓慢的过程。他停止旅行，持续学习亲密关系，现在的他比以前任何一段时光都更为快乐、完整。

第三个例子是在灵性训练的过程中转向心理治疗。她从非常年轻时就开始禅修，是非常投入的修行人，喜欢禅修的平静与团体的照顾，但也有点被动、害羞、缺乏安全感。她宣称自己想成为禅修老师时，她的老师说她必须成为更成熟的人才可能当老师。他建议她在禅修团体之外谋职维生，同时找团体中一位受人敬重的女性治疗师探索羞怯和内在的不安全感。开始治疗后没多久，就显示她被收养的事实是她被动顺从的关键，这在她的灵修生活中一直被忽略。她探索童年的心结时，无价值感、哀伤和困惑都倾泻而出，开始质疑从两岁就收养她的养父母。经过长期的寻找，她终于找到亲生母亲，艰辛而充满泪水的团圆为她开启了新生命。她了解自己会成为尽责的女儿和禅修学生，其实是为了确保自己不会再度失去归宿。通过持续的治疗和禅修，她首度找到自己的方式和看法。随着身份认同得以解决，她的生活开启了全新而自由的巨大空间，进而展开真正成熟的历程，并开花结果，有一天终能带领她成为优秀的禅修老师。

当我们尚未完成情感生活的基本发展任务，或仍不自觉地与父母和家庭有所牵扯,就会发现自己无法深化灵性修行。若不处理这些议题，就无法在禅修中专注，或无法把禅修的学习带进自己与他人的互动中。

无论紧绷的模式还是不健康的自我感，都是出于童年的根源或更古老的业习，若不加以面对，都会在自己和子女的生活中不断重复出现，光靠时间是无法疗愈的。事实上，如果一直忽视它们，一段时间后，它们会变得更加根深蒂固。

由于觉察力不会自动从某个生活层面转到另一层面，深埋着恐惧、创伤和防卫的部分仍会被切割开来，所以我们会遇见在亲密关系中仍然困惑和迟钝的茶道大师，或是能让身体消融在光中的瑜伽士，他的智慧却在进入市场时消失殆尽。

心理治疗有如一种灵性道路

比较心理治疗和禅修的方法时，必须了解每一种技巧都只是学习的工具，而非最终的答案。禅修和祷告是培养专注、平衡、探究、臣服和放下的方法；同样地，这些特质也都能通过有技巧的同伴，用自觉的方式具体应用于生活的难题，我们可以称之为心理治疗。我们必须学习去认识灵性生活可能会在什么时候从心理治疗获益。就像深入的禅修需要有技巧的老师，灵性道路有时也需要有技巧的治疗师。只有深入了解生活是一个整体，我们才有能力好好爱人、自由生活。

弗洛伊德谈到他所努力的整体目标就是让人学会如何去爱、如何对世人有所贡献。德国诗人里尔克（Rilke）这么说："一个人类爱另一个人类：这可能是全世界最难的任务……其他功课都只是为这项功课作准备。"如果灵性修行无法使我们明智地尽责、去爱和工作，并与生活的整体联结，我们就必须接受其他能治疗问题的方式。

最后一个实例或许可以说明灵性生活和心理治疗二者如何并行。有位禅修学生是带着七岁儿子的离婚单亲妈妈，她找我讨论工作的瓶颈和生活的沮丧。禅修为她提供了某种程度的平静、对失落的洞识及放下的能力，但我建议她同时接受心理治疗。

在治疗中，她立刻了解自己的婚姻和离婚是在重复早期童年的经验。她先生在儿子四岁时离开她，就像她父亲在她三岁时离开一样。她在治疗中运用深度呼吸来打开身体和感受，她在呼吸时注意到内心深处交替出现的恐惧、哀伤、被遗弃的感受，都是她一直无法在禅修中面对的强烈感受。在治疗师的支持下，经过几个月学习信赖和打开感受，她在会谈中终于能够面对父亲遗弃的痛苦核心，看见三岁的自己在楼梯上眼睁睁看着父亲转身走出她的生命，再也没有回来。这种遗弃的痛苦一直令她无法承受。

她感觉到自己如何把遗弃的感受带进身体，在游戏场、大学、婚姻中一再重演。她从三岁的那一刻就得出结论：她不值得被爱。治疗师要她在呼吸中感觉所有的感受。当她做好心理准备，他请她仔细观看父亲，她原以为这个男人会离开是因为不爱她，但仔细观看时，却看见一个受惊而痛苦的男人。在这种深入的状态中，治疗师请她想象自己在父亲的身体里，会是什么感受？她感觉到紧张和难以承受的哀伤，他是一个陷入可怕婚姻的不快乐男人，为了自己的人生而逃离。

他为什么不转身告别呢？他不爱她吗？"不，"她在惊讶中啜泣地回答，"他非常爱我，所以无法回头看我。"接下来，治疗师请她感受这个场景的每一部分，并以不同的方式想象这个场景。

最后，他请她回到三岁的自我，并深入询问：她一辈子相信自己是因为不可爱而被遗弃，这是真的吗？她看出这是一个悲伤的三岁小孩编出来的故事。治疗师问："身为你父母的女儿意味着什么？"她看见这种情形创造出来的自我认同。他接着问："这就是你吗？是你真正的身份吗？"这时，开启了一个特殊的空间，她在其中看见自己的心灵包含了父母和其他可能性，心灵的意识包含了所有可能性。她一面呼吸，一面放下，进一步开启安详、纯粹觉察而永恒的心灵，超越原有的身份局限，一种深刻的安宁与疗愈感充满了她的心。

长达数个月的治疗会谈都聚焦于过去建构的身份认同与其他可能性。通过这个过程，她的忧郁症逐渐减轻，并产生新的能量来抚育小孩和进行工作，禅修也大有进展。几年后，她认识了另一名禅修学生，首度开始建立健康的关系。

听了这个故事之后，我们可能会问：禅修和心理治疗是同一件事吗？心理治疗能达到灵性修行的洞识和自由吗？要回答这个问题，我们必须先承认有许多不同的治疗方式，就好像有许多不同的禅修方法一样。有些学生可能因为对心理治疗抱持陈腐、错误的观念而拖延不接受治疗，他们可能想象自已躺在诊疗椅上，一周又一周地自由联想和重述童年故事，持续数年之久；或受分析师鼓励去深化过去的怨恨和愤怒，把怒气和指责发泄出来。他们怕这只不过是白费工夫“重新安排泰坦尼克号甲板上的座位”（意指“徒劳无益的活动”）——只能调适生活中的问题，却永远无法超越自身渺小而局限的身份认同而得到自由。

治疗方法与治疗师的选择

虽然总是会有一些治疗方法是有局限的，有些治疗师是二流的，但最有智慧的治疗方式提供的认识远远超越其上。东方和西方心理学都承认潜意识和过去制约的力量会使恐惧、贪婪、攻击性、妄想留存下来，良好的治疗会处理潜存的恐惧与执著、羞愧与着迷，以及僵化的情形，并提供解决的方法。每一种情形都是错误身份认同的一部分。处理这些问题的有效方法包括观想、角色扮演、故事叙说、艺术治疗、梦工作、身体工作等。技巧娴熟的治疗师了解早期童年发展的各种理论、健康自我感的必要结构，以及激发道德发展、自我接纳、个体化的各个过程。

就像传统灵性训练一样，荣格学派的治疗、芮克式治疗、心理综合学、各种超个人心理学、各式呼吸方法和身体工作，都各自发展出开启意识的方法，以深入了解思想和文字背后的自我。当这些治疗方法加上与治疗师建立亲密而有自我觉察的关系时，就能让老旧的模式与恐惧浮现，并在安全、爱、信任、没有执著的氛围中得到疗愈。在这种关系中，能激发开放的感觉，对自我有更清晰的了解，而灵性生命的真理也能进入切身的实践之中。

当然了，选择一位有经验又有智慧的治疗师很重要。如果佛陀是你的治疗师，可能一切都不成问题了。选择治疗师就像上一章谈到选择灵性老师一样，要仔细考虑各种条件。

治疗师不只要有很多经验，也必须展现出明显的整合感和亲切感。他是否向案主分享自己特殊的灵性道路并不重要，但他必须尊重灵性生活，以及治疗和禅修背后的专注、慈悲、宽恕等原则。最后，重要的并不是特殊的治疗技巧，而是在觉察和慈悲中进行的深入关系，这是疗愈的来源。由此得到的心灵感动，是认识神圣与治疗自身限制的深刻途径。

如果我们长久以来总是受到每个相遇的人的批判，仅仅是看到一双不带批判的眼睛，就是非常特别的疗愈。知名的灵性老师拉姆·达斯偶尔为人进行治疗时，就是坐着将他的手放在案主的心上三到五个小时。他这么做时，会看着对方的双眼，用心倾听任何需要开启的部分，然后倾听超越其上的细微沉默。以这种方式接触另一个人，也被对方接触，可以在关系上创造出全新的可能性。我们可以在其中述说自己的故事，感觉惯常的恐惧和局限，以及紧缩的身心认同。然后，我们可以在另一个人的面前询问这是不是真正的我。在最好的治疗中，我们可以对任何灵性道路所说的无我和不执著，产生深刻的认识。

这意味着我们可以把心理治疗当成所有痛苦和妄想的解答吗？不尽然。心理治疗就像禅修，有时会成功，有时却不行，要视我们当时的状况，是否做好心理准备，以及投入的程度而定；不但取决于治疗师的技巧，也取决于方式是否适合、时机是否合宜。即使它“成功”了，就像禅修能产生深入的开启一样，疗愈通常也只是一部分，只是一生开启过程的起点。在这个过程中，禅修和心理治疗都不是解答，意识才是答案。就像禅修的洞识还不足以完全找出灵性旅程的道路，心理治疗的洞识也一样不够。

许多学生在长期心理治疗后尝试禅修，寻找心理治疗找不到的沉静、深刻的认识和自由。但许多禅修学生却发现需要在心理治疗中得到疗愈，而在多年禅修后转向心理治疗。

重要的是我们愿意追求完整，愿意打开生命的每一个深层面向。我们带着这种认识，也许能同时运用东方和西方心理学的力量和工具，以巧妙的方式在21世纪的社会中过着灵性的生活，并在每一个范畴中找到心的解脱。

第 18 章　皇帝的新衣：老师的问题

当知愚人、智者，佛性本无差别……前念迷即凡夫，后念悟即佛。

谈到灵性生活的危险与希望，就不能忽略老师和教派的问题。电视福音传播者、神职人员、疗愈者和灵性老师滥用宗教角色的情形，不论在国外或西方本土都相当常见。我身为一个灵性团体的领导者，见过许多学生深受老师的恶行所苦，也听过许多禅学大师、印度教老师、喇嘛、禅修老师、基督教的牧师、神甫、修女等人的这类故事。

威廉·詹姆士说，宗教是人类自我中心历史上不朽的一章，马克·吐温认为宗教是人尝试去相信、期望是真理的东西。学生的理想化信念加上老师个人的问题，就会产生古老童话《皇帝的新衣》所描述的现象。因为没有人愿意说出事实，老师的恶行便会一直存在。灵性修行需要处理个人生活的潜意识部分；同样地，我们也必须从整体的角度了解灵性团体的潜意识，以及领导灵性团体的老师的潜意识，否则我们就会把老师当成理想的化身，而非跟随心的道路，也可能会以灵性的痛苦、个人的灾难与一颗破碎的心收场。

曹洞宗的创立者道元禅师（Dogen）说："禅师的生活是一个连续不断的错误。"意思是灵性生活的核心就是许多错误加上向错误学习的坦然胸怀。道元禅师的说法也隐隐指出老师有时会误导整个团体，造成许多巨大而痛苦的错误。灵性老师的角色是保护学生的心与幸福，指导他们在慈悲中觉醒，因此这些错误会造成极大的哀伤和痛苦。

老师的问题无法与团体划分清楚，灵性团体会反映老师的价值观和行为，也会涉入老师的问题。由于灵性团体非常重要，只有团体生活成为修行中被自觉到的部分时，我们的心和灵性生活才能得到整合与完满。

未经处理的团体问题往往是很痛苦的，因此需要运用所有灵性技巧、极大的敏锐度、慈悲，以及对真理的深刻投入，才能面对这些问题，并加以处理。我们需要运用个人修行的相同原则：为魔鬼命名、具有疗愈力量的专注、解决区隔的情形、检视不断重复的状况，并在自身的认识之心中找出转化的种子。

并不是所有团体都有滥权的情形，若老师和学生真的承诺要过一种自觉的生活，智慧而整合的教导就会成为我们的修行之路。想了解如何做到这点，就要诚实看待既存的问题，以下将从清楚地命名开始。

为问题命名

老师和团体最常在四个层面陷入困境。第一是滥用权力。最常发生这种情形的团体，权力集中于一位老师，且无论已对学生造成什么后果，大家还是希望追随这位老师。结果在教学中，权力取代了爱。有时老师会为了自己的目的操纵学生的生活，裁定婚姻、离婚与生活的方式，甚至对不服从的学生施虐。滥用权力可能会伴随老师的自我浮夸和自我膨胀，随着完整阶级制度的建立，分出受喜爱和不被喜爱的学生、会被“拯救”和不会得救的学生，产生秘密派系、威胁恫吓、恐惧害怕，以及依赖和独裁。

当派系意识混杂了权力的滥用，就会滋生不当的傲慢、分门别类的心态与偏执，造成“我们与他们”相对的孤立态度，最坏的结果就是落得兵戎相见、监视窥探、挣扎求生的下场。有个团体发生过这种情形，我去拜访带着孩子住在其中的朋友，他们的老师因灵性能力而著名，受到数千名学生的推崇、爱戴与敬畏。他是年长独身的瑜伽士，过着隐居的生活，所以无人质疑他的品德与权威。这位老师建立了数个大型的修行道场与不容置疑的阶级制度，接近他的人就是圈内人，拥有大量金钱和灵性的魅力。几年后，开始流传一些故事，谈到老师暗中狎淫年轻女子，选出大量亲信，拥有秘密账户、禁药和枪支。我的朋友像大多数学生一样是忠诚的信徒，完全不理会身边的流言。若是有这种老师，他们怎么可能忠诚呢？直到某天，青春期的女儿说出亲身经历，证明许多谣传都是真的，他们才发现自己是多么痛苦地深陷其中。他们立刻离开团体，决定永不回去。但直到今天，即使许多事情已公诸于世，仍有许多成员留下来，就好像什么都没发生过，永远不谈这些问题。虽然这个故事也包含其他因素的滥用，但权力的滥用是问题的核心。

容易造成问题的第二个层面是金钱。接触灵性教导可能对人的生活产生很大的冲击，使人变得很大方，而为灵性团体带来大量金钱。如果老师过着简朴的生活而不习惯接触大笔财富，或欲望因此而膨胀，就可能在有意无意间滥用金钱。我曾见过来自亚洲的老师因为无法抗拒美国人的富裕生活，而开始敛聚财富，开最豪华的汽车，住最舒适的房子。某些东方灵性团体的老师高估了自己的重要性，滥用团体的存款和基金，虽然他们很少达到某些电视福音牧师滥用金钱的程度，但在极端的例子中，东方和西方的灵性教导都曾被当做敛财的工具，还有秘密的银行账户、高级生活与骗取学生金钱等行为。

容易出问题的第三个层面是性欲造成的伤害。性的滥用在我们的文化中到处弥漫，灵性团体也不例外。老师的角色可能被滥用，而产生伪善或秘密性行为，违反其誓言或教义，表现的方式可能是利用、通奸、滥权或其他危害学生身心健康的行为。我见过各种不同的情形，有的禅师在禅修课程中猎艳（“来坐到我腿上”），有些印度教老师甚至拥有秘密的后宫。我认识一位来自最严格教派的印度教老师，他原本严守独身，后来却和许多已婚的学生偷情。喇嘛、禅师、印度教上师中都有相同的情形，最后造成学生和团体的浩劫。

有时候，秘密的性行为是以“密宗”之名或特殊教法进行的。最糟的情形就是牵涉到未成年男女，或是把艾滋病传播给学生。潜意识的性欲太容易混杂入真实的教法。一位刚过世的内观禅修老师，生前常在密集禅修训练中进行裸体约谈，让极好的教学才能掺杂了令人非常困惑的性欲。

第四个问题是老师和团体涉及酒瘾或药瘾。这种情形有时是暗中进行，有时却是公开的（禅宗有许多以醉酒著名的诗人和禅师）。有几个团体因为老师酗酒而公开鼓励饮酒，造成许多学生仿效；有些佛教和印度教团体必须开始参加匿名戒酒会的课程，以处理酒瘾的问题。药瘾虽然比较少，但也偶尔见于一些老师或团体。最糟的是，暗中对酒精和药物上瘾会结合性欲和权力的滥用。

进入灵性团体的学生不会预先设想自己会遇到这些问题，理想主义、幻想和期待会使人无法在修行中面对这些阴影。但近来的新闻事件、东方杂志的文章与当代的趋势，都让学生更能察觉这些问题，而开始着手处理。整体说来，权力、金钱、性、酒精和膨胀的自我都是人性的难题，灵性老师自然无法豁免。当然了，大多数灵性老师并不会滥用自己的角色，他们是美德和慈悲的典范，但因为这些问题太普遍了，所以必须了解这些问题如何发生、为何发生，才能在未来创造更多有自觉的团体。

问题为何发生

一般说来，这些问题起于灵性会忽视或否认我们自身的人性。亚洲或美国寺院和道场的老师和上师，大多是接受神秘而内在的训练，几乎不碰触权力及可能滥用权力的困难议题。老师被安排为管理者、神职人员、指导者和密友的角色，拥有极大的责任和权力。可是，许多灵性体系和修行方法明确地在灵性领域排除性欲、金钱、权力等人性的部分。这种切割能培养出觉醒而熟悉某些领域（如禅修技巧、公案练习、祷告、学问、祝福，甚至强而有力的慈悲）的老师，却使他们在个人生活的大部分领域发育不良。

学生也须谨记，觉醒有许多不同的层次，随之而来的神秘异象和启示也是如此。觉醒的过程包括深刻的经验与整合，不论最初的开启多么强烈，都必然留下许多个人生活中未受影响的面向。神秘的异象或“开悟”的滋味，顿悟的经验或觉醒，都只是深刻灵性修行的起点，但这些最初的经验有可能非常强烈，以至于许多人只根据这些经验就开始教导别人。这些未经整合的经验很容易造成自夸、自大的情形。

大部分老师都只是部分开悟、部分觉醒（不论他们自己是否承认）。佛教为不同的觉醒阶段命名，起初的阶段是认识的改变，后面的阶段是性格的改变。所以在最初的经验之后，虽然能对觉醒提出激励人心、名副其实的说法，但只有在这条路上走了很久之后，才能转化我们最深层的欲望、攻击性、恐惧和自我中心的根源。

这种情形在性欲上最为明显。性欲的力量非常巨大，它是所有人性的源泉，是舞动一生的创造力。所以，如果大部分灵性生活排除性欲的话，就会造成灾祸。

几年前，为了更开放而觉察地了解团体生活的这个部分，我写了一篇文章《上师的性生活》，登在《瑜伽期刊》（*yoga Journal*）上。我访谈了五十三位禅师、喇嘛、印度教老师及其资深学生，询问他们的性生活，以及他们与老师之间的性关系。我的发现非常简单：鸟儿有性，蜜蜂有性，大部分的上师亦然。就像我们文化中的各个族群一样，他们的性生活也各有不同，有异性恋、双性恋、同性恋、恋物癖、暴露癖、单一性伴侣和多重性伴侣。有些老师独身而感到快乐，有些却觉得不幸；

有些人结婚，保持一夫一妻的关系，有些却常常有外遇；有些老师暗中与人杂交，有些则公开；有些老师把有意识而作出承诺的性关系当成灵性生活的一部分，也有许多老师像一般人一样，在性欲上并没有开悟或对性欲缺少自觉。对大部分老师来说，所谓“开悟”并未触及自己的性欲。

在亚洲的传统中，誓约和戒律会保护老师和学生不触及性和其他不当行为。在日本、印度和泰国所持的戒律都可以避免偷窃、说谎、不当性行为或毒品滥用造成的伤害，这是宗教团体的所有成员都了解而遵行的。即使在某些戒律较松弛或经过调整的地方，每个人也都了解老师的行为所应遵守的严格文化规范。例如，整个团体都会支持保守的穿着，避免师生间勾起性欲，大家也都知道酒精或权力的使用有适当的限度。

现代的美国却常省略这些规定，不论是电视布道家或东方的灵修老师，对金钱、权力和性欲都没有明确的行为规范。我们的社会为老师提供金钱或权力，却没有任何清楚的指导方针；酒精和成瘾的药物在西方常被自由使用，却不会造成太大的良心不安；对传统的禁欲缺少明确的承诺时，又要由谁来告诉老师可以喝多少酒呢？如果灵性修行对传统戒律和誓约少了一般的承诺，就会导致老师和学生步入歧途。为了老师和学生的长远利益，团体需要清楚说明他们的誓约。

性欲、权力、金钱和成瘾物质的诱惑是非常巨大的。我们曾邀请一位四十五岁的缅甸大师到南加州的沙漠举办佛教的密集禅修。他是第一次到西方带领密集禅修，当时正值热浪侵袭，大部分学生都穿着运动衫和短裤；而这位老师从十四岁出家以来，只见过穿着长裙和长袖上衣的妇女，学生的穿着对他而言简直像是艳舞秀。数天以来，他在禅堂或会谈时根本不敢抬头看人。他虽然最后作出一些调整，但对他的定力仍是一大挑战。

移情与投射

要进一步了解老师和团体的问题，就必须了解灵性关系中，理想主义和投射的强大力量。西方心理学所说的“移情”（transference）是指非常强大的潜意识历程，我们会把往日具有重要意义的人的特质转移或投射到现在具有权威形象的人身上。这时我们就像小孩一样，不了解人有多么复杂，容易把他们看成全然的好人或坏人，因而希望他们能解决我们的所有问题，或是害怕他们会像父母一样批评我们，或是期望他们像父母一样给我们想要的东西。

人会把许多东西投射到老师身上，这种情形可以用恋爱来形容：我们“爱上”灵性老师。我们寻找真正的爱、完美的善、全然的正义，内心如此渴望，而将之投射到另一个人身上。在灵性的浪漫倾向中，我们会把老师想象成自己想要的人，而不是看见他们的人性。从小在家庭和学校就学习顺从权威、不能质疑的人，更容易有这种倾向。

灵性团体很少谈到移情，但在心理治疗的关系中，会刻意讨论移情，使案主最终能实实在在地与治疗师和周遭世界建立关系。

移情和理想化对老师的影响不亚于学生，它们会创造不真实的氛围，助长老师的孤立。当老师显得不安全或孤寂时，学生会更加投射这些感觉；当学生把老师视为完美的人，老师就更容易有这种错觉。

老师四周可能围绕许多仰慕他的信徒，却没有同侪，没有人可以让他开放而诚实地谈话。老师没有什么私生活，总是为团体的灵性需求尽责，常常扮演结合母亲、父亲、告解神甫、疗愈者、管理者、大师、顾问等角色。很少人了解老师在他的角色中有多么孤立，这种情形在只有单一领导者的团体中更为明显。移情的历程会强化老师的孤立，也是老师发生不当行为的关键原因之一。一段时间之后，老师自身未满足的需求和未解决的问题就会出现，并在团体内蔓延。

我认识一位温文儒雅的中年已婚男子，他因为印度的上师要学生追随他，而突然落入老师的角色。起初他以绝佳的力量和谦卑教导大家，但愈来愈多学生跟随他之后，他陷入角色之中，因为不安全感而试图展示自己没有的通灵力量，与女信徒做爱以寻求安慰，并辩称这些行为是“高级教学”的一部分。他已在移情作用中迷失了自己。

移情的问题有时会因为学生的特质而变得更严重。我们已注意到灵性团体常吸引孤单寂寞、受过创伤的人，参加灵性修行的人有时是为了寻找家人、爱，不曾拥有的好母亲、好父亲，他们想在生活艰难的社会中寻找疗愈、友谊和支持，希望灵性团体提供不曾有过的美好家庭。如果灵性团体的修行方式不讨论成员未解决的家庭议题和痛苦，这些缺憾就可能持续并强化。当许多活在潜意识中、有许多心理需求的成员在一起生活、修行时，很容易在灵性团体中重新创造出旧有的痛苦家庭模式，在潜意识中以新的“灵性”版本活出过去的恐惧、愤怒或沮丧。玛格丽特·米德（Margaret Mead）如是说：“不论是谁发明出多少团体，家庭总是在不知不觉中出现。”

即使学生知道团体的问题，也可能因为不想再度失去“家人”，而不敢面对问题或离开，就像受虐儿童因为归属感如此重要，而选择回到施虐父母身边一样。

如果团体成员无法处理依赖、不安全感和其他可怕的议题，就会造成更深的依赖、伪善和孤立。真诚的灵性团体必须承认和意识到这些问题。每个团体几乎都难免有一些困扰和问题，有些团体的问题很普通，有些则涉及老师的不当行为。虽然大部分老师不至于如此肆无忌惮，但只要有这些情形（理想化、自我膨胀、区隔划分、混淆老师的角色与需求），就仍可能导致滥用和利用。

如何处理老师与团体的问题

诚实询问

不当的行为是老师和团体一起造成的，解决之道也在于这两者。了解这些困难的关键就是觉察。觉察是解决问题的第一步，包括诚实询问。以下提出的问题可以拿来破除自夸的妄想和灵性的浪漫倾向所造成的严重问题。

在灵性团体中，是否有人要求你违背自己奉行的伦理准则或完整感？团体受到的要求，相较于上师和上师身边的人，是否有双重标准？是否有秘密、谣传的问题？重要成员是否滥用性欲、金钱或权力？他们是否常要你捐钱？是否要求你献出身体？是否不允许你和老朋友来往？你是否觉得依赖、上瘾？修行方法是否毫无幽默感（这是非常重要的迹象）？团体是否有一种沉重、厌恶正常生活的感觉？你是否被要求盲信，而不是靠自己看清楚？是否有一些强而有力的事迹，但其中却没有爱？是否强调组织和会员身份，却不看重达到解脱的修行方法？是否有不宽容的气氛？最年长、最资深的学生是否快乐、成熟？他们是否有地方学习、教导、传布自己的教法，或是一直保持学生和儿童的角色？

注意团体是否有宗派意识或分离主义倾向。如果我们爱上一个团体或老师，可能会很难分辨，因为我们觉得自己是被拣选的人，比全世界其他人看得更清楚，而觉得陶醉。但这种信念必然会造成孤立、上瘾，失去真正的智慧和慈悲。

如果学生激烈地宣扬“唯一的道路”，通常表示其中有自己也不知道的不安全感，其下常有巨大而隐藏在潜意识中的恐惧或怀疑。波斯圣者拉比亚（St.Rabia）说过一个故事：有一天拉比亚生病了，几个朋友来看她，他们开始批评世上的每一件事，表示自己才是真正的圣者。她嘲笑他们说：“你们一定对这个世界很感兴趣，否则就不会如此热烈地谈论。想打坏某件商品的人，必须先买下它。”宣称只有少数被拣选的人才能觉醒或得到解脱的说法，绝对不是真的。觉醒是每一个人、每一个生物与生俱来的权利，不可能只有一条正确的道路。

每一个人都必须学习成为自身的权威，光是这点就足以使我们得到自由。不要忘了佛陀对困惑的羯腊摩村民所说的话，我们必须为自身的生命寻找自我，不管别人抱持什么观点，只有在修行方法显然有益时，才去遵行。我们必须带着一颗爱心来问：我是否变得更孤立、可憎、迷失和上瘾？我是否使自己愈来愈受苦？我是否愈来愈清明、自由？我是否更认识真理、更慈悲而包容？

回答这些问题比提问更为困难，我们必须对自己说实话，必须在团体中说实话。在这些情境中，需要练习为魔鬼命名，并学习以慈悲和清明大声说出来。我们必须与老师谈这件事，看他们是否能了解，以成为矫正问题的力量；我们必须坚持不再有利用的行为。多年前，我在这种精神之中代表我们的董事会飞往亚洲，直接询问一位不愿回应在美国受到不当性行为指控的资深老师。我们坚持他要诚实回答我们的问题，提出解释、道歉，重申他的伦理标准，才能重新被我们的团体接受。某些团体认为对上师、喇嘛、大师或牧师提出质疑是不敬或不属灵的，对团体的方向提出质疑则被认为是迷惑和不成熟的表现，但我们必须问自己的团体：“我们是否迷失、执著、上瘾？我们是否受益、觉醒、开放？”信仰中的每一个问题，修行方法和老师的任何错误观念，利用的行为或不明确的道德准则，都必须提出来讨论。开放而诚实地讨论团体的福祉是非常有益的，具有疗愈和转化的作用。以诚实和善意来为魔鬼命名，具有消除妄想的力量。

提出这些问题可能令人感到痛苦而具有爆炸性，往往难以处理。充满指责、恐惧、偏执的愤怒或秘密会议是毫无益处的。对众人抱持宽容和关怀的精神非常重要，团体可能需要一段时间才能学会这种精神。从外界寻找智慧长者的支持，可以创造安全的会谈空间，对后续的了解和恢复是非常必要的。如果老师的心胸够宽大，就能与团体一起逐渐成熟。

若要做到这一点，老师必须能处理自身潜藏的问题，包括旧有的创伤、文化和家庭的影响、孤立、上瘾或自傲。有些团体的大师后来参加匿名戒酒会或接受心理咨询，有些团体则组成决策委员会，以避免老师的孤立感。

如前所述，处理老师和团体的问题所需的基本原则，和个人禅修的基本原则是相同的。我们必须不断为困难命名，为持续存在的问题找出根源，并承认每个人心中的恐惧；我们必须以觉察和诚实，加上对自己与所有相关的人深刻的慈悲，才能把这些处境当成修行来学习。

采纳好的部分

处理老师的复杂人性时，牢记其他几个原则会很有帮助。其中之一就是“采纳好的部分”。

我的第一位老师阿姜查的行为是无懈可击的，从许多方面来看他都是模范上师，亲切而有深刻的洞识，对人充满爱。在他之后，我又向一位著名的缅甸大师学习，参加长达一年的密集禅修。他是个爱抱怨、举止粗鲁的老人，会向狗丢石头，爱抽缅甸雪茄，早上会一面看报纸一面和美丽动人的年轻女尼谈话。

在私人晤谈中，他是非常优秀的老师，训练过数千名学生，确实是经验丰富的禅修指导者。但我看了他在其他方面的表现，内心不禁充满怀疑，认为“他不可能开悟”。我挣扎了好几个星期才作出结论：他是个伟大的禅修老师，却是个差劲的榜样。我了解自己可以采纳对我有益的部分，但不是全盘接受他这个人，我不需要模仿他。之后，我开始喜欢他。现在想到他，我内心仍充满感激之情，我并不想效法他，但很感谢他教导我许多美妙的事。

认识光环效应

若要采纳好的部分，就要认识有智慧的关系的第二个原则——避免光环效应。光环效应是指未经检视的假设，认为禅修大师或灵性老师如果在某部分很好，所有部分就必然都很好；如果他们具有内在的洞见，也就了解育儿之道和汽车修护。在灵性团体中，很容易看见这种幻想一再重演。

一对不切实际的夫妇向他们的老师询问生产的问题，这位老师是一位著名的西藏喇嘛，从小在寺院中长大，一直保持独身，一点都不了解生产，但他根据西藏的乡野传说提出一些建议。他们据此在山中的家中生产，造成悲惨的结局——母亲和小孩都差点死去。

还有一位学生追随一位很有魅力的印度上师，上师的爱与教导为他的生活带来极大的喜悦和安详。这位学生是同性恋者，和彼此相爱而忠诚的伴侣同居了十几年，但上师说所有同性恋都是可怕的罪恶，会使人下地狱，让这位学生的生活几乎毁灭。他的关系破裂，弥漫童年的秘密罪恶感和自恨再度困扰他。最后，他靠外界的帮助而看见上师或许为他带来了愿景与美妙的禅修指导，但对同性恋其实一无所知。他了解这点后，才能以同样的慈悲心对待他所重视的教导与自己的生活。

我们会一再看见生活某个层面的智慧不会自动转化成其他层面的智慧，每一位老师和每一种修行方法都有其优缺点。

力量不等于智慧

为了区分灵性生活的精华与糟粕，我们必须分辨智慧与力量的差异。力量包括通灵能力、特殊的灵性能量、为学生创造愿景的能力，或只是单纯的个人魅力。许多力量强大的人并没有智慧，许多有智慧的人虽然充满爱与开放，却不具备特殊的力量。千万不要被愚弄，虽然这两种特质有时会同时出现在一个既有智慧又有力量的老师身上，但两者常被混为一谈。力量强大的老师有可能有智慧和爱心，但也可能没有；力量不能证明任何事。当老师为法、神圣和真理服务时，每一个人都能得到益处；但力量成为为老师私利服务的工具时，必然会造成许多问题。

建立明确的伦理准则

维持一个有智慧的灵性团体的最重要的原则，就是建立所有人都须遵守的明确的伦理准则。每个伟大的灵性传承都有其伦理准则，但这些戒律是否得到公认、受到重视并遵行？一位禅师告诉我，道德戒律对学生非常重要，必须遵守，但禅学大师已经“解脱”，当然不受限制。你能想象他的团体会有哪些问题吗？

如果你的团体对老师和学生没有明确的准则，就要提出，并找出这些准则。若有必要，可以向传承中受敬重的长者或团体中有智慧的朋友寻求协助。内观禅修团体有正式的戒律，学生和老师都要遵守佛陀的五个戒律，这些戒律明确指出老师常见的不当行为，要求必须承诺不因为金钱、性欲、成瘾物质而伤害别人。这种团体也会设立伦理委员会，并有一套方法来处理学生或老师的问题。

在佛教寺院的传统原则中，违反伦理准则时的解决之道是复原与和解的疗愈过程。有时必须向团体忏悔和道歉，有时必须重新立誓，有时会要求一段悔过、反省的时期。建立准则时，需要包括处理不当行为的明确过程，用坦率诚实的话语、慈悲和不间断的支持来建立伦理标准。团体要定期开会，选出伦理委员，还要有适当的沟通管道与技巧。

介绍《皇帝的新衣》时，我谈的问题好像很直接、容易处理，事实并非如此！这些问题都是团体生活最痛苦、最激烈的部分，需要每个人用极大的毅力和智慧来处理。唯有带着这种精神，才可能得到疗愈。

宽恕的空间

处理团体、老师和我们自己的各种问题时，必然需要某种程度的宽恕。宽恕并不是赦免学生、团体成员或老师造成伤害的行为，也不表示我们不能公开说真话、采取强烈的行动，以避免未来的问题。宽恕只是表明我们不会把某人从心里移除。我们从宽恕的观点了解每个人都受到不当的对待，也都造成别人受苦，没有人能豁免。当我们看清内心、看见自己不能宽恕什么时，就表示我们相信犯错的人与我们不同。可是，犯错者的困惑、恐惧和痛苦，真的与我们的不同吗？

几年前，我们的佛教团体经历了一段痛苦的时期，一位老师在禁欲的密集禅修中与学生发生性行为。我们进行了一连串充满困惑与愤怒的会议，试图了解这件事是怎么发生的，我们又该如何处理。但提出这些重要的问题时，常带着愤慨的语气，直到有个人在最艰难的一场团体会议中站起来，以非常温和的语气问团体："在这房间里的每个人，有谁不曾因性欲而做出蠢事呢？"大家露出微笑，每个人都了解自己也在其中。从这一点出发，我们开始放下指责，向每一个与此痛苦情境相关的人发出智慧与慈悲的回应。

离开团体

即使尝试了解和宽恕这些问题，但有时我们遇到的情况实在太糟糕，这时，最好是离开团体。有些老师和团体因为过于自大、极度不自觉的口是心非和害怕，而不愿或无法面对自身的问题。有些不健康的系统已无法改善；有时我们在刚加入时就感觉到危险的信号；有时已加入一段时间，面对老师和团体的真实问题与持续否认，而知道自己必须离开。

正如默顿提出的警告：

> 世上最危险的人就是不接受任何人指导而进行默观的人，他只信赖自己的识见，只遵守内在声音的吸引，却不听其他人的话。他用自己的心确认上帝的意志……若他以全然自信的力量与他人沟通，让他人觉得他是真正的圣徒，这种人足以毁灭整个城市、宗教制度，甚至整个国家。正是因为这些空想家，世界才会伤痕累累。

在幻灭中成长

当我们因为团体发生问题，或是老师和团体不愿处理自身的问题而离开团体时，我们会经历极度的痛楚。在灵性修行的过程中，我们的心有好几种碎裂的方式，但这种背叛是最难以承受的方式。当我们发现原本信任的老师或所爱的团体竟然是伪善而有害的，会碰触到许多学生最深处的失落感和愤怒，再度觉得自己像小孩一样，重新经历父母的离开或死亡，或是勾起不公平或被背叛的最初经验。当我们因为老师而感受到这种强烈的失败时，可以自问："我对这种失落起反应时，内在的感觉是几岁？"我们常觉得自己还很幼小，因而看见强烈的感受不只是针对当前的处境，而是指向过去未解决的问题。这种感受甚至可能是不断重复发生的受虐或遗弃模式的一部分；也可能我们曾经放弃努力，希望别人来拯救。若是如此，就必须问自己一些严厉的问题：我为什么被这个体系吸引？难道我不曾怀疑所发生的事？我如何在潜意识中参与其中？

幻灭是灵性道路的重要部分，是强大而激烈的入口，是最纯粹的老师之一，能教导我们觉醒、独立、放下一切。幻灭就是剥除各种希望、想象和期待，它开启我们的眼睛时，所造成的痛苦却常关闭我们的心。幻灭的挑战非常巨大，就是要我们开启双眼，同时仍与慈悲的心联结。不论我们的心被撕裂的原因，是出于内在修行的暗夜或团体遇到困难的暗夜，我们都能运用这种经验学习更深的意识和更有智慧的爱。

灵性的背叛和失落的疗愈，要花很长的时间。在盛怒和哀伤之后，是内心极大的空虚，好像内心有个东西被抽掉了。但这种空虚并不只是老师或团体的背叛造成的，而是以我们曾背叛自己的各种方式，始终存在于那里。最后，我们必须回头面对自己，感觉我们试图依靠外界来填满的内心空洞。我们必须找出自身的佛性，从这些困难中发现真正需要学习的功课。

对某些人来说，幻灭和困难固然令人非常难受，却是回归自己必要的过程。我并不是指我们必须受到虐待，而是指这种经验有时就像错谬的老师，可以造就聪明的学生，即使学生觉得已丧失信心，但事实却是我们永远不会失去信心，只是暂时感觉不到。当我们说“我失去了我的心”，是指暂时感觉不到我们的心，但心就像信心与永恒的真理一样，始终在我们里面。

真理并不专属于佛陀或任何大师，就如阿姜查常说的：“法、正道，就像地下水一样，只要肯挖掘，就会发现它。”

我们和灵性团体、老师之间的关系所面临的严酷考验，可以把我们起初的理想主义转化成智慧与慈悲；我们会从追求完美变成表达智慧与爱，然后就能了解铃木禅师的名言：“严格说来，并没有所谓开悟的人，只有开悟的活动。”因为解脱不是可以被拥有的东西，任何人如果认为“我已开悟”，就与这句话自相矛盾。智慧、慈悲、觉醒都不是一种成就，不是一件过去的事，如果没有在此处鲜活地实现于自身或团体之中，我们的任务就非常明显了——接受此时此刻在我们面前的任何情形，在内心转化成智慧与慈悲。

冥想：反省自己修行方式的阴影

就像每个团体都有阴影一样，每套学说教法也有阴影，阴影就是自己无法看清的生活面向。每一种教导也会产生其近敌——就是此教导最容易被误用或误解的方式。花一些时间反省自己选择的修行方式有什么优点和限制，是非常有用的，你可以借此思考这些部分是不是自身灵性生活的议题。下述实例指出你可能会遇见哪些阴影。

内观禅修和类似的佛教修行方式可能会导致心如死水、惧怕世界、从世界退缩；禅宗和吠檀多的不二论者也可能造成类似的问题——失去联结，无法脚踏实地。任何形式的理想主义，超脱俗世的教法，把地球上的人生视为梦境或强调更理想的世界，都会使我们自满、忽略道德、冷漠疏离。着重身体的修行方法如哈达瑜伽，可能会以身体的完美取代心的觉醒。拙火瑜伽会让学生追求身心的兴奋感，而不是真正的解脱。克里希那穆提之类反对任何训练或方法的学说，会导致人留在智性中探讨灵性生活，却无法提供任何深入的经验；需要大量研读的修行方法也有相同的情形。道德修行常有许多严格的规矩，强调什么是纯净、什么是不纯净，可能会强化低落的自我价值感，或造成僵化与自以为是的情况。密宗修行可能假借修行之名，成为放纵欲望的借口。奉献的修行方法可能无法发展清明与分辨的智慧。力量强大的上师可能会让我们认为无法靠自己完成。喜悦欢庆的修行方式，如苏菲的旋转舞，可能使学生认识不到生命中无法避免的失落与哀伤。强调痛苦的修行方式则使人错过生命的欢悦。

当你思考这些阴影时，想一想自己的灵性道路和传承，让自己体会其优点与缺点、长处与可能产生的误导。注意你可能陷入的地方，以及还需要更多学习之处。请记住，这些方法本身并没有任何错误，它们只是开启和觉醒的工具，有可能被善加利用，也可能在不知不觉中被误用。随着你在自身灵性生活中的成熟，就能为自己的修行方法负起责任；以智慧反省你在什么地方陷入纠结，你需要什么，才能在生活的每一个范畴都得到自由。

第 19 章　业：心是我们的园地

心是我们的园地，每一个行为都有意图，意图有如被播下的种子。虽然是相同的行为，但有不同的目的或意图，就分别成为可怕的行为或慈悲的行为。

业：因果的法则

日日夜夜，不论是独自一人或在团体中，不论是遇到美妙的环境或面对困难，我们都一定有行动。我们要如何将内在的认识付诸实现？我们如何知道自己的行为是否明智呢？智慧行为的关键就在于认识业。

业(karma)已经成为日常用语，有许多例子可以说明，我们会说："这是他的业障。"或者："他会得到自己的业报。"我甚至在广播中听到一个汽车经销商的广告，他在柏克莱销售低价的旧款汽车，宣称这是他的业，不得不这么做，并说："来这里买车占便宜是你的业。"报纸的广告甚至说，只要花十五点九五美元就能确保下辈子有更好的业报，赚更多钱，"保证下辈子投胎为人"（保证拥有财富或连本带利赚一笔）。在美国文化中，"业"的概念和使用竟已沦落到这种层次！

佛陀在《华严经》中描述了掌管宇宙中千万个世界的法则，其中有快乐和痛苦的世界，有分别由火、水、金属、云甚至花朵形成的世界。经上说每个宇宙都遵循同一个基本法则：你若在任一个世界中种下杧果的种子，就会长出杧果树；若种下苹果的种子，就会长出苹果树。

现象界的每个世界都是如此。

业的法则指出因果所决定的模式会在累世中不断重复出现。业的意思就是每件事的发生都有原因，每个经验都以先前的经验为条件，所以我们的人生就是由一连串相关的模式所组成。佛教徒认为，了解这一点，就足以有智慧地活在世上。

业有许多不同的层次，业的模式既适用于宇宙的宏观形式，比如银河系的重力；也适用于最微小、最细微的形式，比如人的选择会影响每一刻的心理状态。举例来说，在物质生命的层面，如果看着一棵橡树，可以看见“橡树”展现出好几种不同阶段的生命模式。在某个阶段的橡树模式是以橡实存在，接下来是树苗，另一阶段是大树，而下一阶段是大树上长出的绿色橡实。严格说来，并没有明确的“橡树”这种东西，只有橡树模式，某些元素通过这种模式遵循业的循环法则，也就是水、矿物、阳光的能量经过特殊的组合，使之从橡实变成树苗，再长成大树。

心智的倾向和习性也类似业的模式，我们会一再重复，就像橡实和橡树一样。佛陀谈到这点时说：“你因为自身的业而在累世留下的骨头堆积起来，与地球上最高的山相比，哪个比较高？我的朋友，你所堆积的骨头比世上最高的山还要高啊！”

业的心理状态：人格

我们住在习惯模式的大海里，一再重复这些模式，却很少注意这个过程。若想清楚了解生命中的业，可以观看日常活动中的因果过程，以及观察心智的重复模式如何影响行为。举例来说，诞生在某个时代的某种文化中，会学会某种习惯模式，若生在沉默的捕鱼文化中，就学会保持沉默；若生在喜欢表达自己的地中海文化中，就容易大声说话、用姿势表达感受。社会的业包括父母、学校和语言的制约，会创造整体的意识模式，决定我们以什么方式面对现实和表达自我。

这些模式和倾向常比我们以为的强烈许多。不论环境如何，我们的生活方式都来自旧有的习性。我祖母住在老人公寓大楼，多数居民的生活方式都是安静地坐着，唯一有新鲜事的地方就是大厅，有兴趣的居民会到那里看看有什么人进出。大厅里有两群人，一群人固定坐在那里找乐子，玩牌、向进来的人打招呼，他们之间以及与周遭环境的关系是愉快而友善的。另一群人喜欢抱怨，总觉得每个进来的人都有问题，他们会向访客抱怨："你吃他们今天煮的可怕食物了吗？""你看见他们把布告栏弄成什么样子了吗？""你有没有听说他们怎么乱花我们的房租？""你知道我儿子上次来的时候说了什么吗？"这群人和生活的主要关系就是抱怨。每一群人都带着他们生活多年的模式来到这栋大楼。

长期重复的环境和心态会成为我们所谓的"人格"。创巴仁波切被问到下一世出生的是什么，他开玩笑地说："你的坏习性。"我们的人格被过去的习性所制约，有时很容易看出来；但大部分习性源自久远且被遗忘、未被注意到的过去。

在佛教心理学中，业习制约下的人格，是根据心智的三种基本潜意识力量与自动倾向来分类的，有些人是"欲望型"，这类人最常见的心理状态是贪婪、匮乏感、不满足；有些人是"厌恶型"，这类人最常见的心理状态是批判、不喜欢、厌恶、怨恨；第三种是"困惑型"，这类人最基本的心理状态是懒散、误会、与人缺少联结、不知道如何做事（贪、嗔、痴）。

观察自己进入房间时的典型反应，便能测出你是哪一类人。如果你最强烈的习性反应是欲望和匮乏感，就容易环顾四周，看看自己喜欢什么，可以得到什么。你会看到自己被什么东西吸引，注意到美的东西，欣赏美丽的插花，喜欢某些人的穿着，发现某些人散发的吸引力或想认识刺激的人；如果你是厌恶型的人，进入房间时就不会先看你想要什么，而是看看哪里不对劲，“太吵了，我不喜欢壁纸，大家的穿着不当，我不喜欢整个感觉。”如果你是困惑型的人，走入房间时就会看看四周，不知道如何与人建立关系，心中纳闷着：“这里发生了什么事？我要如何适应？我该做什么？”

原始的制约反应其实是非常强而有力的过程，会增长成强大的力量，为整个社会带来战争，引发种族歧视，驱策周遭许多人的生活。我们第一次遇见自己内在的欲望和厌恶、贪心和怨恨时，可能会认为这些力量无伤大雅，只是一点匮乏感、一点不喜欢、一点小困惑。但观察自己的制约反应时，就会看见恐惧、贪婪和逃避其实很强烈，掌控了人格的许多面向。通过观察这些力量，就能看见业的模式如何运作。

在禅修中开始仔细观察我们的人格时，第一个冲动常常是想摆脱自己旧有的习性和防卫方式。一开始，大部分人会发现自己的人格有很多问题、难以相处，甚至令人讨厌。我们观看自己的身体时也一样，从适当的距离、角度和光线来看时，会觉得身体很美，但愈仔细观看就会发现愈多缺点，于是我们尝试节食、慢跑、护肤、运动、度假，以改善身体。这些方法虽然有用，但我们仍卡在这副与生俱来的皮囊里。人格比身体更难改变，但灵性生活的目的并不是要摆脱人格。有些特质是与生俱来的，有些受到生活和文化的制约，不论是何者，我们都不可能没有人格。在这个地球上，我们都有一副身体和一个人格。

在业中学习

我们的任务是学习认识这副身心，并在其中觉醒。了解业的活动就是觉醒的一部分。如果不去觉察，生活就只是一再遵循过去的模式；但如果能觉醒，就能作出有意识的选择，决定如何回应生活中的各种情境。我们的意识反应就能创造未来的业。我们也许能、也许不能改变外在环境，但带着这份觉察，就一定能改变内在的心态，这就足以转化我们的生活。即使面临最恶劣的外在环境，也能选择是以恐惧和憎恨，还是以慈悲和了解来面对人生。

生活模式的转化必然发生在内心。要了解如何处理生活中业的模式，就必须看见业的两个不同面向：一个是过去的业造成的结果，另一个是现在的反应会创造未来的业。我们接受过去行为的结果，这是无法改变的；但现在的反应也会创造新的业。我们种下业的种子，产生新的结果。“业”这个字在梵文中常常和另一个字“报”（vipaka）放在一起，称为“业报”（karma vipaka）。业是指行为，报是指结果。

面对经验的每一片刻，我们可能会用有益的（觉醒的）或有害的（潜意识的）方法。有害的反应如贪婪、厌恶和困惑，都必然制造更多苦难和痛苦的业；有益的反应是出于觉察、爱和开放，必然会产生幸福与快乐。通过有益的方法，可以创造新的模式，转化我们的生活。即使是出于贪婪、厌恶和妄想而有的强烈模式，其中也有善巧回应的种子。对逸乐的欲望可以变成自然而慈悲的行动，将美感带入社会和周遭的世界；批判、厌恶的气质可以通过觉察转化成所谓“分辨的智慧”——带着慈悲的清明，看清世上一切幻觉，并以真理的清明来帮助、疗愈别人；即使是困惑和脱离生活的倾向，也能转化成智慧而宽广的平等心，这是智慧与慈悲的平衡，以安详和了解拥抱一切。

传统上，佛学常以死亡与再生来讨论业。佛陀谈到他在开悟那一夜看见的异象，就是自己千万次的前世生活，以及其他许多生命的前世生活，并且都是根据过去行为的结果所产生的业而死亡与再生。但我们不需要用佛陀的异象来了解业，他所描述的业的法则会在生活中的每一刻出现，我们可以看见每一天如何发生死亡和再生，我们每一天都出生在新的环境和经验中，好像新生命一样。事实上，这种生死经验发生在每一刻，我们在这一刻死亡，在下一刻再生。

死亡的那一刻（或说是任何一刻的变迁）有四种业：重业、近业、习性之业和随机之业。上述每一种业都比下一种业具有更强的力量。传统的解释是以大门打开的牧场里的牛来比喻。重业就像凶猛的公牛，它是我们做过的极好或极坏行为所产生的力量，如果打开大门，公牛会第一个冲出去。近业是最靠近大门的母牛，代表变迁那一刻的心理状态，如果打开大门时，没有公牛出现，最靠近大门的母牛就会冲出去。如果没有特别靠近大门的母牛，就由习性之业出来，这是日常习性的力量，如果没有强烈的心理状态，就由平常第一个出现的母牛冲出大门。最后，如果没有强烈的习性在运作，随机之业就会生起，若未出现较强烈的力量，就由过去的状况随机形成我们的业。

每一个行动（或出生）产生时，都有维持与结束这个行动的力量。这些业力被比喻成花园，种下的种子就是造因的业；施肥浇水、照顾植物，就是维持的业；遇到困难时，比如干旱，就是对抗的业，即使种下充满活力的种子并加以施肥，如果没有水，仍然会枯萎；最后就是有如火烧或地鼠啃食的破坏之业，会将种子烧掉或吃光。

这是每一个世界、每一种环境的生命本质。一种情况接着另一种情况，但一切都必然会变化，外在环境的业会像马尾摆动般不断改变。在任何一天，财富或死亡都可能降临到任何人身上。

业的关键：心的状态与意图

行为模式产生的业并不只是出于行为。我们先有意图，然后才有行为，这个过程会产生业，所以要了解业的发生，另一关键在于觉察意图。心是我们的园地，每一个行为都有意图，意图有如被播下的种子，业的模式产生的结果就是种子长出的果实。

好比我们用锐利的刀割某个人，如果意图是害人，我们就是凶手，这会导致某种业的结果；但如果我们是外科医生，意图就是治疗和救命。虽然是相同的行为，但有不同的目的或意图，就分别成为可怕的行为或慈悲的行为。

我们可在每日生活中研究意图制造业的力量，开始注意自己对日常问题作反应时的各种行为。我们可能以本能的方式反应，忽视环境的困难或作出严厉的批判，也可能试图保护或捍卫自己的做法。在这些情形中，心的意图都被贪婪、厌恶或妄想束缚，而制造出未来的苦业，也就是在未来产生相等分量的反应。

生活中出现这些困境时，若我们想加以了解、学习、放下，或带来和谐、产生安详，就会以不同的意图来说话行事。我们的行为可能很类似、话语也相近，但若意图是想产生安详或带来和谐，就会造成非常不同的业。我们很容易在工作或人际关系中看见这种情形。我们对同事或朋友说同样的话，如果话语背后的精神是“我爱你，我希望我们能了解发生了什么事”，会得到一种反应；如果背后的态度是责备、防卫和批评，只要语气上有一点点“你有什么毛病”的意思，就会完全改变谈话方向，很容易引发冲突。

心理学家乔丹和玛格丽特·保罗夫妇（Jordan and Margaret Paul）在《婚姻的迷思：我必须放弃自己，投你所爱吗？》（*Do I Have to Give up Me to Be Loved by You*）中有两段简短的对话能说明这种情形。

对话一：

吉姆：（疏离，声音有点严厉）怎么了？

玛丽：没事。

于是吉姆埋首电视机前，不再说话。两人之间的距离依然存在，甚至更远。

对话二：

吉姆：（真诚、轻柔而好奇）你好像不太舒服，怎么了？

玛丽：（仍然紧闭心扉而严肃）没事。

吉姆：亲爱的，我不喜欢这种距离，让我觉得很不舒服。我是不是做了什么事伤到你了？

玛丽：(生气地指责）对，你怎么可以告诉山姆和安妮星期六要带他们出去，却没有先问我或和我谈一谈？

吉姆：玛丽，我很想和你谈，可是你对我大吼，我实在很难了解问题出在哪里。你认为我们可以好好谈一谈吗？

玛丽：好，我想我们确实需要谈谈。

我们在每个生活情境中的意图或态度，会决定我们制造的业。日复一日，一刻又一刻，我们开始看见业的模式出自心的意图。当我们开始注意，就可能愈来愈在自己的言行反应中，觉察相关的意图和心的状态。一般说来，我们对此毫无察觉。

比如我们决定戒烟，但出现抽烟的欲望时，我们会把手伸进口袋，拿出烟，取出一根，点燃，然后吸入。突然间，我们清醒过来，想起要戒烟。在自动导航、毫无觉察的生活中，我们会顺着习惯动作取出香烟点燃。除非活在当下，在动作一开始就清醒，否则不可能改变我们的行为模式或创造新的业，因为一切都已发生了。就如前人的谚语：一失足成千古恨。

禅修中发展的觉察力使我们有足够的观察能力，能在每日生活中辨识自己的心和意图。我们能觉察不同状态的恐惧、匮乏感、困惑、嫉妒和愤怒，也知道什么时候的行动会联结到宽恕、爱和慷慨。如果知道心的状态，就能开始选择接下来的模式或状况，选择自己要制造哪一种业。

请试着在生活中运用这种觉察力，在说话中练习，即使谈到最微不足道的事，也要非常仔细地注意心的状态和意图。你的意图是要受到保护、想抓住什么、想捍卫自己吗？你的意图是出于关心、慈悲和爱而敞开自己吗？一旦你注意到意图，接下来就能觉察自己的反应；即使是不好的意图，也要继续保持专注，观察自己会产生哪种反应。

如果你不是出于良善的意图，试着改变它，看看之后会产生什么结果。一开始，你可能只会体验到先前防卫态度的结果，但仍要坚持好的意图，并观察最后产生的反应。要了解业如何运作，只需要观察自己的人际关系或与人最单纯的互动。你可以选一个特定的关系或场所来实验，尝试只在心敞开而和善时作反应；若不处于这种状态，请等待并让不舒服的感觉过去。正如佛陀的教导，让自己的言语和行为温和地出现，伴随温和的意图、适当的时机，为别人的益处着想。想要培养温和、有益的意图，你可以在加油站或超市、工作场所练习。我们的意图会形成结果的模式。

我们更能觉察自己的意图和行为时，就能更清楚地看见业，甚至业的果实似乎会更快出现，其实这是因为我们开始注意它。当我们仔细注意，行为的果实（不论好坏）似乎就会更快出现。研究这种因果法则时，我们会看见自己或别人的行为若是出于执取、怨恨、偏见、批判或妄想，就必然会带来痛苦。我们也会开始看见伤害我们的人如何为自己制造无法避免的痛苦，这使我们能更加直接看见心的有益和有害状态。

从自身改变世界

注意业，会了解生活如何受到心的意图的影响。罗斯·丹尼生（Ruth Denison）是位知名的内观老师，她以最简单的方式解释业的法则：“业意味着你一定会有某种后果。”我们每天都种下业的种子。我们只有一个地方可以练习业的所有影响，就是行为的意图。事实上，全世界，我们只能改变一个人的业，就是我们自己的业。但我们由心而产生的行为却能影响全世界，因为人都是互相联结的。如果我们能解开自己心中的业结，就必然能为别人的业带来疗愈。有位曾经是战俘的人探视幸存的同胞时说：“你是否已经原谅那些囚禁你的人？”幸存者说：“没有，永远不会。”那人说：“那他们仍然囚禁着你。”

几年前，我和妻子到印度旅行，她看见一个非常痛苦的异象，见到弟弟过世。起初，我认为这个经验是她在禅修中死亡、再生过程的一部分。隔天她又看见第二个异象，她弟弟成为指导灵（非物质的精神体为仍在肉身的人提供指导），与两位美国原住民一同前来支持、指导她。一周后，我们所在的道场收到一封电报，通知我妻子，她弟弟确实以她在异象中看见的方式过世，发出电报的日期就是她看见异象的日子。隔着半个地球的距离，她怎么可能看得见弟弟过世？她能看见是因为我们是彼此相连的。所以，改变一个人的心，也会影响所有人的心，以及全世界的业。

我几年前指导一场密集禅修时，有位女子与早年受虐造成的痛苦搏斗。她已愤怒、沮丧、哀伤了许多年，并长期以心理治疗和禅修来治疗这些创伤。在这场密集禅修中，她终于能原谅向她施虐的人。她在泪水中深深地原谅，并不是原谅那行为，那是永远无法宽恕的，而是因为她不想再背负心中的痛苦与怨恨。

密集禅修结束后，她回家发现信箱有封信，就是曾经虐待她的男子写的，她与他已有十五年没有联络。虽然在大部分情形下，施虐者即使得到宽恕，仍会对自己的行为否认到底；这名男子却不同，他写道："出于莫名的原因，我觉得必须写信给你，我这星期一直想到你。我知道我带给你极大的伤害和痛苦，也为自己带来极大的痛苦，但除了请求你的宽恕，我不知道自己还能说什么。"她看着信上的日期，正是她完成内在宽恕工作的同一天。

印度有一个著名的故事，谈到两个信奉克里希那（Krishna）的国王。天神克里希那决定下凡拜访，看看这两个国王以他之名所行的事。他先来到其中一位国王的宫廷，这位国王以邪恶、残忍、吝啬、妒忌而出名。克里希那带着炫目的天光出现在宫廷，国王向他鞠躬说："我主克里希那，欢迎大驾光临。"克里希那说："我要给你一个任务，我希望你走遍全国各省，看看能否找出一个真正的好人。"于是国王走遍全国各省，拜访上流和下层社会的官员、僧人、农夫、艺术家和疗愈者，最后回到皇宫，等候克里希那再度出现。当克里希那来到，他鞠躬说：“我主，我已遵照您的指示走遍全国，却找不到一个真正的好人。虽然有些人表现出许多好行为，但我认识他之后，却发现最好的行为背后仍出于自私、自利、乡愿或欺骗。我找不到一个真正的好人。”

克里希那接着来到另一个由知名女皇达摩罗迦统治的王国，女皇以仁慈、亲切、关爱、慷慨著名。克里希那也给她一个任务：“我要你走遍全国，为我找出一个真正的恶人。”于是女皇走遍各省，拜访上流和下层社会的官员、农夫、木匠、护士和僧人。经过长期寻访，她回到宫廷，克里希那再度来临时，她鞠躬说：“我主，我已遵照您的要求，但任务失败。我走遍各地，见到许多做坏事的人，他们受到错误的引导，做出引发痛苦的行为。但我真正倾听之后，却找不到真正的恶人，他们只是误入歧途，他们的行为都是出于恐惧、妄想和误解。”

两个王国的生活环境都受到统治者的精神影响，而两个国王对同一件事的不同态度其实反映出他们的心。当我们注意、了解自己的心，并以智慧与慈悲善巧地回应，就为世界和平尽了一己之力。通过工作与创造力，可以在生活中创造一个有益的外在环境。可是我们身上发生的重大事件，如出生的地点、死亡的时间、生命中的重大变化及周遭世界，大部分都是古老而强大的业力模式的结果，这些都是我们无法改变的，它们的到来有如风与天气，我们唯一能确信的天气预报就是所有情况都会不断改变。

在无常中为自己负责

要了解业，就必须回答一个简单的问题：我们如何看待这些不断变化的情况？我们创造了什么样的宇宙，我们选择栽种什么东西，我们心的园地出产什么，都会创造我们的未来。《法句经》谈到佛陀开始教学时所说的一段话：

我们就是我们所思的内容，
随着思想产生我们的一切。
我们用思想造出世界。
以不纯净的心来说话或行动
困扰就会跟随你
有如轮子跟着拉车的牛转动。

我们就是我们所思的内容，
随着思想产生我们的一切。
我们用思想造出世界。
以纯净的心说话或行动
快乐就会跟随你
有如你的影子，坚定不移地跟随你。

（原文：心为法本，心尊心使。中心念恶，即言即行。罪苦自追，车轹于辙。心为法本，心尊心使。中心念善，即言即行。福乐自追，如影随形。）

我们在世上终究无法拥有任何东西，包括我们的身体，但通过我们的意图，就能形成或引导心的模式。我们在心中种下的种子，会制造未来世界的王国，可能是邪恶有害的王国，也可能是美好慈悲的王国。通过单纯地觉察每一刻的意图，可以建造一个美好的花园，创造持久的幸福快乐模式，远超过我们的人格与有限的人生。

内观老师希薇雅·布尔斯坦（Sylvia Boorstein）用一位好友的故事来描述这种力量。这位朋友是知名的医生，担任美国精神医学会主席多年，是人人称赞的绅士，为人正直而仁慈，为生活中的每一件事带来喜悦。他一向非常尊重病人和同事。在他退休年迈时，记性开始退化，常常认不出朋友。他仍住在家中，由妻子照顾他。希薇雅和身为精神科医师的丈夫赛摩尔是他们多年的好友，应邀到他家吃晚餐。他们已有一阵子不曾见面，不知道他的记忆是否更为退化。他们带了一瓶酒，按了门铃。他开门时，一脸茫然地看着他们；虽然他们是多年好友，但他显然不认识他们。他接着微笑着说："我不知道你们是谁，但不管是谁，请进来好好享受。"他用一如往常的亲切态度招待他们。

通过心制造业的模式，能超越时空的限制。在任何环境中唤醒慈悲与智慧的心，就能成为佛陀。当我们唤醒内在的佛陀，就唤起了宇宙的精神力量，为全世界带来慈悲与了解，甘地把这种力量称为灵魂力。需要强而有力的行动时，它能带来力量，能带来极大的爱与宽恕，但仍坚持真理、述说真理。在任何环境中带来智慧与自由的，就是心的力量，让精神王国得以出现在这个世上。

对甘地而言，这种精神一直与他的心相连，他总是愿意倾听全世界，随时准备好向世界回应，向所有生命分享慈悲的祝福。他说：

> 在我的不合作之上，只要有最微小的理由，即使面对最恶劣的敌人，总是有最热切的合作渴望。对我而言，非常不完美的凡人始终需要神的恩典，始终需要法则。没有人不需要救赎。

关于宽恕的冥想

若能读懂敌人不为人知的历史，就会发现每个人的生命都有许多悲伤与痛苦，足以化解一切敌意。

——朗费罗（Longfellow）

宽恕是灵性生活最重要的礼物之一，它能让我们脱离过去的悲伤。虽然宽恕是自发的反应，但也能刻意发展出来。就像慈心观和悲悯的练习一样，古老而有系统的修行也有培养宽恕的方法。宽恕是为其他以心为核心的禅修作准备，让心变得柔软，去除通往慈爱和悲悯的障碍。通过一而再、再而三的重复练习，就能将宽恕的精神带入整个生活。

练习宽恕之前，必须先清楚了解宽恕的意义。宽恕绝不是合理化或赦免伤害的行为。当你宽恕时，也可能说："我绝不允许这种事再一次发生。"你宁可牺牲自己的性命，以避免进一步的伤害。宽恕不表示你必须找到伤害你的人或对他说话，你可以选择再也不见到对方。

宽恕只是心的一种行为，放下你长久背负的痛苦、怨恨与愤怒，让自己的心得以放松，不论你多么强烈地谴责另一个人的恶行，或因此而受苦，仍确定自己不会再把另一个人赶出心房。我们都受到伤害，就像我们也都伤害过自己或别人一样。

对大多数人而言，宽恕是一个历程。当你受到很深的伤害时，宽恕的过程可能要好几年。宽恕会经过许多阶段：悲痛、愤怒、哀伤、恐惧和困惑，直到最后，如果你让自己感受身上背负的痛苦，就会走到解除的阶段，有如心的解脱。你会发现宽恕基本上是为了自己，这是一种不再背负往日痛苦的方式。伤害你的人不论仍在世或已过世，他的命运如何并不重要，重要的是你心中背负的东西。如果宽恕是针对你自己、你的罪恶感、你对自己或他人所造成的伤害，需要的历程是相同的，你将了解自己可以不再背负它。

正式的宽恕冥想练习如下：让自己舒适地坐着，闭上眼睛，让身体和呼吸保持自然、轻松。身心都要放松，轻柔地把气吸入心的部位，感觉你因为尚未宽恕而背负的所有阻碍和执著，包括尚未宽恕自己或别人的部分。让自己感受心门紧闭的痛楚，轻柔地呼吸到心的部位之后，开始邀请宽恕，并加以扩展。背诵以下三段文字中的引言，让这些话打开宽恕的心。重复背诵这些话，让这些字句、影像和感受进入内心深处。

来自别人的宽恕：“我曾在有意无意间，因为自己的痛苦、恐惧、愤怒和困惑而以各种方式伤害、背叛或抛弃他人，让他们受苦。”这时请回忆并观想自己曾伤害别人的各种方式，看见并感觉你因为自身的恐惧和困惑所造成的痛苦，感觉自己的悲伤与懊悔，并感觉自己最终能放下这个重担。描绘出仍然压在你心上的记忆，然后一字一字地重复说：“我请求你的宽恕，我请求你的宽恕。”

宽恕自己：感觉自己珍贵的身体和生命。“我曾有意无意地以各种方式在思想、言语或行为中背叛、伤害或抛弃我自己。”请观想你曾伤害自己的方式，描绘、回忆、在心中看见这些事，感觉你因为这些行为而背负的哀伤，并感觉你能放下这些重担，将宽恕从一件事扩延到另一件事，然后告诉自己：“对每一件我出于恐惧、痛苦和困惑，通过行为或怠惰而伤害自己的事，我宽恕自己，我宽恕自己。”

宽恕曾伤害你的人：“我曾被别人在有意无意间，以想法、言语或行为伤害、虐待和抛弃。”描绘、回忆这些事，以各种方式观想，感受你因往事而背负的哀伤，如果已做好心理准备，就去感觉自己能扩展宽恕而放下这个重担，对自己说："我现在能看见别人曾因为恐惧、痛苦、困惑和愤怒而以各种方式伤害我。就我已做好心理准备的部分，我宽恕他们。我在心中背负这种痛苦太久了，因为这个理由，对于曾伤害我的人，我宽恕你们，我宽恕你们。"

轻柔地重复这三段宽恕的指导，直到你能感觉心中的放下。有些痛苦可能过于巨大而觉得无法放下，那就只要感觉自己背负的重担和苦恼、愤怒，轻柔地碰触这块地方，宽恕自己的无法放下。宽恕是不能勉强的，那只是假造的宽恕。只要继续练习，让言语和形象逐渐运作。时候到了，你就能将宽恕的冥想当成修行的固定部分，以智慧的慈心放下过去，让心向每一个新的片刻开启。

第 20 章　扩大修行的范围：不分彼此的心

假如你把邻里视为修行的寺院，你会怎么对待你的寺院？你在那儿的灵性任务是什么呢？

扩展法则的运用

所有灵性修行都与关系有关：与自己的关系、与他人的关系、与生活处境的关系。我们可以用智慧、慈悲、弹性的精神面对各种关系，或是用恐惧、攻击和妄想来面对生活。不论喜欢与否，我们总是在关系中互相联结。

前十九章大部分都在谈如何通过疗愈、训练和了解灵性生活的周期与可能性，以智慧与内在自我建立关系。由于在生活的所有面向进行灵性修行是非常重要的，所以我们可以再用相同的分量分别谈谈传统修行在各个面向的运用，比如正当的生计和有自觉的性欲，婚姻和家庭生活，政治、经济、社区生活中的修行。本书已经谈到主要的原则，可以用来了解各个面向，并在其中运用。

每个领域都需要承诺和坚定的能力，也需要坐定的能力；我们在每一种关系里都会遇到熟悉的魔鬼与诱惑，也需要为它们命名、与困难共舞；各个领域都有其周期，也必须在其中学会对自己诚实。

要扩展我们的修行，就必须学习有自觉地把觉醒和慈悲的精神带进每一个行动。爱因斯坦是现代最有智慧的人之一，他如此描述灵性生活：

> 人是整体的一部分，我们将这个整体称为“宇宙”，人只是受限于时空的一部分。他经验到自我、自己的思想和感受，觉得是与其他部分分开的，但这只是意识的一种错觉。这个错觉是我们的监狱，使我们受到限制，活在个人的欲望和周围少数几个人的情感之中。我们的任务必然是扩大认识和慈悲的范围，拥抱所有生命和整个自然之美，使自己脱离这座监狱。

扩大灵性修行其实是扩大心的过程，使洞识和慈悲的范围逐渐扩大，以涵盖生命的整体。此时此刻，在地球此处的人身之中，就是我们的灵性修行所。

过去东方灵性修行大部分属于寺院中的出家男女，欧洲几百年来的默观修行也多半属于修道院。但在现代，寺院已扩展到整个世界，大部分人都不会过出家的生活，而是以平常人的身份寻求真实而深刻的灵性生活。当体认我们所在之处就是我们的寺院，就有可能在当前的生活中修行。

一位孟买的年老上师就以这种方式教导我们，他让学生跟随他的时间刚好足够真正了解生活和爱，以及如何在其中获得自由，然后就送学生回去。他说：“和邻居结婚，在自己的社区找工作，把生活当成修行。”而在印度另一边的海岸，特蕾莎修女将成千上万志愿到加尔各答服务的人送回家，告诉他们：“你现在已学会在印度穷人身上看见基督，请回去服务家中、街上和邻居身上的基督。”

没有分别的心

传统佛教的观点认为，我们自浑沌初开就以各种生命形式不断轮回，经历无数转世。我们被教导要以这个观点来深思，看见一世又一世中，我们在每一种生命形式中做过彼此的母亲、父亲、兄弟、姐妹。因此，我们被教导要把每一个遇见的人当成自己钟爱的子女、父母或祖父母。所以佛教国家常以对亲属的敬称来称呼每个人：总统伯伯、市长阿姨、将军叔叔、老师爷爷，等等。我们都是一家人。

没有分别的静默之心最能直接感受到这一点。当心智静止，心灵开启时，世界是没有分别的整体。正如西雅图酋长投降让出土地时，对美国人祖先的提醒：

> 这片土地是我们的母亲，任何关乎土地的事，也就关乎土地上的儿女。我们知道这一点。所有事物都是联结的，就像血缘凝聚一个家庭，所有事物都是联结的。
>
> 任何关乎土地的事，也就关乎土地上的儿女。我们并未编织生命之网，我们只是网中的一股线。无论我们对这片网做了什么，也就对自己做了什么。

心没有分别时，每件事都是我们的修行。专注沉默的打坐和任何领域的行动一样，两者没有什么不同，它们就像吸气和呼气，是生活中不可分割的两面。禅宗传统明确指出这一点。

灵性修行只有两件事：打坐和扫花园，不论花园多大，都没有差别。

我们花许多时间静默、开放、觉醒，然后将这种觉醒表现在世界的花园中。

有时我们必须先疗愈自己的创伤，达到某种程度的内在幸福，不过最终都自然会走向服务，渴望回馈世界。这种服务精神绝不是出于试图改变世界所有错误的理想。当我们碰触到自己内在的花园，就会把恩典带给所有与我们接触的人。琳恩·帕克（Lynn Park）的诗将它表达得淋漓尽致：

花时间祷告——
这是最甜美的油，可以润滑进入花园大门的铰链
使大门可以轻易打开。
你可以随时进入。

数算你的祝福。
打断你骨头的硬石
将为你建造爱的圣坛。

花园是你的家。
带着它的芳香、隐藏在你里面，进入城里。
突然间，你的仇敌会买下数包种子
屈膝种下花朵。
就在路边的泥土中。
他们会称你为朋友
对你来到他们中间引以为荣。
当有人问“那是谁”，他们会说，
“哦，从浑沌初开以前，
他就是我们一直钟爱的人。”
这是曾经为了维护自身利益
而践踏你的人所说的话。

抛开一切，除了你的花园，
抛开你的担心、你的恐惧、你的狭窄心胸。
没有人能夺走你的花园。

当我们扩展花园时，我们的行动就是充满感恩、爱和慈悲之心的

自然表现。当我们在每一个生命中体认到家族血缘时，就会产生这些感受。我们从周遭世界接受物质和灵性的营养，这就像吸气；每个人都有某种天赋，快乐就是把这些天赋回馈给地球、社会、家庭和朋友，这就像呼气。我们在彼此的联结中成长，内心自然会滋长出世界公民的完整性与责任感。

日常生活有如禅修

扩大修行的范围时，你可能觉得时间不够。现代生活的步调非常快速，现代人总是想得到更多东西。我们是否有足够的时间扩大自己的修行？记得有人向阿姜查抱怨，在他的寺院没有足够的时间修行，因为有太多琐事要做：打扫、清洁、接待访客、盖房子、唱诵，等等。阿姜查反问："你是否有足够的时间来觉察呢？"生活中的每件事都是觉醒的机会。

我们可以在此时此地学习看见自己的恐惧、执著、失落或妄想，在完全相同的这一刻，也能看见觉醒、自由、完满的可能性。我们可以把这种修行带到工作、社区、家中，任何地方。人们有时会抱怨很难把修行带入家庭生活，认为单身时可以花很长的时间参加密集禅修，或到山中、外国的寺院旅行，误以为这些地方就是神圣的精神所在。但神圣一直就在我们面前，家庭是美妙的寺院，小孩是奇妙的老师，教导我们臣服和无私，一再把我们带到当下此刻。我们在道场或寺院时，如果上师要我们早起禅修，我们不见得愿意，有些清晨会赖床不愿起来，想着明天早上再说；但小孩因为生病或有需要而在半夜叫醒我们时，我们会毫无选择也毫不迟疑地以全然关爱的专注，立刻回应他们。

家庭生活需要我们一再付出全心和全然的关怀，我们在禅房或寺院面对不可避免的疲累、不安或烦躁时，禅师或上师给予的指示也是如此。在家中面对这些处境与密集禅修面对这些处境，是完全相同的。

事情愈来愈困难时，灵性生活也愈来愈真实。子女必然会生病或发生意外，悲剧必然会发生，这些处境需要我们持续以爱和智慧来面对，因而碰触修行的精髓，并发现真正的灵性力量。

许多文化把养育出智慧健康的小孩视为一种灵性行动，养儿育女被认为是神圣的，小孩常常得到拥抱，也被社会之心拥抱，每一个健康的孩子都被视为未来的达·芬奇（Da Vince）、鲁道夫·纽瑞耶夫（Rudolf Nurevev，俄国芭蕾舞蹈家）、克拉拉·巴顿（Clara Barton，美国红十字会创办人），是独特的人。我们的孩子就是我们的禅修。如果孩子在托儿所和电视机前长大，如果社会价值认为赚钱比陪伴小孩重要，就会制造出一个充斥着不满足、受伤、匮乏个体的时代。若想将修行扩展至抚育小孩和亲密关系这种吃力的领域，就要有观呼吸的耐心和坚定，愿意把心带回千万遍。没有一种价值会在一夜间就出现，孩子或彼此相爱的心也是如此。我们全家在泰国和巴厘岛度长假时，让我看见关爱的尊重产生的力量。我的女儿卡洛琳向一位极好的老师学习了两个月的巴厘岛舞蹈，结束时，老师为她安排了一场告别会，地点在学校，也是老师的家。我们抵达时，舞台和音乐已经准备好，接着开始为卡洛琳着装。他们花了很长的时间打扮六岁的她，虽然这个年龄的专注力不过只有五分钟。他们先为她穿上丝质的沙笼，在腰际系上美丽的链子；然后在胸前围了十五层绣花丝巾，戴上金臂环和手镯；接着整理头发，插上一朵金色的花。这种打扮远远超过六岁女孩的想象。

当时我不耐烦地坐着，自豪的父亲急着照相，一直问："你们什么时候可以打扮好上台表演？"半小时、四十五分钟过去了，最后老师的妻子出现，解下脖子上的金项链为卡洛琳戴上，她非常激动。

这时我放下了不耐烦，了解到眼前发生的是非常奇妙的经验。巴厘岛的小孩受到极大的尊重。被视为社会的成员，不论舞者是六岁或二十六岁，都像艺术家般受到肯定和尊重，她的表演不是为了观众，而是为了神祇。卡洛琳受到尊重的程度就像艺术家一样，她因而大受激励，跳出优美的舞蹈。请想象你自己在孩童时如果受到这种尊重，会有什么感受。就像佛陀千百世以来培养耐心、尊重和慈悲，使心得以成熟一样，我们也可以把这种精神一点一滴注入家庭和爱的关系中。

出现困难时，灵性修行不应成为逃离生活的借口。若遇到困难就停止禅修，不管哪种禅修都不可能有多大的进展，坚持投入是修行的支柱。在爱的关系中（如婚姻），承诺是成功的头期款。承诺并不是安全感的契约，好像把爱当成商业交易——“如果你没有改变，如果你没有离开我，我就留在你身边”。在有自觉力的关系中，承诺是指愿意在一起，答应帮助彼此在爱中成长，尊重并促进伴侣的开放精神。

在抚育孩子和爱的关系中，都必然会遇到打坐时碰到的阻碍。我们会渴望自己在别的地方或跟别的人在一起，会觉得厌恶、批判和恐惧，会有怠惰和沉闷的时候，会互相觉得厌烦不安，也会产生怀疑。我们可以为这些熟悉的魔鬼命名，以修行的精神面对；我们可以承认这些困难背后的主体是恐惧，与伴侣一起讨论这些困难，借此深化彼此的爱。

走入世界

随着生活环境的改变，我们学会了在一连串困难中找到平衡，就能发现觉醒与自由的真正意义。我们还期望找到什么更好的寺院呢？我们可以把相同的原则从家庭生活延伸到社区、政治、经济乃至全世界的和平工作和为穷人服务。所有这些层面都要求我们带着佛陀的特质进入。我们是否能把佛陀带进当地的投票所？是否能像佛陀一样有所行动，写信给国会议员？是否能把食物分享给饥饿的人？是否能像佛陀一样，为和平、正义或环保走上街头？我们能为这些挑战付出的最大礼物，就是心的智慧和伟大，少了它，就无法解决问题；有了它，就能开始转化世界。

我记得第一次参加反越战游行时，抗议者对将军和政治家的抨击和仇恨，一如将军带到战场上的攻击和仇恨，我们只是在重新制造战争。

但我相信我们可以超越这些障碍，借由提出强烈的政治论点，全心全意为正义服务，而不把行动建立在仇恨上，不制造“我们”和“他们”的对立。马丁·路德·金博士提醒我们永远不要屈服于制造敌人的诱惑，他说：“当你为正义挺身而出时，要确定自己的行动带着高尚与纪律，只用爱做武器。”

一位知名的作家朋友为波斯湾战争带来的严重破坏忧心不已，她希望尽可能以个人而直接的方式回应这件事，于是在她居住的小镇中央广场静坐。每天中午，不论日晒雨淋，她都带着要求波斯湾和平的标语，安详地静坐。有时会有人对她咆哮，有时会有人加入，有时她独自一人，但无论如何，她仍日复一日在广场上展示她想要的和平。

有位禅师正以静坐和非暴力原则训练数以千计的环保及政治示威者，他们学习处理不可避免的冲突与其中的邪恶，以及把他们渴望的和平和整合带入改变的过程。一位和平工作者与领导欧洲核武开发的将军进行了一场重要的晤谈，他一开始就说：“身上背负了捍卫全欧洲人民安全的重责大任，一定非常辛苦。”会议以这种互相尊重的态度开始，使对话得以顺利进行。

我们可以带着世界公民的整合感和承诺，以唤醒所有人的菩萨智慧，进入政治的领域。当我们将每个领域都视为寺院，视为发现神圣的场所，就能将灵性修行带上街头、带入社区。假设你把邻里视为修行的寺院，你会怎么对待你的寺院？你在那儿的灵性任务是什么呢？也许你会捡起眼前的垃圾，移走路上可能绊倒人的石头；也许你会以觉察的神圣之道来开车，或是减少开车、少用汽油；也许你问候邻居的方式会像你问候寺院中的兄弟姐妹一样亲切；也许你会成立机构来照顾病人或饥饿的人。

这并不容易。静坐禅修很困难，以禅修的精神行动也同样困难，你可能要花费数年才能学会如何进入家庭或政治的舞台，并与自己最深处的慈悲保持联结。保持联结需要特别而自觉的努力，但是，神圣与真实的事物就在这里。

一开始我们可能会感到很困惑，因为世界太复杂了。当我们独自坐着，只需要面对自身的苦难；当我们在家庭和社会中行动，就必须面对联结我们与一切生命的苦难。我们有亿万个兄弟姐妹处在极度不公、贫穷的处境，其中的不公与悲伤实在过于沉重，似乎超过我们所能面对的，但内在有个部分知道这也是灵性生活的一部分，我们可以把这种苦难当成自己的一部分来回应，而事实也确实如此！没有人能避开暴虐、失落、哀伤或死亡，在地球环境的破坏或拯救中，我们都是互相联结的。

我们必须记住，世界当前的问题基本上是灵性危机，肇因于人类狭隘的目光，因而失去彼此的联结，失去共同体的感觉，最严重的是与灵性价值失去联结。

如果不处理背后的根本原因，政治和经济的改变并不足以减轻苦难。地球上最严重的问题，如战争、贫穷、生态破坏等，都是出于人心的贪婪、仇恨、偏见、妄想和恐惧。若要扩展修行的范围，面对周遭世界的哀伤，就必须面对这些内在的力量。爱因斯坦说，我们是核子的巨人和伦理的婴儿。只有找到慈悲、良善和了解，以超越自身的贪婪、仇恨、妄想，才可能为周遭世界带来真正的自由。

宽广开放的心使我们得到力量，可以直接面对世界、了解自身悲伤的根源，以及我们在其中的分量。艾森豪威尔总统提醒我们要有这种责任，他说：

> 人们制造的每一把枪、下海的每一艘军舰、发射的每一只火箭，追根究底都代表了一种偷窃，因为这会造成某些人挨饿受冻。这个武装的世界并不只是花掉金钱，还花掉劳工的血汗、科学家的天赋、儿童的希望，这根本不是一种生活方式……而是把人性挂

在金属做的十字架上。

做这件事的，是我们的社会，现代社会的每个人都必须承认自己是世界困境的一部分。我们可以从许多重要的层面来谈全球的苦难，在每个领域尽自己所能，把慈悲和技能带进经济、教育、政府、服务和世界的冲突之中。在这种工作背后，我们必须找到心的力量，以真理和慈悲面对不公不义。

在我们的世界中，力量有两种来源：一种是仇恨的力量，使人敢去杀人；另一种更大的力量来自不怕死的人。这是支持甘地游行、对抗整个大英帝国的力量，也是桃乐丝·戴（Dorothy Day）持续不懈为纽约街头穷人服务的力量。这种心的力量、生命的力量，会在每一种情境中改造、挽回人类的生活。

唤醒这个地球的慈悲和自由并不容易。我们需要在不诚实的时代展现诚实；在这个时代，为我们的原则奋斗比较容易，难的是实践我们的原则。这个时代常忘记道、法、宇宙的法则，广泛宣传物质主义、占有的欲望、沉溺放纵、军事安全，以之为人类行为的准则。我们必须在这个时候觉醒，这些方式不是正法，并未遵循和谐与幸福的永恒法则。从我们身上就能看见永恒的法则，我们必须在自己身上找到古老永恒的生命法则，以真理和慈悲来引导我们的行为。

有自觉的行为：五戒

若要扩展我们的认识和慈悲，我们的行动就必须合乎古老而自觉的行为法则。这些法则是自觉的灵性生活的基础，在每一种环境遵循它们，并使之完善，这种做法本身就是把所有生命带往自由的修行。

每个伟大的灵性传承都认识并教导基本的法则，谈到智慧而自觉的人类行为，不论称之为美德、伦理、道德行为或戒律，都是不伤害别人的生活准则，愿意把清醒与光明带进世界。每个人都有能力在心的美德、完整与正直中得到喜悦。当我们彼此关心，在生活中不伤害别的生命，就能创造自由和幸福。

佛教修行要求五项基本戒律，不在言语和行为中伤害别人，作为最低限度的承诺。这些戒律要定期诵念，以提醒学生作过这些承诺。五戒如下：

> 我保证不杀害、不伤害活的生命。
>
> 我保证不偷窃，不拿不属于我的东西。
>
> 我保证不做会造成伤害的不正当性行为。
>
> 我保证不说谎，不说伤人的话，不说闲话，不诋毁他人。
>
> 我保证不服用成瘾物质，如酒精或使人恍神、失去觉察力的药物。

美德的正面力量很大。如果生活不遵行这些戒律，人就会变得像野兽一样。少了这些戒律，其他灵性修行就只是幌子。想象你在一整天说谎、偷窃之后静坐修行是什么样的情形，再想象如果每个人都遵守一条戒律——不杀生、不说谎或不偷窃，这个世界会有多么不同。我们真的能创造出全新的世界秩序。

这些简单的教导是实践修行的完美方式，可以把认识和慈悲的范围扩展到周遭世界。遵行五戒可以训练专注和尊重，我们需要专注谨慎才能避免伤害别人。戒律清楚指出我们何时会偏离正道，何时会受恐惧、妄想纠缠而可能伤害别的生命。佛教僧侣不只遵守五戒，而是数百条戒律，通过这种修行而在言语、举止、行为中产生精细的觉察和尊重。

基本的戒律并不是消极的，而是在生活中积极表现出慈悲心。不杀生可以滋长对生命的敬爱，愿意关心、保护所有与我们共享生活的有情生命。不偷窃是智慧生态学的基础，重视地球的有限资源，积极寻找与全世界分享祝福的生活和工作方式，从这种精神出发，就能走向自然而具疗愈力量的简朴生活。从不说谎出发，就能为慈悲、了解和公义说话。从不造成伤害的性欲出发,就能在最亲密的关系中表达爱、喜悦和温柔。不滥用成瘾物质、不愿失去觉察，就能发展出在所有环境下都以最觉醒、最有自觉的态度来生活的精神。

戒律一开始是一种修行，接下来会成为必需品，最后会成为一种喜悦。心觉醒时，戒律自然会在世上照亮我们的路，所以被称为明亮的美德。在极大的困难中仍坚持真理、以慈悲行动的人，周围的人可以看见他身上的光，他的芬芳甚于香水，足以上达神祇。知名心理学家维克多·弗兰克（Viktor Frank）曾谈到这个力量：

> 从集中营历劫归来的人，会清楚记得那些走过营房安慰有需要的人，给出最后一片面包的男男女女。这种人也许不多，却是人类精神可能性的证明。

每个人都有这种精神，有时隐藏，有时出现。这种光明、慷慨、和平的精神，是我们给地球的最伟大礼物。扩展我们的修行时，我们会成为一个圈子的核心，就像投入池水的石头慢慢沉入池底时，引发的涟漪会扩延到池岸。身为一个圈子的核心，我们会变得安详，也会把这份安详带给别人，不受眼前生活改变的影响。铃木禅师说：“在变化中找到完美的平静，就是在涅槃中找到自己。”

敬爱生命

扩大修行的范围时，我们会在每一场相遇中、一刻又一刻中、一个人又一个人中，学会尊重的艺术。这不是理想化的修行，而是当下的修行。

布莱克如此描述：

> 一个人若要行善，对象就得是渺小而特定的个体。广泛而笼统的善是伪君子、恶棍、马屁精的借口。

灵性生活不需要崇高的理想或高贵的思想，而是需要我们仔细温柔地专注于呼吸、小孩、周遭的树，以及与我们紧密相连的地球。

追随佛陀的僧侣禁止砍伐树木或植物，他们把不伤害和敬爱的精神扩展到身边的一切生命。当代亚洲森林被破坏的速度一如亚马逊雨林，由于体认到将来很快就可能没有森林可以留给森林寺院和僧侣，有些禅修大师就带领村民进入森林，把僧侣的袍子绑在最老最大的树上，然后为树举行出家仪式，把树视为佛陀的追随者。泰国人和缅甸人非常敬重出家仪式，于是不砍这些树，而使整片的森林得以留存。

这种不断的关怀和专注就是我们的灵性修行。如果我们把每个相遇的人都视为叔伯、阿姨和儿女，我们的心就会容易感动而有弹性。

弹性和尊重的关键在于倾听的心，这不是一般人具有的观念。甘地说："我们必须重视眼前的事实，甚于坚持原有的观点。"有个当代和平计划就是根据这个原则，被称为"慈悲倾听计划"。这群美国人和欧洲人接受训练，以关心、专注和深度的慈悲倾听每一位身处困境的人，他们最近派出好几组人去倾听世上最与世隔绝的人。有一组人到了利比亚，用慈悲的方式坐着倾听效忠卡扎非（Qaddafi）的利比亚军人的观点和故事。这种倾听尝试从对方的观点来了解当事人。还有一组人到尼加拉瓜倾听乡下农夫和反政府武装游击队员的心声，了解他们的观点、痛苦和困难。另一组人到中东倾听黎巴嫩各党派人士的看法。

当我们像住在寺院中一样倾听，彼此注意有如对方是我们的老师，尊重对方所说的话，视之为神圣而有价值的，就能唤醒每一种伟大的可能性，甚至出现奇迹。若想以最有效的方式在这个世界行动，就不能发自我们小小的自我感、局限的自我认同与个人的希望和恐惧，而必须倾听更大的可能性，促使行动联结到最崇高的意图，发自我们内在既有耐心又慈悲的佛陀。我们必须学习接触大于自我的某种东西，不论称之为道、上帝、法或自然法则。由此我们能听到深处的真理之流。当我们根据这个真理来倾听、行动时，不论发生什么事，我们的行动都是正确的。

甘地过世后发生的事，可说是倾听之心的最佳实例。印度独立后一两年，当时整个甘地运动的追随者陷入混乱，几位甘地的追随者决定召开全国大会，讨论如何继续甘地的志业。他们想说服维诺巴·比哈夫（Vinoba Bhave）领导这个会议，因为他是甘地最亲近的弟子、指定的继承人，但他拒绝了，他说："我们无法唤回过去。"经过多次恳求，大家终于说服维诺巴带领这次集会，但他提出一个条件，就是延后六个月，让他有足够的时间从住家步行到会议地点，这几乎要跨越半个印度。

他走过一个又一个村落，每处都停留，像甘地一样召开会议，倾听大家的问题，有时给予村民建议。很自然地，他走过许多非常贫穷的村落，因为印度有许多这种村落。其中一个村落里的人说生活困苦、饥饿、缺乏食物，他问大家："你们为什么不种自己要吃的食物呢？"他们说："先生，我们想种，但我们没有土地。"维诺巴想了一会儿，答应大家到德里时，会告诉总理尼赫鲁（Nehru），看看能否立法把土地分给印度最贫穷的村落。

村民睡了之后，维诺巴仍在思考这个问题，整晚没有入睡。他在早晨向村民道歉："我太了解政府了，即使我在数年后说服他们立法拨赠土地，你们还是得不到土地。因为这道法令要经过省、县、区、村各级负责人，拨赠的土地给你们时，每个政府官员都要分一杯羹，恐怕没有什么可以留给你们了。"这是他真实而难过的处境。

一位富有的村民站起来说："我有土地，大家需要多少？"总共有十六个家庭，每家需要五英亩，所以维诺巴回答："八十英亩。"这人因为深受甘地和维诺巴的精神感动，便提供了八十英亩土地。维诺巴说："不，我们不能接受，你必须先回家与妻子和将来会继承土地的子女商量。"于是他回家，得到家人的支持后，又回来说："我们愿意捐出八十英亩土地。"当天早上，最贫穷的几个家庭得到了八十英亩土地。

隔天维诺巴走到另一个贫穷的村落，听取最低阶层的人述说饥饿和没有土地的困境。他在会议中讲述了前一个村落的故事，另一位富有的地主受到感动，在家人的同意下，捐出一百一十英亩土地给二十二个最贫穷的家庭，穷人当天就得到了捐赠的土地。

一村又一村，维诺巴不断召开会议，持续上述过程，直到几个月后抵达会议场所。他一路上已为最穷苦的家庭募到两千两百英亩土地。他在会议中讲述这个故事，许多人加入他，开始了伟大的"印度土地改革运动"。接下来十四年，他和数千位受他感召的人走遍印度每一个县、市、乡、镇，没有政府的官样文章和繁文缛节，为最贫苦、最饥饿的村民募集了一千万英亩土地。

这一切都起于对旧有的困境抱持倾听的精神，对真理的坚持，以及慈悲的初心。以这种方式生活，需要勇气和单纯——勇气是诚实倾听、面对世界的真实面貌，单纯是用不被蒙蔽的双眼与心，看见生活对我们的呼唤。

这种勇气是体认到未曾有人活过我们的一生，即使是在最大的感召之下，也没有可资追随的确切计划或榜样。我们追随的是未知的道路和不明的水流，需要极大的勇气才能打开双眼与心来前进。当我们以深刻的慈悲观看，可能会发现必须一再改变自己的生活，放下自己不明智的部分，以新的方式把慈悲扩展到周遭世界。

以这种方式活出心的道路，称为活出菩萨的生活。菩萨的梵文由两个词组成，菩（Bodhi）是指"觉醒的"，萨（Sattva）是指"生命"，合起来是指承诺要觉醒的人，承诺要使每一个生命都得到自由与幸福的人，像佛陀一样利用每一个环境来表现人类了解与慈悲的能力。据说即使太阳从西方出来，世界上下倒转，菩萨也只有一条道路；即使面对最大的困难，菩萨的道路仍然是活出了解与慈悲的精神。

扩展修行的范围时，我们会发现心的能力可以见证世界的苦难，并体验到心在对所有生命的慈悲中得以扩展、联结。

我们内在的菩萨知道真正的爱是不会被打败的，可以转化一切。令人惊奇的是，活出菩萨的生活并不困难，也不是空想，只要把爱、开放和自由的精神带入每一个环境，就能转化周遭的世界。

一位记者要求甘地留下一句话给印度人民时，他的火车正要开动，他在纸上潦草写下："我的生活就是我要留下来的话。"

扩展修行的范围，就是让我们的生活成为我们留下来的话。

关于服务的冥想

选一段安静的时间，让自己舒适地坐着，放松但保持清醒。感觉你的身体坐着，并感觉到轻柔的呼吸。让你的心智清明、心灵柔软，思考支持所有人类生活的丰富恩典与祝福：雨水、植物、温暖的阳光，想着人类的各种恩人：农夫、父母、劳工、疗愈者、邮差、老师和整个社会。当你感觉到周遭世界，也要注意其中的问题：人类、动物与环境的需求。让自己感觉心中想要有所贡献的倾向，以及用自己独特的能力为世界付出时的喜悦。

当你做好准备，在心中向自己提出下列问题。每提出一个问题时，留一些时间让心来回答，让最深处的慈悲和智慧来回应。

想象五年后的自己，你最希望自己成为什么样的人，那时的你已完成所有想完成的事，已用最真诚的方式献出所有你想献出的。你最大的快乐来源是什么？你做了什么让你觉得最让世界受到祝福的事？你对世界的什么贡献最让你感到满足？要向世界作出这种贡献，你必须放弃什么没有价值的事？要对世界作出这种贡献，你必须体认自己和他人有什么力量和能力？要开始这种服务和贡献，今天的你必须开始做什么？为什么还不开始呢？

遵守五戒：以不伤害作为送给这个世界的礼物

每一个伟大的灵性体系都会提供伦理行为的指引，表明灵性生活和我们的言语行为是一体的。有自觉的承诺美德和不伤害，是和谐、慈悲生活的基础。遵循一种道德准则，在开始时可以视为对自己与他人的保护，有了进一步的修行和深思，就能看见每一个诚实而完整的基本范畴会如何发展成修行本身，使你觉醒，并种下内在自由的种子。每当你发展出一种美德，这个美德就会成为自发的礼物，这是你的心送给所有生命的关怀之礼。

在佛教的修行中，建立美德和完整的方式之一就是正式遵守五戒。你可以有规律地做，以提醒你的意图，并重新作出承诺。

遵守五戒的方式：在你平时固定禅修的地方，以安静而警觉的方式坐着。如果你有一个圣坛，可以点根蜡烛、焚香或放一些花，然后保持放松，让身体平静、心敞开来，做好准备后，复诵下列戒律：

我接受训练的戒律，不杀害、不伤害活的生命。

我接受训练的戒律，不偷窃，不拿不属于我的东西。

我接受训练的戒律，不做造成伤害的不正当性行为。

我接受训练的戒律，不说谎，不说伤人的话，不说闲话，不诋毁他人。

我接受训练的戒律，不服用成瘾物质，如酒精或使人恍神、失去觉察力的药物。

复诵每一条戒律时，要感受到心的意图，感觉心提供的力量和幸福感，以及对世上所有生命的慈悲感。

修行到某个阶段，如果你想探讨如何进一步运用这些戒律，可以尝试以下练习：

从五戒中选出一项，用来培养和强化美德与觉察。用一周的时间，非常仔细地运用那条戒律，然后检视结果，在下一周选择另一条戒律。以下是运用各个戒律的可能方式：

一、戒除杀害：敬爱生命。用一周的时间，刻意在思想、言语和行为中避免伤害任何生命。要特别觉察生活中被你忽略的生命（人、动物，甚至植物），并对它们培养出关怀与敬爱。

二、戒除偷窃：注意物质的东西。用一周的时间将消耗量减至最低，减少开车、消费，让每一个身体动作都受到仔细的管理和尊重。接下来再以一周的时间实现内心自然浮现的慷慨想法。

三、戒除妄语：以心说话。以一周的时间避免说闲话（正面或负面的都要避免），也要避免谈论任何你认识但不在现场的人（任何第三人）。

四、戒除不正当的性行为：有自觉的性欲。以一周的时间非常仔细地观察性的感受和想法如何出现在你的意识之中，每一次都要注意伴随而来的特殊心境，如爱、紧张、强迫性、关心、寂寞、沟通的渴望、贪婪、快乐、攻击性，等等。

五、戒除成瘾物质。以一周或一个月的时间戒除所有成瘾物质（如葡萄酒、烈酒、大麻、香烟、咖啡因）。观察自己使用这些物质的冲动，觉察有这些冲动时，内心发生了什么事。

PART FOUR

灵性的成熟

灵性生活是革命性的，它让我们踏出个人的自我认同、文化和宗教，更直接地体验生命中伟大的奥秘、伟大的音乐。

第21章　灵性的成熟

人在灵性生活中成熟时，就更能与矛盾自在相处，欣赏生活的模糊之处，包括其中的诸多层面和内在冲突，并以宽宏的心面对其中的美丽与丑陋。

水果成熟时，自然会从树上落下。在灵性生活中，如果时候到了，心就像水果一样开始成熟、变甜。我们的修行会从青涩、艰难的成长期（寻找、发展、改善自己），转变成在奥秘中安住，从信赖外在形式转变为安住于内心。曾有位年轻女子在刚开始修行时，因为面对家庭的问题和父母信奉基督教基要派教会而极度挣扎，她写道：“我是佛教徒时，父母怨恨我；但我是佛陀时，他们深爱我。”

想在灵性上成熟，就要放下僵化和理想化的生命方式，在生活中找到弹性和喜悦。随着灵性的成熟，就会带来心的柔软，自然表现出自在与慈悲。道家老子颂扬这种精神而写道：

以道为中心的人，可以去任何他想去的地方而没有危险。即使在巨大的痛苦中，他仍认识宇宙的和谐，因为他在心中找到安详。

20世纪六七十年代，东方的灵性在美国开始流行时，其修行方法在一开始被理想化和浪漫化，大家尝试用灵性来“达到高潮”、体验超凡的意识状态。许多人相信有完美的上师和绝妙的教法，只要加以跟随，就能达到全然的开悟，并改变世界。这种模仿和自我陶醉被丘扬·创巴称为“灵性的物化”，表面上接受灵性传承的仪式、服装和哲学，实际上却借此逃避日常生活，只想成为更属灵的生命。

几年后，大部分人开始发现，高超的状态不会永远持续下去，而灵性也不是离开日常生活，去寻找一种崇高、充满光明的生活。我们发现意识转化所需的练习和训练，远比我们想象的还要多；我们开始看见灵性道路的要求比它一开始所提供的还要多。去掉修行的浪漫憧憬之后，大家开始清醒过来，了解到灵性要求我们以诚实和勇气看清真实的生活处境，包括我们的原生家庭、我们在周遭社会的位置。我们独自或在团体中通过滋长的智慧和幻灭的经验，开始放弃灵性生活和团体的理想化观点，不再以之为逃避世界或拯救自己的方式。

对许多人而言，这种转变会成为更深入整合和更有智慧的灵性工作的基础。灵性工作包括正当的关系、正当的生计、正当的话语，以及灵性生活的各种伦理面向。这种工作要求不再有切割分隔，并了解所有被推入阴影或加以逃避的事物，最终仍必须融入我们的灵性生活，没有一件事会被遗漏。灵性在于我们是什么人，而不在于我们追逐什么理想；灵性不再是到远方的印度、西藏或秘鲁的马丘比丘（Machu Picchu），而是回到家中。

这种灵性充满了喜悦和整合，既是平凡的，也是觉醒的。这种灵性能让我们在生活的惊奇之中安住，这种成熟的灵性让神圣之光照亮我们、穿透我们。

以下我们来探讨灵性成熟的特质。

非理想主义

成熟的心不会有完美主义，它安住在存有的慈悲中，而不在完美的楷模里。非理想主义（non-idealism）的灵性不会寻求完美的世界，也不试图使自己、身体与人格变得完美，不会根据外在某些极度纯净的特殊形象而对老师或开悟抱持浪漫的想法。因此灵性生活并不是寻求收获或成就，而是去爱和自由。

纳斯鲁丁的故事说明了追寻完美的挫折感。有一天，纳斯鲁丁在市场遇见一位即将结婚的老朋友，这位朋友问纳斯鲁丁是否曾考虑结婚。纳斯鲁丁回答数年前曾想结婚，于是开始寻找完美的女人。他先到大马士革，找到一位非常优雅而美丽的女子，但发现她缺少灵性。接下来，他到更远的伊斯法罕，遇见一位非常有灵性，且能在世上自在生活又很美丽的女子，可惜他们无法好好沟通。"最后，我在开罗找到了她，"他说，"她是完美的女人，充满灵性，优雅、美丽、非常自在，每方面都很完美。"朋友问："那你和她结婚了吗？""没有，"纳斯鲁丁回答，"不幸的是，她要的是完美的男人。"

成熟灵性的基础并不是追求完美，也不是要得到某种想象中的纯净感，它的基础只是放下、爱、向一切敞开心房的能力。没有完美的理想时，心就能把我们遇见的苦难和不完美转变成慈悲。在这种非理想主义的修行中，即使是无知和恐惧的行为，也能被神圣照亮、穿透，引导我们对一切之中的奥秘感到惊奇，而没有批判和指责，因为我们并不是尝试使世界完美，而是使我们对世上一切的爱变得完美。默顿就是以这种方式看待灵性的，他说：

> 我好像突然看见他们内心隐藏的美丽，我看见的深度是罪恶或欲望都无法达到的，好像看见上帝眼中的每一个人。如果他们能看见自己的本然样貌，如果我们能以这种方式看见彼此，就不可能再有战争、仇恨、残酷的行为……我认为那时的大问题就是我们会匍匐在地，互相敬拜。

仁慈

灵性成熟的第二个特质就是仁慈，它是以自我接纳为基础。为我们曾有过的无知行为或仍留在我们心里的恐惧而产生的罪恶感、指责或羞愧，无法发展出仁慈。了解开放需要慈爱的温暖阳光。我们太容易把灵性和宗教转变成艾伦·沃茨所说的“可怕的义务”。诗人玛丽·奥利弗（Mary Oliver）写道：

你不需要当好人，
你不需要用双膝跪行
穿越一百里的沙漠，表示悔改。
你只需要让身体这个柔软的动物
爱其所爱。

深入的自我接纳会滋生慈悲的了解，就如我问一位禅师是否会生气时，他回答：“我当然会生气，但几分钟后，我会告诉自己：‘生气有什么用！’然后就放下生气。”这种自我接纳至少占了灵性修行一半以上的分量，我们会被要求以仁慈接触自我被否认、切断、孤立的许多部分。成熟的灵性会反映出我们内心深处感恩与宽恕的能力，就如禅学诗人爱德华·艾思比·布朗（Edward Espe Brown）在《塔萨加拉食谱书》（*The Tassajara Recipe Book*）中写的：

任何一刻，准备这一餐，
我们可能放出三万尺的瓦斯
立刻进入空中
让毒物落到树叶、
蕨类和动物的皮毛上。
眼前的一切都将结束。

我们仍然继续烹调，

将一切珍爱的
梦想放上餐桌，滋养
和保障我们亲近又亲爱的人。

在这个烹调的动作中，我诀别
我以前一直坚持你是唯一该被指责的人。
在这最后一刻，我睁开双眼
凝视着你，带着所有
被我压抑了许久的
温柔与宽恕。
如果没有未来
我们还有什么
好争的。

耐性

灵性成熟的第三个特质是耐性。耐性能让我们与法——即“道”和谐共处，就如庄子所说：

古时候的真人，
不以心对抗道，
也不试图以自己的想法
来帮助道。

(原文：不以心捐道，不以人助天，是之谓真人。)
希腊左巴谈到自己在耐性上学到的功课：

有天早晨，我在一棵树的树皮上看见一个茧，一只蝴蝶在里面打洞，准备出来。我等了一会儿，感觉等了好久，觉得不耐烦，于是把茧折弯，向里面吹气，使之暖和。我尽可能用最快的速度让它变暖，然后奇迹在我眼前出现，茧打开了，蝴蝶慢慢爬出来。我永远忘不了自己当时的惊恐，因为我看见它的翅膀向后合拢、皱成一团，不幸的蝴蝶以全身的力量试图打开翅膀。我把茧折弯，想吹气帮助它，却失败了，它需要在耐性中孕育破茧的力量，因为展开翅膀的过程需要在阳光下慢慢进行。现在，一切都太迟了，我吹气强迫蝴蝶破茧而出，它却皱成一团，因为它的时候未到。它绝望地挣扎，几秒钟后，就死在我的掌心。

成熟的灵性了解觉醒的过程需要经过许多季节和周期，它要求我们作出最深的承诺，在心中坐定，并向生活的每一部分敞开。

真正的耐性不是为了要有所得，也不是为了任何成就。耐性能让我们向超越时间的事物敞开，爱因斯坦描述时间的本质时解释：“你若和一位美丽的女孩同坐两个小时，好像只过了一分钟；但你若坐在火炉上一分钟，就好像过了两个小时。时间是相对的。”佛陀谈到要修行十万大劫的时间，意思不是说要花上无穷的时间才能觉醒，而是指觉醒是超越时间的。觉醒不在于几周、几年或几辈子，而是指现在就以爱和耐性打开自己，进入奥秘。

铃木禅师说：“耐性这个词的问题在于它意指我们正等待某种东西变得更好，我们在等待某种好东西出现。所以应该更准确地描述这个性质，应该用‘坚定’，这种能力可以在每一片刻中坚持真理，发现开悟。”以最深入的方式来说，耐性就是了解我们寻找的是自己的本来面目，而它一直就在这里。伟大的印度大师马哈希在学生为了他的身体即将死亡而流泪时说：“你想我还能去哪里呢？”灵性生活的成熟让我们可以只是安住在这里，安住在过去一直存在也将永远存在的真理中。

活在当下

灵性成熟的第四个特质就是活在当下。灵性的觉醒发生在此时此地的生活中。禅宗传统认为 :“狂喜之后，就是洗衣服。”灵性的成熟不只会在超越中展现，也会在内心展现，想要让神圣照亮、穿透我们的每一个动作。超常意识状态、超凡的心灵经验、意识的巨大开启都很重要，但其重要性不在经验本身，而在于这些经验促使我们转而注意自己化身为人，在人身中增长智慧、深化慈悲的能力。就如阿姜查所说 :“就算是超凡的经验，除非能联结到此时此地的这一刻，否则就一无是处，只不过是某种需要放下的东西。”灵性的状态如果能照亮识见、开启身心，就是重要的经验，但仍只是返回永恒当下的通道，就如卡比尔所说，不管我们寻求的是什么，“被找到的就是现在所找到的。”

在当下此刻，成熟的灵性允许我们“言行一致”，彼此的行动、话语及碰触好像在反映最深处的认识。我们会变得更有活力，更活在当下。我们会发现自己的呼吸、身体和身为人的限制，都是神圣的一部分。这种成熟会倾听我们的身体，爱身体的每一部分，包括身体的愉悦和悲伤 ；它会倾听心的声音，热爱心的感受能力。以这种方式活在当下，正是慈悲和了解的真正来源。佛陀说 :“只有在我们自己的身体里，带着它的心，才会看见束缚和苦难 ；也只有在此，我们才能找到真正的解脱。”

整合而体证的神圣感

灵性成熟的第五个特质就是整合而体证的神圣感。“整合”就是不在生活中制造切割的区块，不划分神圣与不神圣 ；“体证”是指在我们的言语和行为中重视灵性，否则，我们的灵性就没有任何真正的价值。整合而体证的灵性修行包括我们的工作、爱、家庭和创造力。个人和普世是相互联结的，灵性生活的普遍真理只能在每一个特定的个人环境中实现。我们的生活方式就是我们的灵性生活，就如一位有智慧的学生所说的：“如果你真的想了解一位禅学大师，就要和他的妻子谈一谈。”

灵性的整合感使我们了解，若想把光明和慈悲带进世界，就得从自己的生活开始。真正的灵性修行在于我们亲身的生活，而不是任何特殊经验或我们信奉的哲学。这种个人取向的修行方式，重视生活中个体和普遍两个面向，尊重生命是生与死之间的无常之舞，也肯定我们独特的身体、家庭和社会，以及个人的历史，包括我们拥有的一切喜悦与悲伤。从这个角度来看，个人的觉醒是关乎所有生命的大事。

亚马逊丛林有九百种黄蜂，每一种都会传播一种特殊无花果树的花粉，这些无花果树是雨林中所有小型哺乳动物的主要食物来源，而这些小型动物又是美洲豹、猴子、野猪等动物的食物。每一种黄蜂都维系了一条食物链上其他动物的生存。同样地，世界上每一个个体都有其独特的贡献。灵性生活的实现不可能通过模仿，而须经由个人身为世上某个男子或女子的特殊天赋与能力来达成，这是真正的无价之宝。当我们能肯定自己独特的天命，就能让自己亲身的生活成为佛陀示现的新形式。

质疑

灵性成熟的第六个特质是质疑。我们并不是要采纳一种哲学，或是盲目遵循一个伟大的老师或一条迷人的道路，而是要体认我们必须为自己而看见，这种质疑的性质被佛陀称为“择法”（Dhamma-vicaya），也就是自己对真理的研究。这是一种发现真相的意愿，没有模仿，也不是追随别人的智慧。曾有人让毕加索照事物的原貌来画，就是画出客观的事物，毕加索说他无法了解，那人就从皮夹里拿出妻子的照片说：“你瞧，她真的就是照片里的样子。”毕加索看着照片说：“她好小，而且很扁平，不是吗？”就像毕加索一样，我们必须用自己的眼睛来看事物。在成熟的灵性中，可以看见许多自主的感觉，而不是对权威的反应，但这必须是由衷的体认：我们就像佛陀一样，可以觉醒。成熟的灵性有一种深刻的民主精神，所有人都能在其中为自己找到神圣与解脱。

这种质疑结合了思想的开放、禅宗的“不知道”的心，和一种“分辨的智慧”，能区分有益与无益的事，能一直睁开愿意学习的双眼。带着开放的态度，我们就能一直学习。

质疑使我们既能运用传统的伟大智慧，向老师学习，成为团体的一部分，同时仍与自己保持接触，能在非常尊重自己的整合与觉醒中看见真理、述说真理。这种质疑可能不会使我们对自己更加确定，但能让我们对自己更加诚实，而灵性修行也能在这种精神中充满趣味与活力。

弹性

灵性成熟的第七个特质是弹性。灵性成熟使我们像竹子一样，可以在风中摆动，以我们的心与认识来回应世界，尊重周遭不断变化的环境。灵性成熟的人已学会留在当下和放下的伟大艺术，弹性使他们能了解并不是只有一种修行方式，也不是只有一种美好的灵性传承，而是有许多方式；了解灵性生活不是采纳某种特定的哲学、整套信仰或教法，不能据此反对某人或某事。这是一种心的自在，了解所有灵性工具都只是竹筏，用来跨越河流，达到自由。

佛陀在最早期的对话录中，警告我们不要把竹筏当成彼岸，并反对采纳任何僵化的主张或观点，他接着说：“对一位不采纳任何观点的智者而言，这个世界怎么可能会有任何造成冲突的事呢？”佛陀劝告大家以自由取代傲慢，并提醒追随者，坚持某些哲学和观点的人只是在四处打扰别人。心的弹性能为灵性修行注入幽默感，让我们看见千万种可以觉醒的有益方法，有时适合正式而有系统的方法，有时却适合出乎意料、不寻常而令人吃惊的方法。

琼斯想到高中当篮球教练，他接掌旧金山残障中心的球队时，学会了这一课。他想让球队获胜，却在第一天发现只有四个球员来受训，其中一位还坐在轮椅上。直到有位六尺高的黑人女性从男盥洗室走出来，要求加入球队，才打破僵局。教练发现光是要五个球员在球场排好、面对同一个方向，就花了四十五分钟，于是决定丢掉原来的教学计划。当他丢掉计划，篮球队反而开始成长。他们常练球，有拉拉队长，还有热狗可吃，不过场上常常是七或十二个人组战一队，而不是五人一队。他们有时会在比赛中停下来玩音乐，邀请大家来跳舞。最后，他们成为篮球史上唯一得分超过一百万分的球队，因为计分员喜欢一直压着计分板上的得分钮，只为了听得分的铃声。

来得容易去得快，在这种弹性中有极大的自由。我的老师阿姜查谈到自己好像宁静的树，会结出果实，让鸟儿有筑巢的空间，在风中摇曳。弹性之道就是喜悦和宁静。

拥抱对立面

灵性成熟的第八个特质就是拥抱对立面——这种能力可以让心容纳生命的矛盾。我们还是孩子时，会在父母提供我们所需时，把他们看成百分之百的好人；当他们无法满足我们的欲望或不照我们的期望而做时，就把他们看成百分之百的坏人。小孩的意识发展最终会使他们清楚了解父母，了解同一个人同时有好有坏：有爱，也有愤怒；有慷慨，也有恐惧。灵性修行的成熟也有类似的发展，我们不再寻找完美的父母、具有完美智慧的老师或上师，也不再尝试找到全然美好的事物，以对抗全然不好的事物，也不会再区分受害者与施虐者。我们开始了解每一面都包含了对立面。

一位年轻女子是原生家庭里的受虐者，她在早期的灵性修行中花了许多时间想疗愈这种痛苦，在疗愈过程中也成为其他受虐者的咨商师，最后开始治疗施虐者与加害人。在处理加害人团体（几乎都是男性）的第一年，她很清楚什么是对的、什么是错的，什么是不可接受的，谁是犯罪的人。可是，当她深入聆听加害人的故事，才发现这些人几乎都曾在童年时受到虐待。她面对一群表面上看来是四十、五十、六十岁的男子，其实骨子里都是受虐儿童。她发现许多人都被母亲虐待，相当震惊；进一步了解他们的故事后，又发现他们的母亲也曾被父亲或家族中的叔伯虐待，可悲的虐待模式可以一代一代地回推。她该怎么办？她能指责谁？她只能尽一切力量说："不，这种行为不能再继续下去。"然后以心中的慈悲拥抱他们，因为施虐者与受虐者是同一个人。

人在灵性生活中成熟时，就更能与矛盾自在相处，欣赏生活的模糊之处，包括其中的诸多层面和内在冲突。于是能了解生活中的反讽、隐喻，发展出幽默感、拥抱整体的能力，并以宽宏的心面对其中的美丽与丑陋。

生命的这种矛盾其实一直在我们眼前。在某禅学大师著名的故事中，学生向他询问："大师，请告诉我什么是开悟？"他们穿过松林时，禅学大师指着一棵树说："看见这棵树有多高吗？"学生回答："是。"大师又指着另一棵树说："看见那棵树有多矮吗？"学生回答："是。"大师说："这就是开悟。"

当我们拥抱生命中的对立面，就容纳了自己的生与死、自身的喜悦与痛苦，将两面看成不可分开的。我们会同时尊重空性和表象形式中的神圣，了解苏菲派所说的："向安拉祈祷，但要拴好骆驼。"当灵性修行成熟时，我们就能学会接受修行中的对立面——我们需要老师，也要为自己的修行负责；意识有各种超越的状态，也要以个人的方式实现它们；有业力制约的力量，也有人性全然自由的能力——成为灵魂之舞的一部分，以轻松幽默的态度拥抱它，与之完全和平相处。

智慧而慈悲的关系

成熟灵性生活的下一个方面就是关系。我们总是与某种事物相关。我们在一切事物间找到智慧而慈悲的关系，就是找到全然尊重它们的能力。我们对生活中发生的事可能没什么控制力，却能选择如何与自己的经验建立关系。成熟的灵性就是在关系中接纳生命。愿意与生活中的一切建立关系，就能产生修行的精神：视一切为神圣的。我们的家庭生活、性欲、社会、地球的生态、政治、金钱，我们与每一种存有、行动之间的关系，都表现出道（法）。一行禅师喜欢提醒我们如何洗杯碗，他问："我们在洗每一个杯碗时，是否能像是为新生的佛陀洗澡呢？"每一个动作都有意义，所有的相遇都和整个灵性生活有关。同样地，我们遇到困难和问题时的细心和慈悲，就是修行的标尺。成熟的灵性重视社会和人与人之间的联结，没有一件事可以从灵性生活中排除。

平凡

灵性成熟的最后一个特质就是平凡，在某些传承中称为"开悟后的修行"，这是在特殊灵性状态和副作用消退之后的平凡。尼萨伽达塔是不二论的大师，有人问他，他的意识和周遭的寻道者有何不同，他微笑着回答，他已不再认同寻道者。没错，他会坐着等待早餐、午餐，饥肠辘辘，也许像其他人一样不耐烦，但其下是有如海洋般的安详与了解。他不会陷入或认同生活中任何变化的情境，所以他和周遭的人不同，不论发生什么事，他都是平静的。

平凡就是在此刻单纯地存在，让生命的奥秘自己显现出来。梭罗警告我们"小心任何需要买新衣服的活动"时，是在提醒我们以单纯来向每日的惊奇敞开。如果我们能尊重意识创造无限多形式的能力，平凡就是对此时此地感到兴趣。这是呼吸或走路中的平凡奥秘，也是街上的树或对某人的爱的奥秘。这不是因为达到某种神秘状态或得到非凡力量，也不是寻找某种特殊的东西，而是放空、倾听。

沃尔特·惠特曼（Walt Whitman）在诗中祝祷这种平凡，他说：

> 我相信一片草叶的贡献不亚于
> 群星的工作……
> 流动的黑莓也能装饰
> 苍穹的宫室……
> 一只老鼠就足以是惊动众多异教徒的奇迹。

灵性生活的平凡来自学会信赖的心，来自对生命恩典的感激。当我们就只是自己，不伪装也不作假，就能在宇宙中安息。在这种平凡中，没有高下之分，不需要改善什么，不需要渴望什么，只是在爱与了解中向世界的喜悦与苦难敞开。这种平凡的爱与了解能为每一种处境带来心的自在与安详。就像河道中的水流，能在石头间找到自己的路，或一点一滴磨去石头，逐渐向下流，回到海洋。这种平凡使我们安息。

平凡具有极大的力量，这是灵性成熟的巨大力量，这种力量能自然地疗愈自己，就像我们的清明与慈悲能扩及周遭世界一样自然。深受世人喜爱的日本禅宗诗人良宽一生充满这种平凡的精神，并以此转化他所接触的人。据说良宽不曾对任何人说教或训斥他人，有次他弟弟请他来家里，与难以管教的儿子谈谈。良宽来了，却没对这男孩说任何话。他留宿一夜，隔天早晨准备离开。任性的侄儿为良宽系上草鞋时，感觉到一滴温暖的水珠滴落下来，他抬头一看，见良宽双眼满是泪水。良宽离开后，侄儿的行为改善许多。

灵性成熟时，敞开、宽恕、放下的能力会愈来愈深厚，会自然而然地化解我们的冲突，缓解我们的挣扎，解决我们的困难，并有能力回到喜悦而自在的宁静。

《道德经》的古老智慧告诉我们：

我只有三件事要教你们：
纯真、耐性、慈悲。
这三件事是你们最重要的财富。
在行动和思想中保持纯真，
就能回到生命的本源。
对朋友和敌人保持耐性，
就与万物之道一致。
对自己慈悲，
就能使世上所有生命和解。

所以智者居住在道之中
为所有生命立下榜样。
由于他不炫耀自己，
大家都能看见他的光芒。
由于他不需要证明什么，
大家都能信赖他的话。
由于他不知道自己是谁，
大家都在他身上认识自己。
由于他心中没有目的，
所以他做的每一件事都会成功。

第22章　伟大的乐章

灵性生活是革命性的，它让我们踏出个人的自我认同、文化和宗教，更直接地体验生命中伟大的奥秘、伟大的音乐。

灵性道路上的成熟为我们开启了千百种可能性。我们眼前的千万种事物会以全新的方式展现神奇而迷人的特质，我们的思考和感受好像在广阔的调色盘上调上各种颜色，我们会更深刻地体验生命的美丽与哀愁，以崭新的目光观看，听见生命中完整的伟大乐章。

深入倾听时，伟大的乐章会流过每个人的生命。赫曼·黑塞(Hermann Hesse）笔下的悉达多，最后坐在河边倾听：

他现在正专注地倾听，完全融入，全然放空，接纳一切。他觉得自己已完全学会倾听的艺术。他以前常听到这一切，河水中各式各样的声音，但今天听起来却完全不同，再也不能分辨不同的声音，无法分辨欢乐和悲叹的声音、童稚和雄壮的声音，它们全都彼此相属；思念者的悲叹、智者的大笑、愤慨的哭泣、濒死者的呻吟，都以千百种方式交织、联结、缠绕在一起。所有声音、所有目标、所有渴望、所有悲伤、所有欢乐、所有善恶，全部聚在一起形成这个世界，这就是事件的水流和生命的音乐。悉达多专心倾听这道河流、倾听千百种声音组成的乐章时，他的灵魂没有被任何一种特别的声音束缚或吸引，而是听到一切、整体——

千百种声音的伟大乐章组成一个词：完美。

我们尚未听见这首伟大乐章时，便只活在有限的可能性中，只通过流行的神话来看世界。我们的文化四处贩售贫瘠的神话与歌曲：物质主义和占有欲的神话诉说世间的商品可以换取快乐；竞争和个人主义的神话制造了许多孤立；成就和成功的神话造成坎伯所说的“攀上梯子，却发现爬错了墙”；年轻的神话制造出永葆青春的文化，把广告偶像当成现实模范。这些都是执著和分裂的神话。我们文化里的故事让我们屏息、想保持年轻、紧抓住财产、寻找完美并将它留在胶卷上，就好像只会不断重复歌曲中的一个小音符。

每当我们试图固着于某个特定状态、保持某种形象或紧抓某种经验时，我们的个人生活、职业生活和灵性生活都会受到伤害。铃木禅师以简单的六个字总结所有佛教的教导：“不会永远如此。”当我们试图重复过去的经验，就会失去生命的真实感，无法开启、绽放、展现和冒险。我们身体的每个分子在七年内就会全部被取代；我们的银河像摩天轮一样，每一千万年会转一圈；四季会变换，身体也随之改变；万物都会呼吸，在这种呼吸与运动中，我们全都联结在一起。这种相互联结的情形为我们提供了大量的可能性。灵性生活能让我们向周遭的壮丽音乐敞开，而不只是接受我们的观念或计划所形成的有限音乐，或文化硬塞给我们的故事。由此，我们便能接触奥秘。

我有个深入修习佛教多年的学者同事，他身兼精神科医师和心理学博士，专门研究心灵的本质，还花了数年探讨巫师的特殊仪式，并研修基督教和其他神秘传统。他决心认识世界各种伟大的宗教，开始逐页阅读厚达数册的《世界宗教百科全书》(*Encyclopedia of World Religions*)。这套书详述世界各重要宗教的教诲，每个信仰体系都有数世纪的历史，拥有千百万信众，包括各种古代宗教，如阿兹特克人、澳洲原住民、祖鲁人的原始宗教，西伯利亚巫术、哈西德教派、古巴比伦的宗教、日本神道，总计佛教的十个学派，基督教的十二个宗派，还有数百种其他宗教。每个体系对善恶和人性都有有力的教诲，各自都有完备的创世故事，也都会谈到神祇、灵魂和神圣，以及达到神圣的方法。

我问他从中学到什么，他敬畏地说，让他受到强烈震撼的不是宗教，而是其中闪耀的光芒。他了解到所有伟大宗教都只是自成体系的文字和概念，就好像置放在生命伟大奥秘之上的屏幕，都是一群人面对无以名之、无法认识、不断变化的生命乐章时，试图加以诠释、了解并感到安全的方式。

我们要如何尊崇这种奥秘呢？从觉醒的观点来看，生命是各种模式的演剧，树的模式、星辰的运转、季节的模式和每种形式的人生模式，每一个模式都可以称为一首歌或一个故事。诗人缪丽尔·鲁凯泽（Muriel Rukeyser）说："构成宇宙的是世间的故事，不是原子。"当我们静止、专注、觉醒时，就能看见和听到这些让所有生命得以出现的基本模式、故事与普世原型。

伟大乐章中的个人之歌

当我们的视野开启，就能提出非凡的问题。我们此生被赋予什么模式和故事？我们这一世要采用什么"个别"形式？我们继承了什么神话和故事；面对奥秘时，我们继续遵循什么故事？

我们追随的是罪与挣扎的宗教，还是苦难与拯救的宗教，或是恩典的宗教？在我们追随的故事中，救赎的来源是什么？

我们参与自身故事的创造，可以演出个人的神话，扮演战士、女神、永远的青少年、伟大的母亲、国王或王后、主人、奴隶或神的仆人。我们的生活是丰富还是贫乏的故事，强调的是内在还是外在呢？我们是受害者、失落的灵魂、受苦者、败家子、劳碌命还是征服者、调停者、照顾者或者圣者呢？

我们在所有故事中作出选择，也被选择。生活环境为我们带来某些主题，需要完成的任务，必须面对的困难，以及有待学习的功课。我们把这些东西放入自己的故事与歌曲，只要深入倾听，就会听见自己选择了什么部分，听见自己面对奥秘时如何创造自我认同。但我们必须自问：这就是我吗？

灵性生活是革命性的，它让我们踏出个人的自我认同、文化和宗教，更直接体验生命中伟大的奥秘、伟大的音乐。

禅修的目的就是向当下敞开，艾伦·沃茨如此说：

> 我们可以这么说，禅修并没有理由，也没有目的。从这个角度来看，禅修几乎和所有其他事情都不一样，除了玩音乐和跳舞之外。我们玩音乐时，并不是要达到某个点，比如曲调的终点；如果这是玩音乐的目的，那显然最快的演奏者就是最好的。同样地，跳舞不像旅行，并不是为了要抵达地球上某个特别的地方。跳舞时，舞蹈本身的过程就是重点，如同玩音乐时，玩本身就是重点。禅修也一样，禅修就是发现生活的重点总是出现在当下的片刻。

围绕在我们四周的，向来就是奥秘。这首伟大乐章交织了喜悦与哀愁。在生与死的高山与深谷之间，我们找到每一种声音、每一种可能性。灵性修行并不要求我们把较多的信念放在生命顶端，它的核心是要求我们觉醒，直接面对生命，借此打开我们的眼睛和耳朵。崇山禅师参访佛陀在印度开悟的地点时写下：

> 一位伟人曾坐在菩提树下。
> 他看见东方之星，得到开悟。
> 他绝对相信自己的双眼，

也相信自己的双耳、鼻子、舌头、身体，

和心。

天空是蓝色的，大地是棕色的，

于是他向真理觉醒

并得到超越生死的自由。

佛教的修行提供人类最伟大的可能性——觉醒的可能。为此，我们必须像悉达多一样倾听整首歌。我们会知道这有多难：我们会面临自己为了避免人生苦难而紧握不放的所有故事；要面对悲伤与恐惧的故事，以及为了逃离人生必然的艰难与哀痛而产生的自我紧缩感；要面对因为缺少恒久不变的自我和万物，而感到空虚和失落。修行中会有一段时间，整个世界可能表现出局限而痛苦的故事，生命在其中是无常的，充满痛苦，难以承受。我们可能会渴望脱离这种痛苦和无常，但这些观点都只是觉醒的第一部分。

觉醒的伟大故事的第二部分，与失落或痛苦无关，而是在伟大乐章中找到自己歌曲中的和谐，我们会在面对生命的奥秘时，发现安详和自由。在觉醒中达到这种和谐，就会在每一个困难中发现隐藏的宝藏。在生命无可逃避的无常、失落之中，在生命的极度不稳定中，隐藏着大量的创造力量。在变化的过程中，会出现丰富的新形式、新生命、新的可能性、新的艺术表达，以及百万种生命形式。这是因为每一件事都在变化，才有如此丰富、无限的创造力。

隐藏在世间苦难、悲伤和痛苦里的宝藏就是慈悲。慈悲是心对悲伤的回应。我们共有生命的美丽与眼泪的汪洋，生命的悲伤是每一颗心的一部分，它让我们彼此联结，带来温柔、宽容和无所不包的仁慈，能碰触每一个生命。

西藏有一种古老的修行，用来成为“无限慈悲的菩萨”，把自己转化成千手观音，拥有慈悲的心，能疗愈悲伤，为所有生命带来安慰。总之，重要的不只是世上的悲伤，还有我们的心对悲伤的回应。

万物的空性是指神奇的无常之道——万物在其中生起又消失，没有任何常住不变的自性——在空性之中隐藏了合一的礼物。有位科学家计算过一个人如果在今天深呼吸一次，有百分之九十九的机会吸进恺撒最后一口气中的分子。这项事实也适用于心和行动。我们的生命无法外在于环境和人类，以及我们与所有既存事物的相互关联。

灵性修行使我们有机会发现万物的伟大故事：我们既是一切，也是无物。我们有可能体验每一件事都在创造和慈悲中联结，并如佛陀般安住其中。万物都是我们的一部分，而我们却又不是它们，并超越其上。

艾略特写下一首简单的祷词："教导我们关怀，又不在意。"他捕捉到重视每一刻珍贵性的可能，又知道它转瞬即在伟大乐章中消逝。我们可以敞开心拥抱生命的每一次绽放，同时又不执著；我们尊重伟大乐章中的每个音符都注定伴随万物生起又消逝。

一个人有没有觉醒，只要看他是否执著于一个局限的故事。所以佛陀说："没有觉醒的人会执著他的思想、感受、身体、知觉和意识，认为它们是坚实的，与其他部分是分开的。觉醒的人也有同样的思想、感受、知觉、身体和意识，但他们不执著、不占有、不认为这是自己的。"

一千种觉醒方式

当我们不执著于自己生命的故事，绝佳的可能性就会为自己开启，而将一己的所有故事（不论是既有的或选择的）化为菩萨之道。我们已描述过，菩萨这种存有会出现在每一种范畴、每一种可能的形式中，运用各个形式发展无限的慈悲，唤醒彼此联结的自由之心。借着所有故事的奥秘，在一千种形式和环境中，菩萨誓愿进入其中，为众生带来觉醒。

有个伟大的佛教大师说：

> 只要宇宙仍然存在，只要还有活的生命，愿我一直存在于每一种形式中，以我的心驱散世界的不幸。

这不是要我们创造自夸自大的愿景，拯救世界的并不是身为个体的“我们”和那“小小的自我”，而是放下到任何其他地方的心愿。我们愿意就只是在我们所在之处，进入生命的所有面向，在每一个范畴都发现其中有公义、慈悲、耐心和美德。

菩萨没有预定的故事可以遵循。成为菩萨是去碰触我们内在的佛陀精神，使之闪耀在个人生活中。佛教历史充满千种不同的描述，谈到菩萨精神如何在世上显现。每个地方都有许多菩萨。我有一位老师在洞穴居住多年，静静地散发慈悲给全世界；另一位是非常有钱的商人，也指导成千上万、遍布世界的学生进行密集禅修，他的老师是缅甸内阁的高阶官员，他在办公室教导政府官员以禅修开始每天的工作；一位女性大师是伟大的现代佛教瑜伽行者，和女儿与孙子住在加尔各答，过着简朴的居家生活，她在只有一个房间的公寓教学，为所有访客献上惊人的祝福；还有一位是照顾濒死者的护士；另一位是幼教老师。有些人严厉，有些人幽默；有些人住在森林中，有些人住在寺院和道场；有些人住在都市中，做平凡的工作，有平凡的家庭。

这些人的行为都流露出智慧和慈悲的精神。他们依佛性而行动，以佛性联结一切众生。他们不执著于个人的故事，而是活在与整体的联结之中。最近有几位西藏红教喇嘛拜访新墨西哥州，一位学生安排他们坐热气球，但他们抵达时，却发现空位只够一位僧侣搭乘。访问他们的记者询问其他人是否觉得失望，他们微笑着回答：“不会，他为我们全体而游。”菩萨会为众生的快乐而喜悦。

通过菩萨精神，我们的自我认同可以脱离小小的自我感，离开诉说“我不够、我需要那个、我很生气、我想得到这个”的故事。这些渺小的观念脱落时，会产生信任的基础，不再追求生命的控制或拥有，而活在一切的奥秘之前，升起巨大的快乐和满足。我们的心变得更透明，周遭的故事也变得清晰易懂。

我们可以承认来自父母、社会、学校、师长、媒体的故事。当我们迷失在苦难中，执著、笨拙地演出一场戏，却不了解其中的功课时，便能看见其中的苦难；然后我们学习像悉达多一样倾听——不让自己受制于某个特定的故事，不只是个受害者或征服者，不只是属灵或唯物——我们可以倾听，并发现自己的呼吸如何影响整体之舞，周遭的整体之舞又如何影响我们的每一口呼吸。我们会发现走出某个故事的可能性，或是把个人神话从悲伤转化成救赎，从困难转化为慈悲与宽恕的胜利。

伟大的佛教圣者佛使比丘提出过一个关键的问题：“谁能解开这个世界的结？”觉醒的心能回答这个问题。我们发现一个奇迹：心智和心灵的每一个活动都能被转化。

菩萨的工作就是解开世上的困惑与悲伤，找到自己的慈悲心，由此化解我们的悲伤；唤醒智慧的双眼，由此消除我们的妄想。如果你怀疑这种转化对世界的意义，请听玛格丽特·米德的话：“别以为一小群觉醒的个人无法改变世界，事实上，这是改变世界的唯一方法。”

当我们发现自己如何创造痛苦的故事，就能学习解除这些故事。库特·冯内果（Kurt Vonnegut）的小说《第五号屠宰场》（*Slaughter House Five*）写到有天晚上，在偶然的情况下，倒退着播放一部有关第二次世界大战的电影：

> 数架美国飞机满是弹孔、伤患和尸体，倒退着飞离英国机场。穿过法国上空时，几架德国战斗机倒退着追逐他们，飞机和机员吸住子弹和弹壳，并以同样的方式处理地上坠毁的美国轰炸机，

于是这些轰炸机倒退着飞起来，加入机队。

机队向后飞到失火的德国城市上空，轰炸机打开弹舱门，伸出神奇的磁性武器，可以吸入炮弹，放入圆筒状钢制容器，然后把容器放入机腹，这些容器被整齐排好，收藏起来……虽然有些受伤的美国人，有些轰炸机受创，回程经过法国上空时，德国战斗机再度升空，但每架飞机和每个人都变得完好如初。

轰炸机飞抵基地时，钢制圆筒容器被船运回美国，当地的工厂日夜不停地运转，拆掉容器的盖子，取出危险的成分，转变成金属。令人感动的是，在工厂工作的主要都是女人。然后金属被船运到远方，由专家负责把金属埋入土里，明智地埋藏起来，才不会再用来伤害任何人。

心制造的悲伤是可以解开的，我们可以释放自己的悲伤，向超越所有故事的伟大乐章、向永恒的法则敞开。我们可以在一生中实现自己，同时又自由地活在其中。当生命故事不再束缚我们，我们就会发现故事中更伟大的部分。我们发现在男性女性、父母子女、地球重力与四季变换的种种形式的限制中，就是我们寻找已久的自由与和谐。个人的生命是整体奥秘的表现，我们在奥秘中，可以安住于变迁的核心、所有世界的核心。

平等心的禅修

平等心是一种奇妙的特质，是心的宽广与平衡。虽然平等心会在禅修中自然滋生，但也可以用培养慈心和悲心的方法，有系统地培养平等心。当我们体认人生不是自己能控制的，就有可能在一切生活中感觉到平衡。我们只是伟大之舞中的一小部分，即使为别人培养无限的慈悲，努力减轻世上的苦难，仍有许多处境是我们无法改变的。著名的平静祷词说："愿我拥有平静，接纳我不能改变的事；拥有勇气，改变我能改变的事；拥有智慧，能知道两者的不同。"智慧能体认众生都是自身业力的继承者，他们各自行动并接受行动的果实。我们可以深入地爱别人，为他们提供协助，但他们最终还是必须自己学习，他们才是自身自由的来源。平等心结合了认识的心智和慈悲的心。

培养平等心的方法：以舒适的姿势坐着，闭上双眼，轻柔地注意呼吸，直到身心平静下来，然后深思拥有平衡与平等的心有何益处。感觉一颗平静的心能为周遭世界带来什么礼物。让自己感受内心的平衡与自在，然后开始重复默念以下语句："愿我平衡而平静。"承认一切事物都会生起又消逝，包括喜悦、悲伤、快乐的事件、人、建筑物、动物、国家，甚至整个文明，让自己安住在他们之中。"愿我学习以平等心和平衡心看见所有事物的本质都是生起又消逝，愿我开放、平衡而平静。"承认众生都是自身业力的继承者，他们的生命会根据自身的行为生起又消逝。"愿我以慈悲心和平等心对待世上所有的事物，愿我找到平衡、平等心和平静。"

第23章　开悟就是与万物亲密

把祝福带给我们接触的所有对象，是多么美妙的生活方式。以心尊重、祝福、欢迎，从来就不是以宏伟、不朽的方式进行，而是在此刻，以最直接、最亲密的方式进行。

创立日本曹洞宗的道元禅师说："开悟就是与万物亲密。"我们呼吸的空气、吹过四周的风、行走其上的土地、周遭的其他生命、生活中最熟悉的事物，就是我们沉睡和觉醒的地方。如同我的一位柬埔寨老师所说："灵修就是关于吃，我们在哪里吃、吃什么、如何吃。我们常常试图吃别人，却不让别人吃我们，佛陀看见这种苦难而流泪。"我们可以把世界看成我们吃人和被吃的地方，也可以看成我们都有机会彼此喂食的地方。

开始灵性旅程时，我们会了解自己所做的，其实大部分是在寻找爱与被爱。本书一开始就提出这个问题："我是否好好爱过？"亲密的开悟或许就是爱，但爱是神秘的，它是我们能做的某种事吗？旧金山禅学中心经营了一所安宁病房，有位老妇人住在里面。她生命的最后几年无家可归，流浪街头，当她住入病房、接受照顾时，开始对周遭禅学环境的灵性生活感到好奇，虽然已濒临死亡，但她仍决定练习觉醒和慈悲的教导。一天早晨，安宁病房主任去看她，她困惑地说："我一直在想你们说的爱与放下，似乎非常重要，但我不知道要先做哪一项，我应该放下，还是去爱呢？"两者或许是同一件事。

爱是神秘的，我们不知道爱是什么，但它出现时，我们会知道。如果要寻找爱，就必须询问哪里可以找到爱，它就在此刻此地。过去的爱已是记忆，未来的爱只是幻想，只有一个地方可以找到爱，找到亲密和觉醒，就是现在。当我们活在过去和未来的思绪中，每件事都会显得疏离、匆忙、不满足。唯一能让我真正去爱一棵树、天空、孩子或情人的地方，就在此时此地。埃米莉·狄更生（Emily Dickinson）写道："我们都疏离地思考狂喜，直到第一位朋友过世，才发现他是我们饮入狂喜的杯子，但当时却不知道。"只有在永恒当下的亲密中，我们才能觉醒，这种亲密使我们彼此联结，让我们有归属感，在其中体验到爱。借此，我们超越了孤立、紧缩、有限的自我感。

如果探究使我们不能亲密、不能爱的原因，就会发现原因总在于期待、希望、思想或幻想；让我们不能觉醒的也是同样的期待。觉醒并非遥不可及，而是近在眼前，如佛教经典所说："觉醒不是什么新发现的事，它一直存在。不需要寻找或追随别人的劝告，而是要学习倾听此时此地自己内在的声音，你的身心都会变得清明，了解万物合一。不要因为这些教导很简单，就怀疑其可能性。如果不能在此地找到真理，还能在什么地方找到呢？"

各种伟大的灵性传统用许多方式描述觉醒和爱，有的将爱的表达当成开悟的行动；有的说开悟是静默，而爱是由衷的了解；有的说觉醒就是在各种有形领域中的自由，而且超越所有形式。佛教的开悟称为解脱，意指心不会被卷入贪婪、怨恨和无知，而能自然闪耀光芒。心不受这些力量束缚时，就有真正的亲密与爱，在万物之间就有觉醒。爱能碰触和容纳万物，而自由和无畏能进入每一个领域。所以，我们不需要脱离生活，而是安住于生活的核心，就能与万物亲密。

东非有个部落在孩子出生前就开始培养亲密的艺术。在这个部落中，孩子的生日和其他文化不同，不是诞生的日期，也不是受孕的日子。他们把生日订为母亲心中第一次想到这个孩子的日子。当母亲想和孩子的父亲生小孩时，就会离开村落，独自到树下坐着倾听，直到听见她想受孕的孩子的歌。听见之后，她就回到村落，教孩子的父亲唱这首歌，然后在做爱时一起唱，邀请孩子加入他们。受孕后，她会对子宫里的宝宝唱这首歌，然后教村里的老妇人和接生婆唱，因此在生产的时刻，孩子会在这首歌的迎接下诞生。出生后，所有村民都会学唱这首属于这个新成员的歌，在他跌倒或受伤时唱给他听，在欢庆的时刻或行成年礼时唱这首歌。小孩长大后，这首歌也会成为他婚礼的一部分；临终时，他所爱的人也会聚集在床边唱最后一次。

听到这种故事，会让人向往这种亲密，可以被他人如此深入地支持、倾听。这种与倾听同在就是禅修和真实灵性生活的核心；以全心注意的觉察力活在当下，本身就是深刻亲密的行动。人生的每一个行动都有这种可能性，包括呼吸的奥秘、身体的碰触、别人的动作和声音。这种简单的同在是灵性修行的起点，也是顶点。

亲密的能力建立在深入的尊重之上，允许事物如实呈现自身、被人发现。亲密可能起于任何时刻，这是臣服的行动，是无所不容的礼物。我会在佛教婚礼中谈到这种亲密特质，我们学习与自己保持联结并尊重别人时，这种亲密会逐渐增长。我以亲密的真言教导新婚夫妻，不论他们想从对方那里得到什么，不论他们想象婚姻应该如何，不论发生什么出乎意料的事情，真言只有一句话："这也是，这也是。"

亲密的学习并非易事。在分裂的文化背景下成长，身上带着创伤和渴望，实在很难活在当下，很难彼此尊重。就像禅修时留意呼吸的气息，或是经行时注意每一个步伐，通过一次又一次的学习，才能放下恐惧和使我们彼此远离的状况。这些障碍和恐惧、过去伤痛的回忆，会在我们彼此靠近、接近当下的奥秘时出现。我们常感到犹疑踌躇，想要退缩，但这也是可以用亲密的注意来碰触的议题。然后，在某一刻可以放下自我，开放地留在此地，觉醒而活在当下。当世界一次又一次为我们提供觉醒的机会，我们所能做的就是与它相会。

就像鲁米所说的：

> 今天就像其他每一天，我们醒来，空虚
> 又害怕。不要开始学习
> 和开始阅读，放下扬琴。
>
> 让我们所爱的美丽成为我们所做的事。
> 有千百种方法可以跪下亲吻大地。

每当我们停下来亲吻土地，就能体认眼前的每一位男女、每一天，有多么独特。我们再也不会以原来的方式看它。我们在亲密中发现一种美丽与优雅，使万物都有价值。生命如此短暂，所以珍贵。鲁米再次提醒我们，不要哀伤独坐：

> 当你走到花园，
> 会去看刺还是花呢？
> 花多一点时间观赏玫瑰和茉莉吧。

活在当下的能力在我们内在增长时，我们就会发现心与万物共处的自在。印度有位伟大的老师，每当学生向他提到禅修、工作或关系中的困难，就会提醒学生这一点。他会非常亲切地倾听，然后微笑着说：“希望你享受它。”E.B. 怀特（E.B.White）以相同的精神写下：“在这个世界航行，有两种方式：一种是改善生活，另一种是享受生活。”这是个矛盾的悖论，因为享受和改善都是必要的。我们追求灵性的觉醒时，常常忘记享受；为了找到真正的喜悦，我们又必须经历哀伤，从内心接纳整个生活，然后产生深刻而真挚的喜悦。

安德鲁·纪德（André Gide）写道：

> 知道喜悦比哀伤更罕见、更困难、更美丽。
> 一旦有了这个极端重要的发现，
> 就必须拥抱喜悦，有如道德责任。

当我们开始与万物亲密，就会在这个主轴中找到安宁、幸福和完整。我们体认到自己和周遭所有生命都注定在此处，我们属于此处，就像树、太阳和旋转的地球一样，于是出现一种疗愈、开启与恩典。万物的和谐是为我们而有的，就像诺利其的迪姆·朱利安夫人（Dame Julian of Norwich）的智慧，她如此精彩地宣称："一切都必然安好，所有事物也必然安好。"我们在亲密中发现深刻的归属感和完整感，使我们能碰触所遇见的一切。

大约二十五年前，我首次以僧侣身份在泰国森林修行时，被教导在进出寺院时，要跪拜三次。对我而言，跪拜是种新的经验。接着我又被指示在进出食堂、老师的住处和自己的小屋时，也要跪拜。最后又被教导，身为僧侣，遇到比自己资深的僧侣时，也要跪拜三次；对刚出家的我而言，就意味着要对遇见的每一位僧侣跪拜。一开始我很难做到，对于我尊敬和推崇的僧侣，跪拜并不难，但有时要向一些我认为无知、骄傲或不值得的僧侣跪拜，有些人只比我早一两个月出家，我就要向他跪拜，实在很伤我的自尊心。可是，我持续向寺院、自己的小屋、每一个出现在我面前的僧侣跪拜。一段时间后，我发现内心的批评使我痛苦，也使我与别人疏远。我开始在每一个人身上寻找某种优美、高贵或有价值的特质，于是我开始享受跪拜，我愿意向每一个僧侣、寺院、所有兄弟姐妹、树、岩石跪拜。跪拜成为一种优美的存有方式。

当我们能与自己亲密，就能向周遭一切跪拜并祝福一切。诗人叶芝为艺术和单恋努力了数年，直到五十岁时，他坐在伦敦的咖啡馆，突然领悟真正重要的是我们能祝福别人，也被别人祝福。

我的第五十年来了又去，
我坐着，一个孤独的男人，
在拥挤的伦敦商店，
一本翻开的书，一个空杯子
在大理石桌上。
我注视商店和街道，
身体突然发光！
大约二十分钟
我的快乐，如此巨大，
我是被祝福的——也能祝福别人。

不论面前是什么，都能找到祝福的能力，这就是开悟，就是与万物亲密。这是不需要理由的自由和快乐，是我们带给每一刻、每一次相会的礼物。

八十岁的西藏大师卡鲁仁波切拜访波士顿时，到新英格兰水族馆参观，看见各种彩色的海洋生物。他很高兴看见这些美妙的生命形式，离开每个水槽前，他会轻轻拍打玻璃，因为他看不懂禁止拍打的英文标志，然后口中复诵六字大明咒“唵嘛呢叭咪吽”，再深深凝视最后一眼，才走到下一个水槽。有位学生问他：“仁波切，你为什么拍打水槽呢？”他微笑着说：“我想让里面的生物注意我，并祝福它们也能得到自由。”

把祝福带给所有与我们接触的对象，是多么美妙的生活方式！学习如何祝福、欣赏、尊重地倾听、以心欢迎，实在是一种伟大的艺术。这绝不是以宏伟、不朽的方式进行，而是在此刻以最直接、最亲密的方式进行。

另一位伟大的西藏上师大宝法王在生命的最后一年，在锡金有如宫殿的寺院的贵宾会客室接见几位美国访客。大宝法王是个拥有数十万信众的灵性导师，他虽然生病了，仍亲切地挪出时间，尽可能接待访客。这几个访客是我的朋友，都觉得他非常温暖、乐于接纳，他与他们谈话，鼓励、祝福他们，他们觉得很棒。离开时，一位朋友说："我觉得刚才好像和自己最亲近的朋友谈话。"对大宝法王而言，每位访客都是他最好的朋友，除了每时每刻全心关怀和祝福面前的人，没有其他更重要的事。

正是在每一刻的亲密中，才得以实现一切灵性生活，不要到别处寻找佛陀。一位哈西德教派的拉比说："我并不是向大师学习话语中的智慧，而是看他如何系鞋带和解开鞋带。"

要活出心的道路，就要致力于觉醒的生活，也要关心自己遇见的一切，不论是困难或美丽，都要亲密地将它带入自己的存在与心。寻找自己真正的道路时，我们会遇到许多令人惊奇的事，要像伟大的禅师冒险进入森林寻找遗失的牛，在过程中发现自己真正的本质，然后返回，进入世界，以双手送出祝福，如经上所说："我带着酒瓶和杂物进入市场，我走入商店和人群，我看见的人都已经开悟。"

我希望这本书和其中关于觉醒、慈悲与亲密的练习，可以为你的生活带来祝福，你将得到沉默、了解、宽恕的祝福，也会以你的心和双手为周围的人带来祝福。

如同禅宗诗人芭蕉禅师（Basho）提醒我们：

寺院的钟声停止了
但声音仍不断从花朵传出来。

责任编辑：郭良原　曹克颖
装帧设计：朱　锷

图书在版编目（CIP）数据

踏上心灵幽径／(美) 杰克·康菲尔德著；易之新，黄璧惠，释自鼎译；—深圳：深圳报业集团出版社，2009.4
ISBN 978-7-80709-170-7

Ⅰ.踏…　Ⅱ.①杰…　②易…　③黄…　④释…　Ⅲ.禅宗—人生哲学—通俗读物　Ⅳ.B946.5-49

中国版本图书馆 CIP 数据核字 (2009) 第 042050 号

踏上心灵幽径

(美) 杰克·康菲尔德　著
易之新　黄璧惠　释自鼎　译

深圳报业集团出版社出版发行
(518009　深圳市深南大道 6008 号)
三河市华晨印务有限公司印制　新华书店经销
2009 年 5 月第 1 版　2009 年 5 月第 1 次印刷
开本：787mm×1092mm　1/16
印张：23　字数：276 千字
ISBN 978-7-80709-170-7　定价：38.00 元